国家出版基金项目
NATIONAL PUBLICATION FOUNDATION

辛亥著名人物传记丛书

萧致治 著

黄兴

团结出版社
UNITY PRESS

图书在版编目（ＣＩＰ）数据

黄兴 / 萧致治著. — 北京 ：团结出版社，2011.6（2021.5 重印）
（辛亥著名人物传记丛书）
ISBN 978-7-5126-0362-2

Ⅰ．①黄… Ⅱ．①萧… Ⅲ．①黄兴（1874～1916）—
传记 Ⅳ．①K827=6

中国版本图书馆 CIP 数据核字 (2011) 第 073747 号

出　版：团结出版社
　　　　（北京市东城区东皇城根南街 84 号　邮编：100006）
电　话：(010) 65228880　65244790　（出版社）
　　　　(010) 65238766　85113874　65133603（发行部）
　　　　(010) 65133603（邮购）
网　址：http://www.tjpress.com
E-mail：zb65244790@vip.163.com
　　　　tjcbsfxb@163.com（发行部邮购）
经　销：全国新华书店
印　装：三河市东方印刷有限公司

开　本：170mm×240mm　　16 开
印　张：17.75
字　数：232 千字
版　次：2011 年 6 月　第 1 版
印　次：2021 年 5 月　第 3 次印刷

书　号：978-7-5126-0362-2
定　价：46.00 元

辛亥著名人物传记丛书
总序言

  整整一百年前，在中国处于半殖民地半封建黑暗统治的时代时，爆发了一场对中国历史发展进程产生巨大影响的革命，这就是以伟大的革命先行者孙中山为代表的革命党人发动的辛亥革命。这场革命，是中国近代历史上一次比较完全意义的反帝反封建的民族民主革命，它推翻了清朝政府，结束了中国几千年的封建君主专制制度，同时沉重打击了帝国主义在华侵略势力。中华民国的建立，标志着中国历史进步的新纪元。辛亥革命极大地推动了中华民族的思想解放，为中国先进分子探索救国救民的道路打开了新的视野，八年后，五四运动爆发；十年后，中国共产党诞生。辛亥革命开启的革新开放之门，对于推动中国社会的发展与进步具有不可估量的历史功绩和伟大意义。

  以孙中山为代表的革命党人，在开启思想闸门、传播先进思想、点燃革命火种、推动历史进步的过程中发挥了重要作用。他们站在时代前列，为追求民族独立和民主自由而向反动势力宣战；他们不惜流血牺牲，站在斗争一线浴血奋战；他们具有坚定的信念和坚强的意志，愈挫愈奋，在失败中不断汲取和凝聚新的力量；他们适应历史发展的趋势，与时俱进，不断修正前进的方向和斗争的目标。正是因为有了这样一批革命先驱和仁人志士，才有了辛亥革命的爆发，也才有了以此为开端的中国民族民主革命的不断发展和最终胜利。当然，我们在分析评价历史人物时，既要看到他们有超越时代的进步性，又要看到他们不可避免地受到社会客观条件影响而具有的局限性与片面性，这是我们在看待历史人物时应当坚持的历史唯物主义态度，也就是既不文过饰非，也不苛求前人。

几十年来，关于辛亥革命及其重要人物的研究工作不断深入，也陆续出版了大量的图书、画册等，但仍然不十分系统和完整，有些出版物受到时代因素和其他客观条件的影响，难免有失偏颇和疏漏。在即将迎来辛亥革命100周年的时刻，团结出版社编辑出版了本套《辛亥著名人物传记丛书》，并得到国家出版基金的资助，这充分说明了国家对于辛亥革命历史研究的重视。这套丛书的出版，无疑是一件非常有意义的事，既可以对辛亥革命的研究工作起到重要的填补空白和补充资料的作用，同时也是对立下丰功伟绩的仁人志士的纪念与缅怀。

为了保证本套丛书的编辑质量，编辑委员会在民革中央的领导下，做了大量认真细致的组织工作，特别是邀请了著名专家金冲及先生、章开沅先生、李文海先生担任顾问，他们在百忙之中分别对本套丛书的编辑思想、人物范围、框架体例、写作要求等方面提出了重要的指导性意见，成为本套丛书能够高质量出版的重要保证。此外，参与本套丛书写作的，都是在近代历史和人物的研究方面卓有建树的专家学者，他们既有对辛亥革命历史进行深入研究的学术功底，又有较丰富的写作经验和较高的文字水平，因此，我们可以寄希望于本套丛书的出版，会对推动辛亥革命及其重要人物研究工作的不断深入起到重要作用，对弘扬爱国主义、提高民族凝聚力，实现中华民族的伟大复兴产生积极的影响。

周铁农

2011 年 3 月 16 日

目　录

引 言

　　辛亥革命推翻了数千年的中国封建君主专制统治，开创了民主共和的新时代。在这场划时代的伟大斗争中，孙中山和黄兴是杰出的革命领导人，并称为"开国二杰"。孙中山最早提出了"振兴中华"的口号，最早提出建立民主共和的主张，最早举起了革命的大旗，最早建立了推进革命的团体，最早发表了革命的理论，最早策动了反清武装革命，最先为振兴中国到处奔波，是当之无愧的革命先驱和辛亥革命的领导人。可是，他自从1895年策动广州起义失败后，受到清政府的严令通缉。从此时起，他无法在国内立足，长期流亡于海外，直到武昌首义胜利两个多月后的1911年12月才得以回国。在整整16年的漫长时期内，除了广西镇南关（今友谊关）起义，孙中山曾在关上住过一夜之外，不但未曾踏上中国领土，即使邻近的日本与东南亚各地，他也无法藏身。因此，国内各地的各种革命活动，自从1905年中国同盟会成立起，主要是由黄兴主持。整个辛亥革命时期，黄兴为推翻清朝的君主专制统治，建立民主共和国，呕心沥血，竭尽了全力。在开创中国民主共和新时代、建立民主共和国的伟大事业中，黄兴立下了千古不朽的功勋。

　　正是由于黄兴在辛亥革命中建立了丰功伟绩，当时在国内外就赢得了很高的声誉，得到了人们的广泛称赞。1911年11月，辛亥武昌起义仅一个月，日本的《中央公论》连续发表了清藤幸七郎、内田良平和根津一等撰写的三篇评论中国革命的政论文章，标题都是把孙中山（或称孙逸仙）和黄兴（或称黄克强）并提。同月，国内的《民国报》在上海创刊。在创刊号上刊载了介绍黄兴革命历史的文章，也说黄兴"实为革命党中唯一之实行家也，故革命党最重黄之威望，可与孙逸仙齐驱并驾矣"。孙中山于当年8月31日复吴稚晖的信函中也说："黄君一身为同人之所望，亦革命成败之关键也。"1912年9月，宋教仁在《致北京各报馆书》中也说："黄克强先生与中山先生同为吾党泰斗，关系之亲切，天下皆知。"1911年末，日本还出版了两本介绍中国革命的著作：一本是宫崎寅藏编写、明治出版社出版，书名为《孙逸仙与黄克强》；另一本作者是伊藤银月、武藏野书店出版，标题是《孙逸仙与黄兴》。1912年8月至9月，袁世凯邀请孙中山与黄兴赴北京共商要政，接待规格完全一样：前往北京车站迎接的，都是国务院代总理赵秉钧。孙、黄应邀赴袁府会见，袁都是下阶迎接。孙中山在京期间，与袁世凯会谈13次，黄、袁商谈也是13次。孙中山在北京停留25天，黄兴同样是25天。1914年，美国纽约出版了一本约翰·J.莫路里写的《中国革命的启示》，共142页，约三分之二的内容为黄兴的传记，书中盛赞黄兴是辛亥革命的"真正英雄"和"领袖"。1915年，美国芝加哥出版了一本保尔·莫洛尼写的《欧战中我们在中国的机会》，称赞黄兴是"中国的华盛顿"。

1916年10月31日黄兴去世后，黄蔡二公事略编辑处编印了一本《黄克强先生荣哀录》，第一章介绍黄兴生平说，孙、黄结识并建立同盟会后，"中山先生被举为总理，先生（指黄兴）被举为执行部庶务。执行部者即内阁之基础。庶务一职，即内阁总理也。同盟会成立后，孙中山往南洋群岛谋划进行，先生即代理总理之责。本部一切计划，全由其一人主持，而杂志之《民报》，先生为主干焉。"《黄克强先生荣哀录》中刊载了挽联700多幅，上自总统，下至平民百姓，无不肯定他的丰功伟绩。湖南各界的挽联写道：

一声霹雳兮，震动万方。噩耗传来兮，云暗三湘。亘古一人兮，继起炎黄；

推翻帝制兮，建民主新邦；功垂亿世兮，史册流芳。礼隆国葬兮，天下悲伤。

章太炎的挽联写得最为明快：

无公则无民国；有史必有斯人。

1920 年，当黄兴逝世四周年之际，青年毛泽东在长沙《大公报》9 月 6 日、7 日发表连载的文章《湖南受中国之累以历史及现实证明之》中说："湖南出了黄克强，中国乃有实行的革命家。"就是说，中国有实行的革命家，是从湖南的黄兴开始的。因为有组织、有领导、有纲领、有明确革命目标的革命，严格地说，是从辛亥革命开始的。首倡此次革命者，无疑是孙中山；而身体力行，亲自组织、推动这次革命一步一步地走向高潮，并最后推翻清朝专制统治，建立民主共和国的，当首推黄兴。毛泽东的评论如此，国外的学者也有同感。1925 年，孙中山去世，曾经做过孙中山法律顾问的美国人保罗·林百克，在纽约世纪公司出版了一本《孙中山和中华民国》，1926 年由徐植仁译成中文，书中有一节专论《中山与黄兴》，作者说："没有黄克强的武力运动，中山虽有他的才具，也很难说究竟能否推倒清朝。所以，我们大胆地说，没有中山就没有克强；没有克强，清朝有了外国帮助，也许到今天还是安然坐在紫禁城的龙位上受百官朝贺。"换句话说，有了黄兴的革命实行，清朝的专制统治才得以推翻，孙中山的革命理想才得以实现。

黄兴对辛亥革命的贡献，概括地来说，主要有以下几个方面：

一、与孙中山团结一心，创建联合全国革命志士的中国同盟会，为推进辛亥革命提供组织保证。中国同盟会的成立，标志着中国民主革命进入由分散走向联合的新阶段，是辛亥革命进入高潮的起点。同盟会是以孙中山和黄兴为轴心建立的。当时孙中山是海外华侨和广东地区革命力量的代表，黄兴则是两湖地区和长江流域以及全国留日学生的代表。孙黄联合象征着全国革命力量的大联合。孙中山和黄兴会晤前，黄兴的组党活动，至少可追溯到建立华兴会。1903年末成立的华兴会，虽然以湖南人占多数，但成员还包括湖北、安徽、浙江、贵州、四川、福建、直隶（河北）、江西等共9省，实际是一个全国性组织。长沙起义失败后，他流亡日本，又即刻开展组党活动，联合各地留日同志，建立革命同志会，参加者包括湖南、云南、直隶（河北）、江苏、河南等省。到1905年春天，联络同志日渐增多，他准备正式成立政党，后来接受程家柽的建议，才决定推迟，等待孙中山抵日以后再议。

同盟会的建立，孙中山有首倡之功，黄兴更有无私赞助之力。从1905年8月同盟会正式成立，到1912年8月改组为国民党，整整7年，黄兴在发展、壮大和巩固组织等方面，起了决定性作用。首先是在实现全国革命力量大联合中发挥了举足轻重的作用。其次为同盟会成立后，黄兴在留日学生中积极发展会员，在各地建立起同盟会的分支机构，使同盟会的组织很快遍及全国。这些分支机构散布于全国21个省区，为革命运动在全国的广泛开展奠定了组织基础。最后是长期主持同盟会本部工作，为同盟会各项活动的开展，出谋划策，精心组织，付出了无法计量的辛勤劳动。

二、维护孙中山的领袖地位，维护革命团结，保证各项革命活动在同盟会领导下顺利进行。众所周知，同盟会成立时，80%以上的会员，是与黄兴早前联系的。但黄兴从不居功自傲，一心一意拥护孙中山作同盟会的领袖。同盟会成立时，黄兴主动提议，由孙中山出任总理，不必经过选举手续，得到大家鼓掌赞成。同盟会成立后，前进过程中的路途并不平坦。1907年，先有旗帜之争，接着因经费分配问题，章太炎等掀起倒孙拥黄风潮，公开提出要罢免孙中山，改选黄兴为同盟会总理。1909年，陶成章等又发动了更大规模的倒孙拥黄风潮，要求罢免孙中山，选举黄兴为总理。那时黄兴只要有丝毫权位欲望，就可顺势把孙中山罢免，自己当上总理。但黄兴以大局为重，从维护革命团结出发，坚决抵制，既维护了孙中山的领袖地位，又巩固了内部团结。

经过两次"倒孙风潮"，孙中山不免有点心灰意冷，1910年曾萌发了另组中华革命党的思想。即使是在这种情况下，黄兴仍然毫不动摇地拥护孙中山作中华革命党领袖。1911年武昌首义成功后，全国各地纷起响应，急需建立统一全国革命力量的中央机构。国内各方力量经过协商，决定在中央政府成立前，先成立大元帅府，举黄兴为大元帅。黄兴先是坚辞不就，后来改举黎元洪为大元帅，黄兴为副元帅。同时议决黎元洪暂驻武昌，由副元帅黄兴代行大元帅职权，在南京组织临时政府。12月23日，正当筹备工作准备就绪，黄兴即将由上海赴南京组织中央政府之际，突然接到电报，孙中山即日回国。黄兴立刻改变主意，暂停前往南京，待中山抵沪后再议。12月25日，孙中山抵达上海。经过黄兴等向党人疏导，孙中山回国不到一星期，即被举为南京中央临时政府大总统，并于1912年元旦在南京宣誓就职。即使1913年"二次革命"失败后，孙黄在政见上发生分歧，黄兴拥护孙中山为领袖的志向仍丝毫未改。1914年6月30日，黄兴避居美国后，仍然向外界表示，"领袖惟中山，其他不知也"。（《近代史资料》1962年第1期，第13页）黄兴这样竭诚维护孙中山的领袖地位，实为古今罕有。

三、领导发动了一系列武装起义，为革命的最后胜利铺平了道路。武装反清是推翻清朝君主专制统治的主要斗争形式。黄兴是辛亥革命时期武装斗争的主要领导人和发动者。他自从立志革命起，即弃文习武，不顾生命危险，历经千辛万苦，带领革命党人和人民群众，向清朝反动统治发动了一次又一次的猛烈冲击，为推翻几千年的君主专制统治开辟了道路。其中最突出的贡献：一是提出反清武装起义的正确策略，为争取革命的胜利指明了方向。还在华兴会成立会上，他就总结了中外历史上武装起义的教训，提出了"雄踞一省与各省纷起"的方法。在力量的组织上，他主张军学界和会党互相应援、联为一体。用今天的话来说，就是团结各种力量，结成广泛的统一战线，同心协力，与清朝专制统治做斗争。后来的实践表明，辛亥革命基本上是按黄兴提出的方略取得胜利的；反袁护国的斗争，同样是靠联合一切反袁力量获得成功的。在反清斗争实践中，他又总结了在粤、桂、滇边境多次发动起义失败的教训，就发难地点的选择上，进一步提出"由省城下手、由军队下手"的新方针，认为"省城一得，兵众械足，无事不可为"。（《黄兴集·一》第33页）把发难地点由边远地区转到中心城市，把起义动力由依靠会党转为主要争取新军反正，这都是重大而正确的转变。

在事关革命成败的关键问题上，他及时做出了英明的决断。同盟会成立后，留学日本的陆军学生纷纷加入同盟会。为了绝对保密，陆军中同盟会员的盟书由他亲自保管。而且从中选拔了一批革命志向坚定的同盟会员组成"丈夫团"，为未来各地的反清武装斗争准备了大批军事骨干。这些人后来在革命斗争中大多成了各地重要将领。在领导反清武装斗争中，他先是紧接同盟会成立之后，于同年末亲自潜入广西桂林，深入虎穴，动员广西巡防营统领郭人漳反正，以后又亲赴前线，组织和领导了一系列武装反清起义，并且亲自组织、部署各地响应起义，从而沉重打击了清朝的反动统治，铺通了将革命引向胜利的道路。

四、运筹帷幄，驰骋疆场，为建立共和民国立下了殊勋。创建开创中国历史新纪元的中华民国，乃辛亥革命的最大成果。在建立民主共和国的全过程中，黄兴作为革命主帅，筹谋划策，奋力拼搏，为共和国的成立作出了特别重大的贡献。早在武昌起义前夕，他根据"雄踞一省与各省纷起"的既定方针，即具体布置了11省同时并举的计划，通令各省革命党人积极准备。武昌起义之后，清政府惊恐万状，立刻把自身掌握的精锐部队组编成三个军：以一个军的力量守卫京城北京；以两个军的兵力猛扑武汉，妄图一举消灭武汉起义的势力。从10月18日到28日，起义民军在汉口前线指挥作战的主将，先后三次更换：或者因伤退下火线，或暗地与敌人勾结，或借故返回武昌。三军无主，汉口岌岌可危。正是在这"千军易得，一将难求"的紧急时刻，黄兴于10月28日下午抵达汉口，几乎没有喘一口气，即过江拜访都督黎元洪，复亲临汉口前线视察，再回到武昌与黎元洪商量战守，当夜即带领参谋人员赶赴汉口前线，设立指挥部，亲临阵地组织力量，组织反攻。在敌我力量悬殊的情势下，他主持汉口、汉阳保卫战，长达一月之久，尽管没能挽回败局，却歼灭了敌人的大量精锐部队，迫使敌人停战议和。而且赢得了时间，到汉阳11月27日失守时，继湖南、陕西首先响应之后，一月之内又有山西、云南、江西南昌、上海、贵州、苏州、浙江杭州、安徽、广西、镇江、福建、广东、山东、四川重庆、成都等地区得以乘机起义，宣布独立。清朝统治土崩瓦解。终以一隅之失，换得了全局的伟大胜利。

　　各省起义独立之后，为了全国革命力量统一协调行动，急需建立中央临时政府。黄兴为了组建临时中央政府，在地点、人选、经费等问题上，与各方协商，同样煞费苦心。地点由于南京攻克虽然很快定了下来，人选则因牵涉到方方面面，不能不慎重考虑。比如部长人选，有人曾主张都用革命党人。而这样会导致与党人愿意合作的各方人士离心离德，很不利于各种反清力量团结一致，共同对敌。经过折冲樽俎，后来才定为多安排社会名流出任部长，由党人任副部长辅政。又如孙中山当选总统后，考虑到首义的湖北在临时政府中的人员较少，于是提议补选黎元洪为副总统。这样安排，无疑大大有利于团结。至于经费问题，当时简直无从措手。原指望孙中山能从国外筹借一点钱，以解燃眉之急。可是，孙中山回国时却一文不名。南京临时政府成立，除由张謇担保，向三井洋行借得30万元外，另靠胡汉民向旅沪之广、肇、潮、嘉四乡募捐，得军资70万元，才算暂时应付过去。从此结束了数千年的君主专制统治，开创了民主共和新时期。

从创建同盟会到南京临时政府成立，时间只有六年多。在这期间，黄兴出生入死，不仅本人全力投入革命斗争，变卖家产支援革命，还把年仅14岁的大儿子黄一欧也交给革命。这段时间，他奔走于中国南部各省、日本和东南亚，不辞辛劳，不顾生死，全心全意为夺取革命胜利、建立民主共和国而奋斗。因此，他和孙中山并称为"开国二杰"，是当之无愧的。

五、民国建立后，矢志不移，为维护和巩固民主共和制度奋斗终生。
黄兴从1900年秋矢志革命起，到1916年10月31日逝世，前后共为革命奋斗了16年多，大体可分成前后两个阶段：前段从1900年到1912年4月1日南京临时政府结束，主要是为推翻清朝专制统治，建立民主共和国奋斗；后段从1912年4月起至去世，主要是为维护和巩固民主共和制度操劳。1912年元旦，孙中山莅临南京，正式就任中央临时政府大总统，开始组建政府各个部门；除旧布新，发表各项政策法令；订立《中华民国临时约法》；整编军队等。建国工作千头万绪，事务十分繁忙。黄兴身任陆军部长、参谋总长，除管理军队事务、筹备北伐外，还得协助孙中山处理对内对外各项政务。可以说，当时他是最忙碌的一位日理万机的要人。那时北京的清朝政府尚在，袁世凯利用南北对峙局势，左右开弓，攫取最高权位。经过南北议和，南方革命党人在军力不足、财政极端困窘的时势下，为了实现民主共和，不得不向袁世凯作出让步，同意在清政府交出政权后，把临时大总统这个要职让给袁世凯。1912年3月，袁世凯宣誓效忠共和，遵守《中华民国临时约法》，继任临时大总统。正直和忠厚的革命党人，开初多轻信袁氏的虚伪诺言，以致1912年八九月间，孙、黄应邀相继北上。在袁世凯极富欺骗性的表演下，两人都一再公开表示，拥护袁世凯当大总统。孙中山公开宣布，要让袁世凯当总统10年，自己则全力投身实业，修建10万公里铁路。黄兴表示"避政界而趋实业界"，将全力投身开发祖国矿藏，为修筑铁路提供养料。然而，袁世凯专制独裁的野心很快就暴露出来了。不到一年的工夫，随着宋教仁遇刺身亡，革命党人的梦幻很快破灭。孙中山和黄兴等许多革命党人，很快识破了袁世凯的狼子野心。为了维护苦心奋斗，来之极不易的民主共和制度，他们即刻由拥袁转向倒袁，相继发动了"二次革命"和护国运动。在这两次维护民主共和、反袁专制独裁的生死斗争中，黄兴都倾注了全部心血。直到袁世凯死后，黄兴在生命的最后垂危时刻，还在继续为共和出谋划策，真是鞠躬尽瘁，把毕生的精力都献给了中国的民主共和事业。

纵观中国古今历史，在开创中国历史的新纪元中，孙中山和黄兴，都为中华民族的复兴立下了不朽的功勋。孙中山的功绩在首倡民主共和制，并为建设民主共和提供了切合中国情况的理论。同时为了宣传革命，筹集革命经费，五次环游地球，争取广大华侨和世界各国进步人士的支持。黄兴则在建立革命组织、开展国内革命宣传活动中呕心沥血，奔走于南洋各地，筹集革命经费，特别是在发动一系列武装起义等方面贡献了自己的全部心血。正是由于孙中山与黄兴的紧密配合，战胜千难万险，在全国人民和革命志士的共同努力下，才推翻了根深蒂固的君主专制统治，建立起中国历史上从未有过的、人民当家做主的民主共和制度。

在中国近代救亡图强的奋斗史上，先后曾经涌现过三对领袖人物，即：太平天国时期的洪秀全与杨秀清；戊戌维新时期的康有为与梁启超；辛亥革命时期的孙中山与黄兴。洪秀全与杨秀清携手合作，发动和领导了太平天国农民运动，席卷了大半个中国，把中国农民起义推向了顶峰。遗憾的是，在革命取得巨大胜利之后，两人很快争权夺利，互争权位，结果弄得刀兵相见，天京（即南京）城内互相残杀，血流成河，致使太平天国事业半途而废。他们自己也走上自取灭亡的道路。康有为与梁启超有师生情谊，应该可以长期友好相处。但是，随着历史的发展，由于不能与时俱进，康有为在通过辛亥革命，建立民主共和国之后，仍然痴心妄想，阴谋复辟帝制；梁启超与康有为由于政见分歧，终于分道扬镳，两人善始却没有善终。只有孙中山和黄兴，由于黄兴不争权位，一心拥护孙中山，并且牢记太平天国失败教训，不恋权势，始终维护革命团结。两人总的来说相处很好。即使"二次革命"后，曾一度产生政见分歧，但彼此之间的友谊一直保存。待到护国运动开展，政见分歧消除，两人又团结一心，继续为巩固民主共和制度携手并进。算是善始善终，是中国近代史上最好的一对领袖搭档。在本书的各章节中，对此将有翔实叙论。

黄

兴

第一章
家世和早年生活

一、华夏望族

　　　　巍巍孙黄君，盖世莫与伦，迁身海外二十余年，不飞，飞冲天；不鸣，鸣惊人；乾坤日月再造新，推翻专制体，组织共和群，五大民族结如金。亚洲神州地，铸成共和魂。呜呼，盛赞孙黄君！

　　这是民国元年流行各地的赞美孙黄歌。"孙"是指孙中山，"黄"即指黄兴。在辛亥革命运动中，孙中山和黄兴，是革命集团的领导核心。他俩紧密配合，创建了领导革命的组织——中国同盟会，实现了全国革命志士大联合；创办《民报》，开展了革命宣传，使革命思想深入人心；特别是组织领导了一系列武装起义，将革命一步步推向高潮，终于推翻了几千年来的封建专制统治，在中国建立起民主共和国。这里叙述的就是黄兴和孙中山合作的革命经历。

　　黄氏宗族，历史悠久，是中国人口最多的十大姓之一。黄氏的始祖，据说是黄帝和发明养蚕的嫘祖所生的少昊，名挚。挚因修太昊伏羲氏之法，教导人民畜牧，故称为少昊。他居住的地方，在今天山东曲阜以北的穷桑，故又称穷桑氏。到了虞舜时代，少昊的后代伯益，凭借本氏族长期从事畜牧积累的经验，协助舜帝调驯禽兽，成效显著。舜帝特意赐他姓嬴，这就是嬴姓的起源。从嫘祖养蚕，少昊畜牧，伯益调驯鸟兽来看，这当是原始社会末期一个以养蚕畜牧为主要职业的氏族部落。

　　历史发展到了周朝时代，嬴姓中的一支徙居到今河南潢川县西的光州一带，建立了一个黄国。春秋时期的公元前648年（周襄王四年），楚国派兵把黄国吞并了。黄国的族人乃以原国名作为自己这一族群的姓，这就是黄姓的来源。

　　黄国为楚国吞灭，对于黄国的国族而言，是遭到灭国之灾的大不幸。

国家被人灭亡之后，作为国族，面临严峻的抉择：或者是不求进取，任其自生自灭，最后走上"灭种"之路；或者自立自强，奋发图存，使自己种族逐渐走上复兴之路，子孙兴旺发达。两千多年以来的历史证明，黄国国族走的是一条复兴之路。他们在国家灭亡之后，顽强地生存下来。为了纪念亡去的国家，毅然姓黄，就是一定要顽强生存下去的表现。在此后的漫长岁月中，黄氏子孙没有辜负先人的期望，不但没有灭种，而且走上繁荣昌盛的道路。历代黄姓名人辈出，为中华民族的繁荣和发展做出了不朽的贡献。

据史书记载，战国时期楚国的春申君黄歇和齐国的孟尝君等并称为战国"四大名君"。他辅佐楚国的考烈王，出谋划策，为楚国做出了很大贡献。汉代初年，隐居商山的黄疵，乃"商山四皓"之一，著有《黄公》四篇。汉高祖时有位名将黄极忠，以击败临江王有功，封为邸庄侯。淮阳人黄霸，汉宣帝时当过丞相，"治为天下第一"，受封为建成侯。东汉时湖北安陆人黄琼，曾做到太尉、司空。三国时，河南南阳人黄忠，乃蜀国著名的老将；湖南零陵人黄盖，则是吴国有名的忠臣。山东菏泽人黄巢，是唐末著名的农民起义首领。成都人黄筌，是五代时著名的画家。江西修水人黄庭坚，是宋代有名的大文学家、书法家。据1892年编纂的《经铿黄氏家谱》记载，黄庭坚还是黄兴这一宗支的祖先。江苏松江人黄道婆，是元代著名的纺织专家。浙江余姚人黄宗羲，乃明清之际著名的思想家。江西宜黄人黄爵滋，是鸦片战争前著名的严禁派。广东嘉应州人黄遵宪，是清末著名的维新派，爱国诗人。广西博白人黄文金，太平天国时封为堵王。这些历代名人的籍贯遍及全国各地，表明黄姓已由原来局处河南的东南一隅，散播到全国各地，至今成为名列第七的全国十大姓之一，人口近3000万。

据《经铿黄氏家谱》记载，黄兴这一宗支原住江西省吉安府泰和县，明朝初年流寓长沙。最初住在长沙河西溁湾镇，隶属当时的善化县，后来才向长沙周围扩展。迁湖南的始祖名黄国璋，只有一个儿子，名叫兴辅。黄兴辅虽然生有三个儿子，但长子黄以敬，由于卷入明初的"靖难之变"，被流放到宁夏去了，再也没有回来；三子黄以忠没有后代；只有老二黄以诚生了四个儿子。第四代、第五代的人丁也不算多，到了第六代才开始大发展，单是黄金就生了12个儿子。到了明朝末年，黄国璋这一支派已形成九大房。清朝时期的发展更为迅速。待到1892年第七次编修族谱时，经过500年的繁衍，"本籍分属长沙府属长沙、善化、湘阴、浏阳、湘潭、宁乡、醴陵，岳州府属平江凡八县，历世二十有三，存丁号以万计。其分籍于甘肃中卫、陕西汉阴、四川彭水、云南保山、湖北来凤，及永顺府属之龙山者，又各以一方别启，蔚为清门"。（《经铿黄氏家谱》卷六，一世编）以一世祖黄国璋为发端，仅仅500多年，居然发展到人丁"以万计"，尚不包括从长沙迁往甘肃等省在内，其发展速度之快，的确令人惊奇。在黄国璋这一支派中，黄兴隶属第19代。

黄国璋这一支派不但人丁兴旺，而且人才辈出，至"以勋业显于世者肩背相望"。这些显要人物在《明一统志》《大清一统志》《湖南省志》《长沙府志》《善化县志》《长沙县志》等书中，不少人均有小传，或者载在《选举志》中。比如第二代黄兴辅，先是在江西吉安府永顺县当知县（县长），由于品德、政绩卓著，江西省当局把他的事迹上报朝廷。明太祖朱元璋知道后亲自接见，对他的才德十分欣赏，即刻提拔他任陕西道监察御史，很有政声。第三代黄以诚，好读书，善书法，为人敦厚。长兄以敬充军宁夏时，以诚将全家的财产都送给他。以诚还精医术，曾治好许多人的病痛；而且好施舍，受过他救济的人不少。第五代黄泰，曾做过山东济宁邳州等卫所的知事，福建都指挥使都事。第六代黄宝，明代成化年间（1465—1487年）进士，主持吏部文选等事，清廉持身，有"黄宝不爱宝"的美誉。后来升任太常寺卿，再升都御史，巡抚陕西。当时正值蒙古鞑靼部连年侵扰北部边境，军情十分紧急。他见潼关及陕西边地的城堡多半因年久毁坏，仓促之间又来不及大修，于是严肃军纪，增建堡垒，紧急筹备军饷，健全军事警报系统，抚恤受灾群众。同时建议截断敌人右臂，固守中部要害之地，彼此互相援应，陕西一带因得转危为安。后来因宦官刘瑾把持朝政，胡作非为，黄宝被罢官。刘瑾败后，黄宝又被起用，明朝廷委派他巡抚云南。不到一个月，因病返乡疗养，不久病死家中。

第八代黄梅，明代嘉靖年间（1522—1566 年）的选贡生，先后做过安庆府望江县和庐州府巢县等地的知县，明朝嘉靖皇帝曾封他为文林郎。他做官坚持实事求是，勤于职守，大胆清除积弊，气象为之一新。当时就有"洁己奉公，吏治民安"的时誉。由于为人耿直，得罪了上司，毅然辞职回家。当地群众闻讯，拦路请求留任。因为群众太多，江上的浮桥差一点被压断了。黄梅的兄弟黄模，也是举人，做过云南通判，曾捡到别人遗失的金银财物，他将其封存起来归还原主。他做云南通判期间，沐府发生兵变，大家都不敢前去处理。黄模却只身前往劝解，事变很快得到了平定，由此"贤声大著"。黄模第四子黄洽中，是万历年间（1573—1620 年）的进士，先后做过归安知县、户部郎、太原和南安知府。为人清廉，做事果断。在太原知府任上曾奏请蠲除地亩荒税两万多两；在南安奏请免除木价五万缗，大大减轻了百姓负担。他晚年在家里教育几个儿子，皆有文名。

第十代黄学雅，生活于明末清初，学习勤奋，特别注重品德修养。进入清朝之后，发誓不做清朝的官。晚年益发坚定，万缘俱谢，一心颐养天年。黄学雅去世后，乡邻无不称赞他志行高洁，在其墓碑上题称"明处士"。据黄兴后来对李书城说："他的远祖在清初曾写过遗书，要求子孙永远不做清朝的官。"可能是因为这个缘故，从第 11 代起，黄兴的直系祖宗没有一人做过清朝的官，算是认真履行了十世祖黄学雅的遗言。后来，黄兴愈挫愈奋，矢志反清革命，乃是进一步弘扬了黄学雅的高风亮节。

黄兴故居今貌（黄伟民提供）

二、黄兴的家庭

　　黄兴的故乡善化县是今日长沙市的一部分。长沙之名，最早见于西周，到了春秋战国时期，已发展成为楚南重镇。秦始皇统一中国，废封建，设郡县，公元前221年，在这里设立长沙郡，其附郭名湘县（即今长沙市）。刘邦建立汉王朝后，又于公元前202年在这里建立长沙国，徙封吴芮为长沙王，封地包括今湖南省东半部，国都改名临湘县（仍是今长沙市）。东汉时再改为长沙郡，辖境缩小。到了南朝时代，长沙郡仅管辖今天长沙市和长沙、望城两县地方。隋唐改置潭州。隋开皇九年（589年），改临湘为长沙县。宋朝称潭州长沙郡。宋元符元年（1098年），又从长沙县划出五个乡和湘潭县的两个乡，合并成立善化县。明洪武五年（1372年），潭州府改名长沙府，辖区包括今湖南洞庭湖及汨罗江以南，资水流域以东，安化、湘乡、攸县、茶陵等县以北。清代沿袭明制。民国元年（1912年）4月，湖南都督府以"同城不能二县并立"，裁并善化归入长沙县。1933年，分出长沙城区设置长沙市。1951年，将长沙县西部析置望城县。1988年调整区划，长沙市辖东、西、南、北四个市和一个郊区，以及长沙、望城、浏阳、宁乡四县。为了纪念黄兴缔造民主共和国的丰功伟绩和适应经济的发展，同年还将黄兴的出生地高塘乡改名为黄兴镇。调整后的长沙县，共辖41个乡镇，总面积2165平方公里，总人口779.64万。黄兴镇辖24个居委会，22个村，总面积75.4平方公里，人口4.5万。

黄兴的出生地凉塘，位于湘江支流浏阳河下游的东岸，毗邻长沙市东郊，距离长沙市区20公里。凉塘因黄宅"门前接连大小三口塘"而得名。这里田野开阔，阡陌纵横，远望东山，蜿蜒天际；近接市区，熙来攘往。这座院落建于1864年，至今已有150多年历史。正屋分为前后两进，中间有个天井，两栋之间有厢房连接。加上一些配套的房子共计53间。中堂右边的正房是黄兴父母的卧室，相传黄兴就出生在这间房子里，左边的正房是黄兴与原配夫人廖淡如结婚的住房。从出生到1896年，黄兴在这座宅院中共度过22个春秋。百多年来，这座老屋饱经沧桑，旧貌基本未变。1981年纪念辛亥革命70周年之际，湖南省人民政府将它列为重点文物保护单位，拨出专款进行了维修，后又数次做了修补。而今展现在人们眼前的百年老屋，基本上恢复了黄兴居住时的风貌。

黄兴的祖父黄维德（1815—1876），字懋昭，号月楼，乃迁湘始祖黄国璋的第17代孙。他继承祖辈的良好家风，很讲信用，注重气节。邻里之间发生纠纷，他常常婉言相劝，和平了结，大家都很敬重他。咸丰初年，太平军攻打长沙，有乡民趁机进行骚扰，影响社会安定。他倡议募集团练，巡查乡境，全乡因得平安生活。太平天国后，他又倡募团谷、积谷，贮粮备荒。还建设育婴堂，修建斋堂与寺庙，设立公所，编排保甲，境赖以安。由于他热心公益事业，受到乡民拥戴。大概也是在维护地方治安方面作出过贡献，曾得过不入流的从九品军功，以及六品顶戴。黄维德和妻子方氏，继妻解氏，育有三个儿子，名叫式珍、式蹯、式蓥。式蓥即是黄兴的父亲。

黄式蓥（1840—1897），又名炳昆，字翰翔，号筱村。因为体质肥胖，人呼筱胖子。黄炳昆自幼读书，青年时入善化县学为诸生。其后又被选拔为长沙府学优贡生，由官府供给膳食费用，名为补廪。炳昆在府学完成学业后，先是在家乡设馆授徒，后来又到长沙城里任教，结识周震鳞的叔父、同时在长沙城里任教的周理琴，两人既是同行，又是好友。由于这个缘故，黄兴和周震鳞早年成为总角交，后来在革命中又成为志同道合的挚友。

黄炳昆不仅很有学问，而且为人敦厚，关爱家乡，因而被推选为都总，管理当地的治安事务，平时调解群众之间的矛盾，有战事时组织乡民团练自卫。这个职务大概相当于后来的乡长。但任务没有乡政府那么多。主要职责是维持地方安定。

黄炳昆的第一个妻子是本村罗姓女子，罗氏（1841—1886）关爱子女，勤理家务，是典型的贤妻良母，生有四女二子。长女黄杏生（1860—1932），嫁给同县学生贺家璧（寿卿）。二女嫁给同邑县学廪生李振湘。三女（1867—1949），嫁给同县监生刘仙舫（经升）。小女黄细贞（1871—1959），嫁给长沙监生胡雨田。长子黄仁蔚（1863—1882），字霞叔，19岁时不幸早逝。次子黄仁牧，就是后来的黄兴。由于仁蔚去世早，仁牧实际成为黄家的独子。

黄兴家中有多少家产，历史缺乏记载。台湾出版的《湖南文献》第10卷第3期（1982年7月出版）载有台湾政治大学三年级研究生符儒友于1982年4月3日下午电话采访黄兴长女黄振华时谈到一些具体情况。黄振华说，她 5 岁的时候，"家中共有 9 位佣人，其中 3 位为轿夫，两位为传达，两位为厨师，两位为女工。家里的田地则租与乡人种植稻米，一季收成约 700 至 800 石，折合 7 万至 8 万斤"。另外，辛亥革命胜利后，南京临时政府时期，黄兴曾派人把继母易自如和妻子廖淡如等接到南京。彼此 8 年未见，有如隔世相逢。那时南北议和未成，黄兴已制订北伐计划，准备率军北伐，完成国家统一。据陈维纶在《黄克强先生传记》中记述，黄兴为贯彻其矢志北伐计划，当时曾与廖淡如夫人商定，将凉塘仅有的田产予以分析，以免牵挂。廖夫人含着眼泪表示赞同。当时"核计粮值可达国币一万余元，划分五股，分与夫人及一欧、一中、振华各两千元。除径与夫人及一欧外，一中、振华二股暂由夫人保管，其余一股分赠宫崎，由其夫人代收，因其不断协助发难之故，夫人忍痛赞助先生此项决心，旋即遵照处理"。从黄兴这个分析家产计划，大体可以判定黄兴家产情况。值得注意的是，他的分产计划，与传统的分产计划相比有显著的特点：一是不分男女，均可分享家产，这与过去分家只分男，不分女，完全不同，体现了男女平等精神；二是把家产的五分之一分给长期支持中国革命的日本友人宫崎滔天，这也是旷古未有的。据《国闻周报》第 10 卷 42 期（1933 年 10 月 22 日出版）刊载的、金易写的《宫崎寅藏故宅记》说，宫崎夫人收到这笔款后，曾将其中一部分修葺其部分住屋，以备黄兴不时之需。这也是天下少有的。

在黄炳昆的六个子女中，黄兴是最小的儿子。他派名仁牧，字岳生，号觐五，一号谨吾，后来又有人写作董午、庆午、近午等。早年学名黄轸，号杞园，继改名兴，号克强。辛亥革命前，为了便于秘密从事革命活动，曾化名李有庆、李寿芝、张守正、张愚诚、张愚臣、李经田等。1913 年反袁"二次革命"失败，逃亡日本，曾化名今村长藏、冈本义一。与友人通信，曾自署"生涯一卷书主人"。1874 年 10 月 25 日（同治十三年九月十六）出生。

黄兴出生之时，上距鸦片战争爆发 34 年，距第二次鸦片战争结束也已 14 年，此时西方资本主义势力已由沿海侵入内地，外国的炮舰和商船，已沿着长江深入到武汉，汉口早在 1862 年已开埠通商。但与汉口一水相通的长沙，人们还是照老样子生活。1879 年（光绪五年），黄兴已有 5 岁，父亲炳昆按照传统的读书方式，开始亲自教他读《论语》，并且引导他背诵唐诗宋词，指导他学会握笔写字与做对偶句，适当地作些讲解。黄兴的领悟能力很强，不但很快学会了教过的诗文，字也写得不错，而且常常翻阅一些其他书籍。从 5 岁到 7 岁，他一直跟随父亲读书识字。除了读完《论语》《大学》《中庸》《孟子》等所谓《四书》外，还读过一些诗文，习练了书法，学会做对偶句，为进一步学习打下了初步基础。

三、师从萧举人与周翰林

正当黄兴发蒙读书之时，家中发生了一件大不幸事。1882 年 3 月 13 日（光绪八年正月二十四），春节刚过，他的哥哥仁蔚因病去世。仁蔚生于 1863 年 12 月 4 日，比黄兴大 11 岁，仅仅活到 19 岁。兄长去世，黄兴成为家中独子。在重男轻女的当时，只有他才能继承家业。因而全家上下对他更为钟爱。父母为了使他受到名师教育，决定让他拜举人萧荣爵（1852—1936）为师，送他到冯塘团屋（原来团总的办公场所）读书。冯塘离凉塘将近两里，每天上学和回家，都是由母亲罗夫人亲自接送。黄兴很能体贴父母的爱心，学习很自觉，在家自修，或作或息，皆有定时；听从父母的教导，尊敬长辈与老人。萧举人给学童讲解《四书》，使学童得以了解书中的义理，还教授学童诵读《诗经》等经书。那时，黄兴的文思已表现过人的敏捷。一次，萧举人为人书写楹联，把"向阳门第春先到"误写成"向阳门第春光早"，萧举人想了好一会儿，也没有想出个合适的对句。黄兴在旁便建议说，何不对"积善人家喜事多"。旁观的人都称赞"对得好"。萧举人是一位勤奋向上的学者，到了1895年（光绪二十一年），他不但考中了进士，而且荣获第四名（传胪，二甲第一），授翰林院编修，后来曾做过粤汉铁路总办。黄兴少时得到他的教导，受益很多。

随着年龄的增长，黄兴了解的世情日益增多。平时，他很喜欢询问世事。除了读书之外，喜欢听邻里老人讲述洪秀全、杨秀清的革命事迹，特别是太平军攻打长沙的故事。稍大一点，又喜欢读太平天国杂史。这些故事杂史，成了他后来萌发革命志向的起点。他后来曾对人说："我革命的动机，是在少时阅读太平天国杂史而起。……但是又看到了太平天国自金田起义之后，起初他们的弟兄颇知共济，故能席卷湖广，开基金陵。不幸的是，后来因为他们弟兄有了私心，互争权势，自相残杀，以致功败垂成。我读史至此，不觉气愤腾胸，为之顿足三叹。因此，我决心革命的当时，就留意于此。我当时所联络的弟兄，以两湖等处的会党为多。这些弟兄，大半是承太平天国余绪的后人，我联络他们，首先引这事为鉴戒，告诉他们说：我们当革命党，一要服从首领，二要弟兄们同生死，共患难，有福不享，有难同当，不能有丝毫私意、私见、私利、私图。我取名轸字，就是前车既覆，来轸方遒的意思，也就是我们革命党弟兄，不要再蹈太平天国兄弟覆辙的革命要件。"（李贻燕：《纪念黄克强先生》）这段情真意切的话语，就是黄兴一生的座右铭。在领导革命的过程中，他处处以革命利益为重，毫无自私自利之心，坚持维护革命团结，维护孙中山的领袖地位，根源就在于此。

当黄兴10岁的时候，中法战争爆发了。在战斗中，清朝海军虽遭失败，刘永福的黑旗军与清朝陆军，却在越南境内和广西边境连续大败法军。法国茹费里内阁也因此垮台。可是，腐朽的清政府却推行"乘胜即收"的妥协方针，于1885年6月（光绪十一年四月）与法国在天津签订了屈辱的《中法越南条约》。清政府的懦弱无能与民族危机的加深，激起了许多爱国志士的救国情怀。孙中山就是通过中法战争，萌发了反清救国之志。黄兴这年转学，就读于新冲子（高塘乡长桥村）新喜山庄周翰林私塾。周翰林号笠樵，是一个通古达今、关心世务、比较开明的学者。因为通晓时务，颇为乡人敬重。这时黄兴尽管只有11岁，对于国家存亡已开始注意。在听课之余，他曾向周翰林询问清军失败经过，意识到清朝政治腐败，军备不振乃失败的重要因素，从而萌发了力求新知与救亡图存的志向。黄兴在周翰林私塾连续读了三年，除读了《春秋》《楚辞》等书之外，还学会写作应付科举考式的八股文和《试帖》。他开初喜爱诗词，对八股文深为憎恶，曾经几次停习。后来经周翰林一再开导，始勉强遵命制作。对于这类文体，他的学习能力颇强，每有作品，文气奔放，受到师长赞许。周翰林教导有方，黄兴一生的学问基础，就是这几年奠定的。

此外，黄兴在少年时代就表现出一些不平凡的行动与作风。如平时注意整洁，处理事情很有条理，听老师讲解，或阅读书籍，常常好寻根究底，了解其所以然。而且喜欢跋山涉水，骑马射击。亲长对他赠送食品，必定邀请邻居儿童共同享受，而且分配力求均匀，让大家欢欢喜喜。他那开朗豁达的性格，儿时就表现出来了。

黄兴在周翰林家读书这几年，学业蒸蒸日上，家里却屡遭变故。首先是1886年2月14日（光绪十二年正月十一），他的慈母罗夫人因病去世，享年45岁。罗夫人病重期间，黄兴侍候床边，朝夕不离。慈母去世后，他异常悲恸。每次去新喜山庄上学，必绕道到母亲墓前悼念。罗夫人去世仅一年，即1887年2月10日，黄兴的继祖母解夫人又去世了。由于家务需人料理，黄炳昆乃娶陈氏（1851—1888）为继妻。可是，陈氏到黄家仅一年多，又于1888年8月19日去世。不得已，黄炳昆只得再次续弦，娶易自如（1858—1929）为妻。易夫人到了黄家，待黄兴如己出，爱抚与教育皆很得体。黄兴学业日有进步，天伦之间，十分和谐。

由于家庭屡遭不幸，黄兴从 1888 年起就失学在家，一方面帮助家里做些力所能及的劳动，如插秧、除草、扮禾、挖花生等；另一方面利用空闲自学。在继母的督导下，黄兴自学异常用功，对于自己的言行，要求也十分严格，他曾订有《自勉规例》六条：

一、行动必须严守时刻；

二、说话必须说到做到；

三、读书必须分主次，纵使事忙，主要者不得一日荒旷；

四、处理重要事物及文书必须亲自动手，不得请托他人；

五、对人必须真诚坦白，不得怨怒；

六、游戏可以助长思虑，不应饮酒吸烟。

从这六条自勉规例看，他的学习作风，待人处世，都体现了一名有为青年的风范。这些规例看上去平淡无奇，却是待人处世的基本规则。正因为他青年时期的言论和行动体现了一位正人君子的风范，所以后来才能赢得大家的信赖与支持。

黄兴家居期间，还利用冬闲学习武术。跟从浏阳李永球学习乌家拳，"只手能举百钧"。他在农闲时间，常常约集乡邻儿童，到屋子后面的纹银坪练武习拳，相互切磋。他认为习拳练武，不仅可以增强体力，而且可以转移重文轻武的社会风气。由于潜心研究，勤学苦练，终于在年轻的时候，就练成一身过硬的武功，以至一只手即能举起 100 斤的大石头，从而以少年豪杰闻名乡里。当时湖南社会秩序混乱，盗贼时有骚扰。他乃与邻里捐了一笔钱，设立乡社，以强身讲学为主，实际是把乡里子弟组织起来，打击盗匪横行。由于有了这个自卫组织，而且加入的人越来越多，盗匪再也不敢胡作非为。

据说黄兴的家乡有一个姓曾的恶霸，因为看上邻家一位美貌妇女，竟然把她的丈夫陷害坐牢，然后把她抢到手中。黄兴对此愤愤不平。一天，东村乡邻请客，黄兴是他家的亲戚，所以一早就前去祝贺，只见曾恶霸已经先到。待到入席，曾恶霸目中无人，藐视一切。黄兴的座位和他接近，便故意弄翻碗里的汤，把曾的衣服弄湿。曾因此大发脾气，骂道："哪一家猪崽子，竟这么没礼貌！"黄兴大声辩驳："我弄脏了你的衣服，你不能原谅；你奸污了人家妻子，人家怎么能忍气吞声呢？"曾恶霸见黄兴当众揭了自己的老底，就想打黄兴的耳光。黄兴眼明手快，揪住曾的辫子拖出席外，拳打脚踢，把曾打得眼红脸肿。在众人的劝解之下才放了手。自此之后，曾恶霸再也不敢欺压乡人了。

1891 年，黄兴虚岁 18 岁。按照当地习惯，18 岁就是成年，该结婚了。其父炳昆访得同乡枫树河名诸生廖星舫之女淡如，贤淑多能，乃托人说媒，得到廖家许诺。不久，黄兴与廖淡如举行了结婚典礼，从此成为终生的恩爱夫妻。

四、肄业城南书院

1892 年（光绪十八年），善化县举行县考。黄兴奉父母之命前往应考，但没有考中。此中缘由，其长子黄一欧亲耳听到黄兴说过。18 岁那年，他和细姐夫胡雨田以及同村的刘石介一道前往应考。三个人进入考棚，凑巧都被分配在同一个字号。当时应县考要做八股文，规定黎明之前进场，当天天黑以前交卷。这一天，黄兴最先打完草稿，但看了又看，很不满意，想另写一篇。而胡、刘两人搜索枯肠，尚没有写出草稿来。黄兴这第一篇稿子便被刘石介要去誊正，作为他的考卷。随后黄兴又写了第二篇稿子，看了之后，仍不满意，决定再写一篇。这第二稿又被胡雨田要去誊正交卷。黄兴聚精会神，再写了第三篇稿子，自己才感到满意。不料发榜的时候，胡雨田和刘石介，都是榜上有名，唯独黄兴没有考中。他落第回家，担心父亲不高兴，不好意思地将三篇文稿都送给父亲阅看。黄炳昆看过之后，也认为第三篇胜过前两篇。这时，黄兴才放下了心思。黄兴这次县考未中，表明不是他的文章写得不好，而是阅卷官有眼不识珠。尽管黄兴这次没有金榜题名，是一个遗憾，但有另一份喜报。这就是 10 月 23 日（农历九月初二），长子一欧诞生于凉塘。一欧出生后"体貌轩昂"，黄兴十分高兴。

初试未中，黄兴在父母的劝导下，决心进一步提高自己，乃于 1893 年（光绪十九年）进入长沙城南书院深造。

城南书院坐落于长沙城南妙高峰下，和岳麓书院隔江相对，互相辉映。这所书院始建于南宋大儒张栻。原是其父张浚（宰相）的私人别墅。因为有人弹劾他违反规制，为了避祸，才将这所别墅命名为"城南书院"，以便掩人耳目。1167 年（南宋乾道三年），朱熹应邀来岳麓书院讲学，曾寓居于此。朱熹和张栻当时都是著名学者，两人在此切磋学问长达两个月，至今仍留下不少互相唱和的诗篇。由于张栻经常陪同朱熹渡过湘江去岳麓书院讲学，其渡口后人因此取名为"朱张渡"。清代乾隆到道光年间，这所书院改为面向全省招收学员的通省书院，规模宏大，环境清雅，是一所在全省享有较高声誉的高等学府。嘉庆至光绪年间，先后有名宦宿儒相继到此讲学。比较著名的有陈士雅、朱声亨、贺熙龄、孙鼎臣、何绍基、郭嵩焘、王先谦等，曾经为湖南培育人才、振兴教育作出贡献。

在这所仅次于岳麓书院的湖南高等学府里，黄兴从 19 岁入学，到 24 岁转到校经书院肄业，前后长达 5 年，先后得到院长王先谦、刘凤苞的教授，同时经常与同学切磋交流，学业上有很大进步。据他当时的同学雷恺回忆，黄兴文思敏捷，每月所得功课奖励，足以解决学习费用，不需家中供给。

不过，从这时学习的内容来看，仍然是传统的经史子集，没有超出旧学的范围。

黄兴进入城南书院后，除了依照院里的规定随堂听课之外，继续着重自学。依据他本人留下的读书札记若干片段记载，他初入城南书院，以研究辞章为主，读经、训诂、音韵为辅。后来改为重点探讨义理之学，而以地理和数学为辅。其外绘画、演算等所有的学习心得，皆记录于读书札记里面。他参加学院里举办的各项考试，成绩常常名列前茅，每月都得到最高额的奖学金，平均在米粮四斗以上，足以解决主副食、购置衣服、图书等费用，还略有节余。

黄兴作文吟诗，不斤斤计较文辞章句的修饰，也不拘泥于唐体宋体的分合。他作的诗文，雄浑流利，生动遒劲，或者抒发自己的胸怀，或者触景生情。他的生平志向，为人处世态度，常常可以在他的诗文中看到端倪。

义理之学，自宋代周敦颐、张载昌明以来，已成为宋明以后的一个重要学派。明末清初，经过王船山的阐扬，更成为湖湘学派一脉相承的传统。因此，黄兴对"明德""新民""救世济时"等符合当时需要的学说，颇有心得。对于王船山"探究民物、区分夷夏"的民族主义思想也有新的理解，为他后来决志推翻清朝专制统治，建立民主共和制度，挽救民族危亡，复兴中华，奠定了良好的思想基础。

对于古代诸子百家的思想学说，黄兴采取兼收并蓄，择善而从的态度，不偏重一家。从留下的札记可以看出，他对于孙吴兵法的阐发不少。他认为孙吴所论的道理，多与道、儒、墨、法各家学说贯通。后来治理军事政事，大体汲取了各家之长而加以灵活运用。比如孙子的修道保法、上下同欲，在黄兴后来的言行中均不时有所阐明，以期福国利民。

在城南书院学习期间，黄兴继续练习书法。他练习书法，不像一般的读书人那样，目的在为了应付科举考试，而是和修身养性、练习武艺紧密结合起来。因此，他对当时流行的行书楷体不感兴趣，而向往于东晋、北魏时代的书法艺术。他曾经说："郑文公碑字法真正，篆势分韵，尽在其中；兰亭雄健幻化，似乎奇怪百出，实归于中和。"（陈维纶：《黄克强先生传记》第25页）他在观赏临摹之中，对于字体的点、画、使、转的形质十分注意，尤其重视性情的涵养。据黄兴留下的札记记载，有同学某某评论他的书法有点像苏东坡与董香光。他则认为：东坡之书力弱，弊病在于澜漫；香光之书气怯，弊病在于凋疏，都是由于手指的劲不足。如果要使手指有劲，需要效法打拳，"出手起脚，极筋力所能至。气通劲出，便能尽势传意"。（陈维纶：《黄克强先生传记》第25页）书法历来受到文人重视，而把练书法与练习拳术结合起来，并且指出宋明书法大家苏东坡、董香光在书法方面的弱点，自己则以练武习拳的劲力来练习书法，弥补前人的不足，称得上是书法的一种创新，也是他的独到之处。

1896年（光绪二十二年），善化县又举行县考。黄兴的志向本不在乎科举功名，不想应考。但是，父母却殷切期望他一举成名。赴考前夕，亲友备办酒席饯行，预祝他考试高中。他却不以为然，向大家表示，读书要求真学问，赴考仅仅是因为母命不可违。当时他曾写过一首《别母应试感怀》的诗，结尾就是"一第岂能酬我志，此行聊慰白头亲"。在应试期间，其父黄炳昆患了重病，继母特意隐瞒，以便让他安心应考。这次黄兴果然考中。但从其《别母诗》可以看出，他不会因为考中而志满意得。他还有更加远大的志向，这就是救亡图存。当时正值中日甲午战争清军惨败之后，全国上下都以这次败于日本是奇耻大辱。有志的知识分子，无不奋起救亡。黄兴是一个极富血性的爱国青年，对救亡图存，自然更加关切。

黄兴考中秀才的同年，其家由凉塘迁居石家河新屋。石家河位于凉塘西南约二里多的地方，临近浏阳河，对外交通更加方便，现在和凉塘同属于黄兴镇。黄家迁徙到新屋不久，同年11月4日（农历九月二十九），廖淡如又生了一个女孩，名叫振华，是为黄兴长女。对于黄兴而言，考中秀才与生下女儿，都是大喜事，可谓双喜临门。可是，乐极生悲，就在第二年秋天，黄兴的父亲炳昆因病去世了，享年 57 岁。作为一家之主的父亲去世，全家老少立刻陷入无限的哀痛之中。黄兴作为当时家中唯一的合法继承人，既要承受丧父之恸，还要管理内外家务。幸亏有贤惠的继母和妻子主持于内，大大减轻了他的家事负担。

1898 年，黄兴以名诸生调往湘水校经堂深造。校经堂，又称校经书院，乃湖南学政主办的一所学院。学生照例由学政在各府县岁、科两试的优秀生员中选拔，每隔三年选拔一次。每名每月付给学习各种费用银 8 两，待遇比其他书院优厚。1894 年，翰林院编修江标出任湖南学政，大力倡导经世致用之学。他认为校经堂学风优良，有利于培养优秀人才，决心加以扩充，并在书院空地建造书楼，广泛购置书籍，添置天文、舆地、测量等仪器，光学、化学、矿电各学的实验设备，以期学生能兼通古今。江标在职期间，前往各地主持岁科考试，很注意选拔各地通达时务、天资聪颖、有培养前途的少年英才入学，使他们有机会得到进一步深造。唐才常、石陶钧就是被江标选中、然后进入校经堂精心培育的人才。这所学院分为经义、治事两斋，学风提倡自由研究，不讲学，仅每月考试经史一次，借以了解学生学业情况。黄兴大概也是考中秀才后，被选拔出来而进入校经堂肄业的。

第二章
就读湖北
留学日本

两湖书院的高才生

渴求新知　决志救亡

赴日本考察学务

入日本弘文学院学习师范

投身爱国运动

一、两湖书院的高才生

黄兴在校经堂读书不久，就接到总角好友周震鳞的来信，邀请他赴武昌两湖书院读书。他接到周震鳞的信，即向校经堂领导提出申请，请校经堂具函推荐。后来经过两湖书院监督面试，终于如愿以偿。

两湖书院是湖广总督张之洞于 1891 年创办的一所新学与旧学兼修的高等学府，当时与广东的广雅书院并称为清末两大书院。书院于 1890 年（光绪十六年）筹建，1891 年正式招生，院址设在武昌都司湖（今文昌门内湖北省人民医院）。计建北斋十座，以天干（甲、乙、丙、丁、戊、己、庚、辛、壬、癸）命名；南斋十座，以地支前十字（子、丑、寅、卯、辰、巳、午、未、申、酉）命名；西面为商籍学生斋，分别命名为戌、亥两斋。南北两斋每斋建房 10 栋，西面两斋每斋为 20 栋。每栋分为前后两间：前面一间是书房，后为寝室。正学堂逢阴历每月初一、十六，要习礼讲道。其后为楚贤祠。最后面是水榭，张之洞时常在此宴请宾客。学院建立南北书库，存放新旧各种图书，陈列新出版的报章杂志。每届招学生 240 名，其中湖北 100 名，湖南 100 名，商籍 40 名。学习年限定为 5 年。办学经费由财力雄厚的商家捐助。

学科开初分经学、史学、理学、文学、算学、经济学六门。但算学、经济学未开，实际只有四门。1896 年（光绪二十二年）学院进行改制，设立东西监督（相当于后来的校长），负责全院的教学和行政管理。各门学科设分教、帮分教，负责各科的教学工作。管理日常事务的官员称监学（又称监院），其次为提调。自从 1896 年到 1903 年改为两湖文高等学堂，先后担任监督的有梁鼎芬、蒯光典、王同愈、黄绍箕四人。改制后的两湖书院，东监督讲中学，西监督讲西学。中学分经学、史学、地理、兵法史略学四门；西学分算学、博物、化学、天文、测量五门。1899 年（光绪二十五年），张之洞接到西太后懿旨：将省城各大书院照天文、地理、兵法、算学，分门讲授。张之洞认为测绘、地图是兵法中最重要的内容，乃将地理一门改称兵法。又把兵法一门分为三类：一是兵法史略学，讲求历代史鉴，兵事方略；二是兵法测绘学，讲求测量山川海道形势，远近营垒，炮台体式，绘画成图；三是兵法制造学，讲求制造枪炮船雷，行军电报、行军铁路等事。他认为体操乃习兵事者之初基，强固身体，增长精神，都是必不可少的。乃于该书院后的空地，建设兵法大操棚，于功课完毕，先习简易诸式，如空手体操、擎枪、托枪、推枪诸法，派武备学堂优等学生教导。各门学科聘请的分教，多是学有专长的全国著名学者。经学教习有杨裕芳、张锡恭、马贞榆；史学教习有姚敬圻、沈曾植；地学教习有邹代钧、杨守敬；兵法史略学教习有陈庆年；算学教习有华蘅芳、汤金铸、曹汝英；测量学教习有罗照沧、黄某；化学教习有徐景清；天文学教习有贾文浩；博物学教习有王季徵。还有行检一门，专门考查学生在院是否遵守礼法，平日行为是否符合规矩。每月末要按优劣分等记分。

两湖书院的办学方针是："中学为体，西学为用。"入学年龄规定在25岁以下。学习年限五年。学成毕业，酌情咨送请奖；学不成的辞退回家，另招新生。学生要求德、智、体全面发展，目的在于为清朝统治培养有用人才。考核成绩采用积分法，每月末了考核其分数多寡，分等级给予奖励。学生每月可领伙食日用等费用（当时称膏火）银四两。奖学金按照月考的等级分别发给：超等奖12元，特等奖10元，平等奖8元。人数不限，全部成绩都好，人人获奖；反之人人不奖。在一般情况下，有80%的学生可以获奖。每10天休息一天，名为旬假。除了月考以外，寒暑假前，由张之洞亲自主持大考一次。

学院的学规相当严格。规定：

1. 学生以30人编为一排。每天清晨，学生分排前往讲堂，听分教师、帮分教师讲论：指授本日功课，考查昨天功课。学生进讲堂必须戴帽，坐定之后可以脱帽。衣鞋不作统一规定。

2. 两位监督每天各要在监院传见10名学生，考核他们功课。大约一月，两监督要传见240名学生各一次。

3. 学生备功课簿5本，经学、小学、地理、史学、算学各一本，只作听讲笔记，不准自发议论。每天由监院呈送分教考查，每月汇呈监督考核。

4. 闲人不准入院，尤不准擅入学生斋舍。学生的亲友前来看望，只许下午4时以后在大门内东西两客堂会见，不得久留。

5. 平常有要事请假，必须报明监院，禀明监督，时间不准超过半天，尤不许过期不归。

6. 学生一律住院，不得外宿。

7. 院内不得留闲人，即使父子兄弟叔侄，亦不得入院同居。

8. 院内禁吸洋烟，禁赌博，禁代人作讼词，禁酗酒吵闹，禁结党生事，禁不讲礼貌。违反者斥退出院。

9. 凡是新调入院的学生，均须经过学院监督面试。面试通过才能入院。两湖书院在1903年改为文高等学堂之前，共计招了三届学生。黄兴属于最后一届。他在书院学习期间，学习十分认真，成绩也很突出。既善作文，又会吟诗，字也写得很好。当时人称赞他，"文似东坡，字工北魏"。东坡是指宋代著名大文学家苏轼，北魏时期的王羲之等人是著名的书法家。他们都是名扬千秋万代的著名人物。黄兴的文章与书法，可与他们媲美，其水平之高，不言而喻。两湖书院的院长梁鼎芬和湖广总督张之洞对他均很欣赏，十分器重。梁鼎芬曾勉励他沿着科举途径，先参加省中乡试，取得举人资格，然后参加北京会试，得中进士，最后成为翰林院的翰林，实现当时文人的最高理想。黄兴由于志向不在读书做官，对参加科举考试毫无兴趣。面对梁鼎芬的鼓励与期望，他只好默不作声。

当时学院考查学生成绩的重要方式是期末会考。黄兴由于学习认真，掌握的知识牢固，每次会考，成绩皆很出色。据姚大慈说："黄克强先生在两湖书院读书时，单名轸，与陈嘉会皆月考不出前五名者，为院中高才生。"（姚大慈：《黄克强与梁鼎芬》）1912 年 11 月，黄兴在辛亥革命后回湖南长沙，在湖南学界欢迎会上发表演说时也说："求学之事亦如打仗，须争求先登。兄弟在两湖书院时考验十二次，六次列于第一。因求胜心切所致也。求胜之心非卑鄙之心，因求学本不可让人，无论何种学科，皆须自居第一。"（刘泱泱编：《黄兴集·二》，湖南人民出版社 2008 年版，第 557 页）

黄兴在两湖书院读书期间，除按学院要求认真学好学院规定的课程外，还爱好诗词，喜读历史。每天必记日记，把一天的学习心得都记入日记之中。据他的女儿黄振华说，在黄兴留存的日记中，她发现尽是诗词佳作。"诗言志"，黄兴的诗正是如此。1899 年，黄兴写过一首《咏鹰》诗，就充分反映了他当时的志向。诗云：

独立雄无敌，长空万里风。

可怜此豪杰，岂肯困樊笼。

一去渡沧海，高扬摩碧穹。

秋深霜气肃，木落万山空。

从这首诗不难看出，他的志向根本不在读书做官、升官发财，而是要像雄鹰那样，威武无敌。他决不会长期被困在君主专制的统治下，必将冲破樊笼，展翅高飞，实现自己的宏图大愿。

和黄兴一起在两湖书院读书的，有周震鳞、陈嘉会、王达、张知本、陈英才、但焘、白逾桓等。周震鳞（1875—1964），字道腴，湖南宁乡人，与黄兴既是少年时代的总角之交，又住在同一斋舍，私交既厚，志趣也很投合，后来黄兴从事革命活动，周震鳞曾从各方面予以大力支持。陈嘉会（1875—1945），字凤先，湖南湘阴人，学习方面和黄兴一样，常常名列前茅，后入日本东京政法大学。1911年回国随黄兴活动，南京临时政府成立后任陆军部军法局长、南京留守府秘书长。王达（1902—？）名世枬、字冕南，和黄兴是善化龙喜乡的小同乡，对地理有深入研究，和黄兴可谓同好。他们在两湖书院读书期间，经常鼓吹革命，被称为"北四寇"。1901年，章士钊（1881—1973）由湖南赴武汉，原拟报考自强学堂，由于不是招考时期，不收新生，于是寄宿于两湖书院、善化王闿宪旧同学处，因而得与黄兴结识。后来黄兴在上海、南京、长沙等地策划革命，建立华兴会，都曾得到章士钊的支持。还有白逾桓，字楚香，湖北天门人，1899年入两湖书院就读。黄兴与他结识后，很快结为志同道合的好友。白逾桓于1904年东渡日本，1905年加入同盟会，被推为同盟会总部干事，与田桐、时功玖、吴昆，并称为湖北籍同盟会员"四杰"。后来曾与宋教仁、吴昆等赴东北运动马侠反清，因事泄被捕。后得程家柽营救出狱，改名易姓，在北京办《国风报》。武昌首义后，南下武汉，在黄兴主持的战时总司令部任职。张知本（1881—1976），字怀九，湖北江陵人，1904年以官费留学日本，入法政大学，1905年加入同盟会，毕业后回国，担任同盟会湖北支部评议长。武昌起义后任湖北军政府司法部长。1912年又被选为第一届参议院议员。后来还担任过湖北省政府主席。这些人多受过黄兴不同程度的影响，后来都为辛亥革命作出了贡献。

二、渴求新知　决志救亡

　　黄兴在两湖书院读书的时候，正是民族危机空前深重、国势江河日下

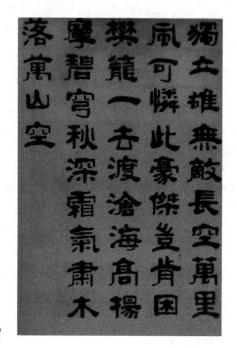

图为黄兴诗作《咏鹰》

之际。自从 1894 年中国在中日甲午之战中惨败，被迫与日本签订空前丧权辱国的《马关条约》之后，西方列强都以腐朽的清政府软弱可欺，立刻在中国掀起一个以争借款、夺铁路修筑权、强划势力范围为主要内容的"瓜分"狂潮。眼看中国就要遭到被瓜分的厄运。国家的危亡，激起了全国人民的猛醒。凡是有爱国心的人，在国家面临生死存亡的紧急关头，无不激起救国之思，积极寻求救亡图存之策，主动承担起救亡图存的历史重任。黄兴就是这些爱国者中的杰出代表。

两湖书院开设的课程，除经学、史学、文学等属于传统的旧学之外，还开设天文、地理、数学、测量、化学、博物学、兵法史略学、体操等新学。黄兴为了救国的需要，很认真地学习这些新学课程，尤其对地理和体操特别重视。他认为"不通地理，无以知天下大势；不习体操，无以强身而有为"。（张知本：《黄克强先生二三事》）当时开设的体操课，分为步操、炮操、马操三种，实际是具有军事教育性质的军操。教练人员都是临时从新军营中选聘优秀者担任。在那重文轻武的时代，知识分子一般都看不起赳赳武夫。那时当兵的都是身披短衣，脚穿草鞋，文人则穿长袍马褂。因此，练习军操，必须改穿短装。一些年纪较大的学生很不以为然，甚至冷嘲热讽，嬉皮笑脸，故意作态。黄兴那时已25岁，虽然同属于年龄较大的同学，对待军操却格外认真，就好像是上阵打仗一样，一点也不马虎。张知本在《黄克强先生二三事》一文中生动形容当时的出操情形说："当时风气初开，每临操，同学中有一二顽懦者多悼（掉）以轻心，甚或以揶揄出之，不欲轻卸蓝衫。顾于行动不便，即搂其衫之半截，反束于腰际。入冬，翻其皮袍，毛茸毕露，若今妇女之草裙舞然。每闻口令，或令之左故右，令之右故左，面面嘘呵，以相笑乐，而先生（指黄兴）独异是。临操如临阵，短装布鞋，抖擞精神，听令唯谨，动作无不如度，不稍苟。久之风被全校，顽懦者亦为肃然起敬焉。"（杜元载主编：《黄克强先生纪念集》，台北"中央文物供应社"1973年版，第122页）在黄兴的精神感召下，很多年岁较大的同学相继参加了军操。大家不仅学会了步兵动作，而且骑马和实弹射击，也都有了一定的基础。

在民族危亡的形势下，为了寻求新知识，救亡图存，介绍西方新学，以及各国革命救亡历史的书籍，纷纷编辑翻译出版。黄兴进入两湖书院之后，恰好就是西学新书问世之际。他求知若渴，只要是西洋新学之书，或者各国革命史，如卢梭的《民约论》、法国革命史、美国独立史等，他都尽力购买，利用课余时间，不分早晨晚上，努力阅看。久而久之，革命思想逐渐在脑子里形成。通过阅读报刊，以及和好友交换意见，他看清了世界的潮流和发展的大势，认识到在当时世界里，依靠君主专制政体绝不可能图强，必须组织团体，依靠人民群众推翻卖国的清朝专制统治，中国才有救亡图强的希望。但在那时，他脑子里萌生的这种革命思想，还不敢向同学们吐露片言只字。后来白逾桓入院肄业，黄兴和他交谈，见白逾桓怀有大志，为人刚毅坚强，与其他同学截然不同，才结为志同道合的挚友，并把自己怀抱的志向告诉他说："吾侪求学岂为满人效忠地也。盖将造成有用之才，以备他日为我汉人扬眉吐气耳。彼衮衮诸公焉识我之蓄意哉。"白逾桓规劝他要严守秘密，黄兴频频点头，表示同意。（《黄克强先生荣哀录》第一章，第21—22页）

　　每届寒暑假，两湖书院的监学、武昌府知府梁鼎芬，都要召集学生训话，反复告诫学生要"忠君爱国"。黄兴对他的说教十分反感。他认为忠君与爱国不能相提并论。"忠君者，忠于一人，乃狭义也；国者，为我四万万同胞集合团体而成，此广义也。若混合忠爱言之，彼为之君主者，苟出一令与一法，而不利于国，然则吾同胞亦将俯首听命，而不思救正而改革乎！若曰单纯爱国，焉能以忠君两字渗入耶"。（《黄克强先生荣哀录》第一章，第22页）有一天，黄兴与陈嘉会一道去见梁鼎芬。梁鼎芬对他说："黄轸，汝须不要忘记父母。"黄兴立刻从座位上站起来，走到梁氏座前。梁鼎芬怀疑黄兴要侮辱他，大惊站起，准备躲到内室里去。黄兴却向梁鼎芬作了一个90度的长揖，并且郑重地告诉梁鼎芬说："黄轸不单是记得父母，还记得父母的父母的父母。"意思是自己没有忘记几千年前的老祖宗，立志要救亡图强，为复兴中华努力奋斗。梁鼎芬听了黄兴的话，立刻堵住耳朵，避入内室。黄兴不但以这些话提醒梁鼎芬不要忘记自己的老祖宗，甘心做满洲贵族的奴才。他还常以这类话激发清军士兵，要求他们懂得民族大义。他在向清军士兵做策反工作时，清军中和他交情较深的人劝他说："革命，造反事也，君独不为父母着想耶？"黄兴大发感慨地说："君等知有父母矣！独不知父母之有父母，父母之父母亦有父母乎？"黄兴这种忠于民族大义的思想，听了的人，无不肃然起敬。（张知本：《国庆日忆黄克强先生》）

　　通过阅读新书新报，黄兴的志向发生了根本的改变。尽管他有杰出的文学才能，很好的旧学功底，如果沿着读书做官的道路走下去，图个人的功名，一定会官运亨通。可是他的志向已不在读书做官，而是决心担起挽救民族危亡的神圣职责。因此，他决心弃文习武。他当时写作的《笔铭》说：

> 朝作书，暮作书，
>
> 雕虫篆刻胡为乎？
>
> 投笔方为大丈夫！

透过这首简短的《笔铭》，其志向已是喷薄欲出！祖国已处在生死存亡的紧急关头，天天写字作文，已经毫无作为，唯有投笔从戎，投身挽救民族危亡的神圣斗争，用血肉之躯去保卫自己的祖国，才算得上是祖国的好男儿，民族的大丈夫。如果说，这首《笔铭》充分表达了他视功名如粪土，立志献身救国的伟大抱负；那么，《墨铭》则更反映了他为了救国，"只争朝夕"的紧迫心情：

> 墨磨日短，人磨日老。
>
> 寸阴是竞，尺璧勿宝。

一尺长的璧玉不值得珍爱，一寸光阴却不能白白浪费。流光易逝，青春不再，必须努力把握，决不能让它轻易流失。把"寸阴"看得比"尺璧"还要宝贵，又是一种何等崇高的精神啊！

三、赴日本考察学务

日本自从明治维新以来，采用西法，兴办各种学校，国势日趋强大。

中日甲午战争之后，更一跃而成世界强国。张之洞认为，日本和我国同种、同教、同文、同俗，学习西方富强之术已取得显著成效。中国要想采用西方各种新学新法，应当详细考察日本各种学校章程，才好加以仿效。为此，他从1898年开始，就陆续派遣军官和学生，前往日本观摩考察。1900年（光绪二十六年）5月，张之洞决定第三次派遣各营官弁与学生前往日本，"分别游历及肄习兵农工商各务"，时间定为4个月。这次选派的有总兵吴元恺、游击张彪、纪堪荣、刘水金、都司王恩平、护军工程营帮带白寿铭6人，武备学生严寿民、戴任、艾忠琦3人，两湖书院学生陈问咸、李熙、卢弼（以上湖北）、左全孝、尹集馨、黄轸（即黄兴、以上湖南）6人。同时还派遣两湖书院学生马肇禋、卢定远，工艺局学生刘修鉴3人赴日本游学。由原派游学监督钱恂带领东渡。

黄兴这次得以派遣，据汪谦说还经历了一段曲折。本来，黄兴成绩优异，各方面皆表现良好，书院监督黄绍箕作为首选人才向张之洞推荐。可是，张之洞口头虽已答应，却迟迟没有行动。黄绍箕不敢当面询问，即嘱咐汪谦前去催问。这时，张之洞已知黄兴有革命倾向。他一方面欣赏黄兴的才华，另一方面又担心他有"越轨"行动，因而犹豫不决。当汪谦去询问时，张之洞笑着说："仲弢（黄绍箕字）肯出全家保结乎？"汪谦听后十分惊讶，乃将实情转告黄绍箕。黄绍箕爱才如命，决心以全家性命担保出具保结，张之洞才决定派遣。

黄兴等一行18人，在留学监督钱恂的带领下，于1900年5月4日晚上，乘英国太古轮船公司鄱阳商轮离开汉口东下，5月7日中午抵达上海。因为候船，在上海小住了4天。5月12日上午，乘日本三棱公司博爱丸商轮离开上海东渡，5月14日半夜到达日本长崎，5月15日上午到达马关，5月16日至神户。5月18日中午，抵达横滨，换乘汽车，经一小时抵达东京，（以上日程据考察团成员、游击刘水金考察回国后，禀呈张之洞的考察报告。

转见李细珠：《张之洞何曾敢有帝王梦》一文）租住麴町区。随即开启了考察日程。此乃黄兴首次迈出国门，到达日本。

黄兴一行前往日本的时候，声势浩大的义和团反帝爱国运动已在山东、直隶（今河北）等地蓬勃兴起。北京城内外，到处张贴揭帖，揭露帝国主义者在华的种种罪行。5月28日，各国公使会议调兵进京。6月10日，英国海军中将西摩尔率领英、美、奥、意、俄、法、德、日等国联军两千人左右，分批离天津进犯北京。6月11日，义和团大批进入北京，抵抗八国联军进犯。同一天，日本使馆书记杉山彬在迎候联军途中，被甘军董福祥部士兵杀于北京永定门外。6月17日，八国联军攻陷大沽炮台。张之洞见北方形势紧急，即日致电钱恂，令吴元恺、张彪等武官停止考察，即日回国。吴元恺等一批武官接到电令，即于6月20日启程回国。黄兴利用武官提前返国的机会，赶紧于头一天给黄绍箕写了一封长信，一方面谈了国内急剧变化的局势和自己的建议；另一方面汇报了在日本考察学习情况，以及自己的志向。

在该信的前一部分，他说：

自违师教，未及两月即开战端。以一团匪之变，竟致掣动全局。此诚所不能解、所不及料者也。近外人谓为端、刚之阴谋，假攘夷之说，纵匪生事。二人之迹，殆亦近是，今虽戮之，岂足以谢万国哉。

大沽要塞已失，长江节次难防。联合军队日见增派。豆剖瓜分之说，恐见施于今日。回首西瞻，欲东南半壁之持，其惟张师帅与刘岘帅二人乎！刘之精力恐不及师帅。近在钱先生处，略闻师帅电音急召回吴、张各武弁，一面添集兵械。老成深算，已见一斑。

窃谓长江一带，久为匪徒潜踪之所，平日既任其优游，此时必群相响应，非严惩其巨魁，解散其胁从，其为患有不可胜言者。联络各省督抚，肃清内匪，力保外商，使各国之师不入长江一步，则时事庶有可为。师帅及吾师想早见及此，毋庸刍议者也。

昨又频得警报，安徽匪徒窃发，九江、芜湖亦扰乱频闻，广西、云南均有闹教揭竿之事，想荆湘间不日亦有乱耗。干戈满地，风鹤惊天，受业瘴海遥闻，惟有徒挥血涕而已。吾师忠义素著，闻警之下，当不知如何忧愤！（以上见《黄兴集·一》，第2—3页）

从这部分的内容体察，纯属一片忠义爱国之忧。是否反映了黄兴的真实思想？尚值得深入研究。因为此次派赴日本考察之前，张之洞已觉察到黄兴有"不轨"思想。是黄绍箕以全家性命担保，他才得以成行。黄兴作上述表白，可能就是为了让黄绍箕放心，也让张之洞安心。另外，还有一事可作佐证的，是他1912年11月在湖南学界欢迎会上的演说。他说："及闻拳匪滋事，各国有瓜分中国之言，心甚忧危，思图补救。以为义和团在北方如此野蛮，南方当可以独立。因在日本会议数次。然同志太少，孤掌难鸣，乃遄回祖国，藉察形势。"（《黄兴集·二》，第556页）从这段话语来看，他和孙中山当时想策动李鸿章在广东独立有异曲同工之妙，也可说是英雄所见略同。

在此信的后面部分，黄兴向他的恩师报告：

近日正学堂功课，讲堂想专倡明大义，以揭［激］发其志气；操场想专练习枪法，以资其胆识。（当习打靶之法，日人所谓射的也。初习时不在远，或15米突、20米突、45米突。的有大小、隐现、活动之分，射有立、膝、伏之势。近能射的，即远亦不甚差谬。受业入日本射的会，三日即将卒业射完，只余大生处二门未射，因此处距30里，往返须一日，未有暇便，故未去射，亦未得卒业证书）书生余习，一切扫除。常存此亡国亡种之心，则气自愤，天下之事皆可任也。……又各学校只得小中数区之梗概，于陆军各学校均未得闻，徒凭书籍考查，尤有负吾师之厚意。现同友聘请东人西岜氏教授译文并寻常酬应语，颇有感悟，差慰慈注。

从这里可以看出，黄兴在日本考察的一般情况。他除了学文，还习武打靶。把书生重文轻武的习尚，"一切扫除"。此外就是考察了日本兴办学校情况，还学了日语翻译与简单会话。其留日生活看来还是相当充实的。

按照原定计划，黄兴此次赴日考察学务，为时 4 个月，应当 9 月初才回国。但联系各方面情况分析，他可能 8 月初即已回到国内。提前了一个月。据黄兴在前述湖南学界欢迎会的演说中说，他回国之后，"既至湖北，适唐才常密谋起义，友人因以相告。兄弟以北方虽乱，而南方之势力尚坚，且军队未及联络，实不可冒昧起事。谈论之间，意旨不合，兄弟遂回湖南举办团练"。（《黄兴集·二》，第 556—557 页）查唐才常策划的自立军起义，计划分五路发动：以大通（安徽铜陵县南）为前军，统领秦力山；安庆为后军，统领田邦璿；常德为左军，统领陈犹龙；新堤（湖北洪湖）为右军，统领沈荩；汉口为中军，统领林圭。唐才常则自领亲军，统率各军，驻汉口。按照原定计划，定于 8 月 9 日五路同时发动。后来因为海外的接济未到，改至 8 月 23 日。可是，大通一路没有得到延期通知，按原计划时间起义，结果很快失败。汉口密谋也被泄露，张之洞于 8 月 21 日照会汉口领事团，派兵围搜英租界李顺德堂及宝顺里机关部，唐才常、林圭等 30 余人均被逮捕。第二天，唐才常、林圭等被杀害于大朝街紫阳湖畔。当唐才常等在汉口策划起义之际，黄兴刚好回到湖北。他得到唐等的起义消息后，估量了一下形势，认为北方虽已乱作一团，南方的统治势力仍然很强，而且新军没有联络，不赞成即刻起义。因为和唐才常等人的意见不合，所以就由湖北返回湖南了。鉴于唐才常的起义密谋被破获，时在 8 月 21 日，黄兴又在湖北武昌听到这个消息，只是由于意见不合，故不等唐才常等在汉口发动，就回湖南去了。足见他从日本回到湖北，当在 8 月初，至迟是 8 月中旬。

自立军起事失败后，唐才常等 20 多人惨遭杀害，给一心爱国救亡的黄兴以极大刺激。唐才常等被杀后，何成浚曾见到黄兴号啕大哭。何原以为是黄曾与唐才常同学而哭，后来才知道"黄先生之哭，实在是痛恨清朝之昏庸暴虐与痛心其同胞之受制于异族，而其革命思想亦已于是时萌芽。"（《黄克强先生纪念集》，第 72 页）经过戊戌维新和庚子自立军两次失败，黄兴更加坚定了从根本上推翻清朝政府的意志。秦力山和杨笃生在出亡日本前夕，黄兴和周震鳞在两湖书院斋舍秘密为他们饯行，力劝他们丢掉保皇的幻想，只有革命，才能救亡图存，为死难烈士报仇。杨笃生、秦力山完全接受他们的意见，"一致决定以根本推翻清朝、光复中华、建立共和政体为以后革命的奋斗目标"。（周震鳞：《关于黄兴、华兴会和辛亥革命后的孙黄关系》）

自立军领导人唐才常以"勤王讨贼"号召群众，而且受到康有为、梁启超的经济支持，因此人们多把唐才常视为保皇党人。

1906 年，章太炎在《民报》第 8 号发表《革命之道德》一文，曾严责唐才常为保皇党。同年 12 月 2 日的《民报》周年纪念会上，有同志刘某力为唐才常洗刷，认为唐才常不是保皇党，死后乃为康有为、梁启超所利用。黄兴很赞成刘某的议论，即席表示："刘君辨唐才常非保皇党，其言良确。夫唐才常非保皇党人而为康、梁所利用，辨唐才常之冤，则愈以知康、梁之可诛，使天下志士所知康、梁之精于卖友，则无复敢于近者。刘君斯言，大有关系。而太炎先生之所论乃在革命不可无道德，非斤斤于唐才常是否

保皇党人也。"（李云汉：《黄克强先生年谱》，台北"中央文物供应社"1973年版，第34页）

四、入日本弘文学院学习师范

自从义和团运动和八国联军侵华之后，清政府自知国本已经动摇。为了挽救垂危的统治，它一方面彻底投靠帝国主义，表示要"量中华之物力，结与国之欢心"；（国家档案局明清档案馆编：《义和团档案史料》，第945页）另一方面提出"自强"的口号，梦想借"自强"以图存，从而搞起假"维新"来欺骗群众。自从1901年起，清政府颁发了一系列推行"新政"的谕令。其中最主要的是编练新式军队与兴学育才。湖广总督张之洞是新政的积极策划者，也是努力推行者。编练新军与兴办学堂，湖北都走在全国各省前列。为了解决学堂的师资，除了在本地兴办师范学堂外，1902年还在两湖、经心、江汉书院中选拔了一批优秀学生，派往日本学习师范。

黄兴考察学务回国之后，除了假期回湖南探亲之外，继续在两湖书院学习。1901年6月27日，他又生了第二个儿子，名黄一中。一个月之后，举家迁到长沙城北紫东园居住。1902年夏，他受张之洞派遣，和两湖、经心、江汉三书院同学共计31人赴日本东京弘文学院速成师范科学习。在这31人中，除黄兴和陈宏业属湖南籍外，其余皆属湖北籍。黄兴等一行于6月抵达日本东京。

弘文学院是日本教育家、东京高等师范学校校长嘉纳治五郎创办的一所私立学校。据日本人横山健堂著的《嘉纳先生传》记述，其学校沿革是这样的：往年中国人留学日本，仅中国驻日本使馆私聘教师教授日语，不过二三人而已。所谓官派留学生，实开始于1896年（明治二十九年，光绪二十二年）。当时驻日公使裕庚，通过日本政府把13名留学生委托给

1902年，黄兴与湘籍留日学生合影（前排右一为黄兴）

嘉纳治五郎培养。嘉纳又把此事托付给教授本田增次郎负责，聘请教师数人，教授日语日文，以及普通学科。这批学生除因病因事中途退学者外，其余的人皆学满三年卒业。接着驻日公使李盛铎和湖广总督张之洞又相继遣送一些学生前来，于是嘉纳校长请三矢重松担任教育主任，负责教导。这些学生也以优良成绩完成学业。1901年（明治三十四年，光绪二十七年），北京警务学堂也派遣警务学生10人前来学习。从此以后，中国留日学生日多一日。可是，日本的学校皆是为本国学生开设，没有专为中国学生设立的。新来学生，一般不懂日语，学习起来困难很大。嘉纳治五郎为此于1902年（明治三十五年）乃创办一校于牛込西五轩町，名叫弘文学院，接纳中国留日学生学习。这就是弘文学院的起源。弘文学院也名宏文学院，因当时要避乾隆皇帝弘历的讳，才改"弘"为"宏"。

弘文学院原只设普通科，教授日语日文，学制三年，毕业后升入日本高等学校。由于张之洞急需人才，当1902年7月嘉纳访问中国时，他恳切地希望嘉纳能在短期内为他培养一批实用人才。而且像黄兴等人，早有学习根底，完全可以在短期内培育成才。因此，该校除普通科外，另设速成科，并分师范、理化、音乐等专业。期限分 6 个月、8 个月和一年半。学生依照原派遣省分班。据张之洞的札文记载，黄兴原计划学一年半，后来实际学的是 8 个月的速成师范科。依照弘文学院章程，每年 9 月 11 日开学，次年 7 月 10 日学期结束。因此，黄兴等人虽于 6 月到达东京，正式入学上课则迟至 9 月，所以次年 5 月 31 日才能毕业，然后启程回国。

弘文学院从 1902 年正式创办，到 1909 年 7 月 28 日停办为止，总共收学生 7912 人，毕业及进修者共 3810 人，是收容中国留学生人数最多的一所学校。学校的教师都是帝国大学、高等师范学校及全国知名学者，教学质量较高。学校除了课堂教学外，教师还常带领学生赴各地参观，增进实际感受。学生全部寄住校设宿舍。朝夕行礼，纪律相当严格。校长嘉纳治五郎一贯提倡智、德、体三育主义，尤其重视体育。嘉纳认为，体育是智育、德育的基本。体育的效果是使筋肉得到适当的发育，增强体力，陶冶精神。这样才能使身体达到健全。有了健全的身体，再活用智力与道性，那么，不管做什么事，都是能够成功的。

黄兴在弘文学院的学习情况，文献资料缺乏记载。据同时在弘文学院学习的胡汉民说："时黄兴、杨度俱在校中：杨以勤学称，黄未尝有所表现。"（《胡汉民自传》）胡说黄在学习上无突出表现，可能与他专心致力于爱国革命活动有关。不过，嘉纳的教育思想，正和黄兴一贯重视体育特别是军事体育相吻合。因此，他在学院规定的课程之余，还另外聘请日本军官讲授军略；只要有余暇时间，即前往参观士官联队各地兵操。而且每天早晨起来，一定去神乐坂武术会演习枪弹射击。按武术会的条例规定，凡是射击连中靶红心六次的，即可得到银质奖章。由于黄兴百发百中，银色的奖牌放满了他的抽屉。另外，结合师范教育学习，他还翻译了日本山田邦彦著的《学校行政法论》，连载于《游学译编》第 2 期至第 3 期的《教育》栏。这也称得上是一种良好的学习方法,既学习了教育理论,又提高了自己的翻译水平。

五、投身爱国运动

自从八国联军侵华,强迫清政府签订空前辱国的《辛丑条约》之后,国家濒临灭亡边缘。人们随时随地都可以感受到亡国灭种的威胁。在这民族生死存亡关头,有志之士,无不萌发救国之思。特别是青年爱国知识分子,受了西方民主革命学说的影响,更是积极探求救亡之策。早在1900年,当黄兴第一次到达日本之时,中国留日学生不过百多人,即已成立了爱国团体——励志会,以"联络情感,策励志节"为宗旨。同年,江苏人杨廷栋等还在日本发刊《译书汇编》,专门翻译卢梭的《民约论》、孟德斯鸠的《万法精理》、约翰·穆勒的《自由原论》、斯宾塞尔的《代议政体》等欧美政治法学名著,传播西方的民主思想。随着民族危机加深,人们都把留学外洋,作为救国的唯一方针。留日学生逐年增多,爱国活动也因此蓬勃发展。1901年6月,留日学生秦力山、沈翔云等发刊《国民报》,大倡革命仇满之说。1902年春,留日学生还公设了留学生会馆,以"联络情谊,交换智识"为宗旨。会馆设立干事会和评议会,每月集会一次,协商解决相关重要事情。1902年4月26日,是明末崇祯皇帝吊死煤山(景山)的忌日。章炳麟、秦力山等为扩大排满宣传,策动届时召开"支那亡国242周年纪念会"(1661年,南明永历帝桂王覆亡)。后来虽因清廷驻日公使蔡钧勾结日本当局强行制止,但影响不小。

黄兴于1902年6月第二次到达日本后,留学生的爱国运动进一步高涨。他亲见日本自从明治维新以来,国势蒸蒸日上;反观祖国,却是外患频仍,任人欺凌,从而更加坚定了革命志向,很快就以饱满的爱国热忱,投身各项爱国活动。1902 年 8 月，他被推举为中国留日学生会馆评议员。对黄兴来说，既表现了留学生对他的信任，也是一种鞭策。在此前后，为了把欧美、日本先进的社会政治学说和科学知识介绍给国内人民，他和同乡蔡锷、杨笃生、樊锥、梁焕彝等联合创办了《游学译编》，"专以输入文明、增益民智为本"。译文以学术、教育、军事、理财、时事、历史、地理、外论为主。黄兴负责教育方面的译述。该刊于 1902 年 11 月 24 日出版第 1 期后，由于内容丰富，深得留学界好评。为了扩大影响，黄兴又与蔡锷、张孝准、杨笃生、魏肇文、许直、陈范、李振铎等组织湖南编译社，准备大量从事译述。《游学译编》从第 2 期起，归湖南编译社发行，先后共出 10 期。《游学译编》创办不久，湖北留日学生李书城、刘成禺等创办了《湖北学生界》，揭露帝国主义的侵略罪行，宣传排满复汉。黄兴曾从各方面给予支持。此外，浙江留学生出版了《浙江潮》、江苏留学生出版了《江苏》、直隶留学生出版了《直说》等；出版的宣传爱国的小册子有：陈天华的《猛回头》和《警世钟》、邹容的《革命军》、杨笃生的《新湖南》等。这些书刊大量输入国内，对于唤醒全国人民起了不可估量的作用。黄兴是这些爱国书刊的积极推销者，1903 年他回国时，曾带回大量用于散发。

当时，留日学生逐渐形成立宪和革命两个派别，彼此常常发生唇枪舌战。据李书城说，弘文学院同学每晚都在自习室讨论立宪和革命的问题，最初颇多争论，以后主张排满革命的占了多数。黄兴一向笃实厚重，不多发言，但把问题看清楚了，意志却异常坚决。有一天晚上，他与同学争论得很激烈，气得说不出话来，竟把手中的小茶壶掷地摔碎，表示他已下定决心排满革命，不是任何力量所能动摇的。当年在弘文学院求学的鲁迅说，有些人在日本把头上的辫发剪了，但回国之后，又不声不响地留起来，化为不二之臣。而黄兴在东京作师范生，始终没有断发，也未尝大叫革命。所稍微显示其反抗性格的，是日本学监不许学生赤膊，他却偏要光着上身，手挟洋瓷脸盆，从浴室经过大院子，摇摇摆摆地走入自修室。从这些回忆不难看出，黄兴这时已成为一位坚定的革命者，但一向笃实厚重，未尝大叫革命，连象征顺从清朝贵族统治的辫发也仍然留着，准备为革命而用，显示了他的见识超乎常人。

1903 年春，湖南留日学生以黄兴为中心组织了"土曜会"，每逢星期六（土曜日）即聚集在一起，纵论国内外形势，倡言排满革命。每会黄兴必来领导，以军国民革命的路线相号召。当时陈天华痛感国家危亡，急需唤醒民众奋起救亡。所以，他自从 1903 年 3 月抵达日本后，几乎以全部精力投入撰写《敬告湖南人》《猛回头》《警世钟》等通俗读物，希望以此唤起人民觉醒。石陶钧坐在陈天华的对面，每见他写到惊心动魄的地方就暗暗痛哭，屡次劝他不要伤心过度。而且认为救国心力，各人的侧重不同：陈天华以感情动员群众，我则要用理智来为国效力。黄兴则认为，理智也好，感情也罢，都只是在"心力"上下功夫，这显然是不够的。因为"救国不独心力，尤以身力为必要。只有挺身杀敌，或杀身成仁，才真有力"。（石陶钧：《六十年的我》）黄兴的见解，说得更明白一点，就是革命必须依靠武力。在黄兴武装反清思想的影响下，许多留日学生逐渐认识到武力反抗的重要性，由习文改为习武，在后来武装推翻清朝专制的斗争中作出了重要贡献。

留日期间，黄兴参与的最有影响的活动，要数"拒俄运动"。八国联军侵华期间，俄国趁机派遣 17 万多大军侵占我国东北三省。1902 年 4 月，中俄在北京签订了《交收东三省条约》，规定俄军在 18 个月内分三期撤出我国东北三省。但订约之后，俄国拒不按期撤兵，还扬言要永远"保持在满洲（之）独占势力"。1903 年，俄国沙皇竟然批准俄军无限期留驻中国东北。4 月 18 日，俄国驻华临时代办柏兰孙受命向清政府提出目的在继续控制我国东北、蒙古、华北的七项要求，作为继续撤兵的新条件。俄国驻日代理公使还扬言，俄国现在的政策是"断然取东三省归入俄国版图"。4月28日，日本东京《朝日新闻》披露了俄国的七项要求，引起留学界的极大震惊。次日早上7时，留学生会馆干事和评议员40多人齐集会馆商议对策。钮永建在会上建议自行组织义勇队，准备开赴前线，并致电北洋大臣。众皆举手赞成。午后，留学生500多人在锦辉馆集会，声讨沙俄侵华罪行，鼓吹誓死抗俄。汤槱在慷慨演说后倡议，凡不怕死、肯牺牲一生为中国请命者立刻签名，编成一队，刻日出发。演说完毕，签名的络绎不绝。两天之内，报名加入义勇队的有黄兴等130多人。还有陈天华等50多人愿留本部办事。会议并致电北洋大臣袁世凯，告诉他留学生已编成义勇队，准备出发。大会还致电上海各爱国团体，请求协力支持。

5月2日，为了应付日本的无理干涉，义勇队改称学生军，第二天正式编队，计分甲乙丙三个区队，每区队设四分队。全队共计122人，公推陆军士官生蓝天蔚为队长。黄兴被分配在乙区队三分队。义勇队员每天秘密聚合到大森练习射击。黄兴懂得军事知识，由他给学生教授枪法。

拒俄运动本是一场反帝爱国运动，却遭到清朝当局的无理破坏。清朝驻日公使蔡钧诬告义勇队"托于拒俄，以谋革命"，勾结日本政府勒令解散。清政府密谕蔡钧及各省地方督抚，"于各学生回国者，遇有行踪诡秘，访闻有革命本心者，即可随时拿到，就地正法"。（杨天石等编：《拒俄运动》，中国社会科学出版社1979年版，第266页）清政府的倒行逆施，引起留学生的无比愤慨，由此使他们懂得，指望清政府救亡图存，是万万不可能的。欲图救国，非先推倒清政府不可。黄兴当时听到这个消息，"焦急万状，咯血斗余"。愤慨地表示："中国大局，破坏已达极点，今而后惟有实行革命，始可救危亡于万一耳。"（《黄克强先生荣哀录》第一章，第25—26页）5月11日，一部分激进的留学生在爱国无路的情势下，成立军国民教育会，提出以"养成尚武精神，实行民族主义"为宗旨。为了预防破坏，"招收会员，概取严密，人数不多，咸能恪守规章，保存机要。开会无定期，会场无定所，故自癸卯成立起至乙巳（1905 年）合并同盟会止，迄未破坏"。（冯自由：《革命逸史》初集，中华书局 1981 年版，第 111—112 页）据统计，当时秘密加入军国民教育会的有 208 人。这些人后来多加入同盟会，为同盟会的成立奠定了组织基础。

军国民教育会成立后，决定以鼓吹、起义、暗杀等方式开展革命活动。黄兴和杨笃生、周来苏、苏鹏等于会中秘密组织一暗杀团，研制爆炸物十多种，准备暗杀清朝反动大臣。黄兴又自认为运动员，负责在湖南、湖北及南京等地策划起义。他本来被公举为会中会计，因为自认运动员，决心回国策划反清起义，乃举荐蹇念益代替。

军国民教育会的成立，标志着留学生的运动由爱国转入革命。如果说，秦力山等编印《国民报》，鼓吹革命排满，尚停留在对革命的舆论宣传（指留学生而言）；那么，军国民教育会的成立，以及派遣运动员回国与去南洋等地策划反清起义，则标志着留学生的革命排满开始进入有组织的运动阶段。从整体而言，这是留学生由爱国转向革命的起点。对黄兴本人来说，由此也揭开了他后来以革命为职业的序幕，"乃被推为归国实行革命第一人焉"。（刘揆一：《黄兴传记》）

第三章

创建华兴会
策划长沙起义

明德学堂教员

创建华兴会

联络会党　策划长沙起义

功败垂成　避难日本

一、明德学堂教员

1903 年 5 月 31 日，黄兴结束弘文学院的学习生活，怀着救亡图强、振兴中华的强烈愿望，与李书城、万声扬、金华祝、李步青等一道离开东京回国。6 月上旬，黄兴途经上海，不期碰上来自湖南、正要专程赴杭州聘请英文教员的原弘文学院同学胡元。胡约黄回长沙他所主办的明德学堂任教，黄兴"欣然允诺"。原来，胡元自从 1902 年冬从弘文学院毕业后，因仰慕日本人丰泽谕吉创立庆应义塾（后改庆应大学），培育了许多英才，在龙璋、龙绂瑞兄弟的资助下，回国后即创办了湖南明德学堂，租赁长沙湘春街左文襄公祠民居为校舍，招收中学两班，于 1903 年 3 月 29 日正式开学。同年 4 月 21 日，上海《苏报》在《学界风潮》栏内，赞扬明德"教员得人，规模亦甚整齐，其主义在养成军国民资格。现已开办，将来必有成效可睹"。这年夏天，新科举人谭延闿因与龙绂瑞素有交情，前来明德学堂参观。他见学校已初具规模，当即捐助经费 1000 元，并答应年助英文教员薪金 1000 元。因此之故，胡元才有浙江之行，黄兴才得应聘入明德学堂任教，为回湖南策动革命，找到了一个较理想的基地。

黄兴在上海、南京、武汉等地从事革命串联之后，秋季回到长沙，已是开学在即。胡元请他主持新招的第一期速成师范班。该班共招学生 118 人，于 1904 年 5 月卒业。当时明德学堂聘请的教员中，具有革命倾向的不少。如周震鳞、苏曼殊、秦毓鎏、翁巩、张继、陈凤光、陆鸿逵、李步青、金华祝、沈旉民等，都是有志的革命青年。黄兴在教学余暇，经常与他们商谈，筹划建立革命组织，开展革命活动，还通过他们，和社会各界同情革命的人士建立了广泛的联系。

青年学生是革命的一支生力军。这些具有革命倾向的教师，常常利用课堂教学，向学生灌输爱国主义和革命思想。如张继讲西洋史，开张即讲法兰西大革命。曹亚伯教数学，居然命题说：吴三桂引清兵入关时，大杀汉人，在扬州十日，杀 80 万人；在嘉定屠城三次，杀 25 万人，其余汉人因不肯蓄发辫向清政府投降者即杀，又杀 18 省同胞近 300 万人，共杀汉人若干？

　　黄兴利用教学，向学生灌输革命思想，更是不遗余力。他教历史，积极宣扬民权思想。为了让学生易于接受，他不引用卢梭、孟德斯鸠的民主言论，而问他们读过《孟子》没有。孟子说的"民为贵，社稷次之，君为轻"就是民主思想。由此可见，民主思想在中国古已有之，并不是从外国搬进来的。在教博物课时，他双手捧着一个大面盆走上讲坛，把面盆放在讲坛上。原来里面养着一条一斤多重的活鲤鱼，开口就说：今天同你们讲"鲤鱼跳龙门"。所谓"鲤鱼跳龙门"，意思是说鲤鱼跳过龙门就成了龙。其实仔细观察，这种神话是极端错误的。原来，黄河上的龙门滩险水急，鲤鱼在产卵的时候，总是逆流而上，游到了龙门附近，便用劲往上游纵跃，跳过龙门以后，还得继续前进，为繁殖后代而继续努力。鲤鱼终究是鲤鱼，决不会成为龙的。只因为从前造反的人，都想做皇帝，所以编造出"鲤鱼跳龙门"的故事来欺弄人们。还有"龙章凤姿"、"真命天子"之类骗人的鬼话，多是用来骗取人们的信任，其目的不过是为了个人或家族的荣华富贵。历朝历代都是赶走一个皇帝，又来一个皇帝，对百姓来说，没有什么好处。法国革命党人就聪明一些。他们在革命成功以后，将君主专制改为民主共和，实行自由、平等、博爱，再也不要皇帝了，所以大家能过幸福的日子。他把鲤鱼的背鳍提起来，对学生讲解胸鳍、尾鳍、鳞、鳃等名称与作用，还在课后把鱼的内脏解剖让大家看，给大家留下深刻具体的印象。

　　他教地理课，必带一个比足球还大的地球仪：一面讲课，一面用教鞭在地球仪上指点说明。有时还把学生叫到讲坛前面，让他们面对地球仪仔

黄兴 1903 年剪辫之后留影

细观看，并指导学生画地图，强调填暗射图的重要。最有意思的是"题地图"，借题发挥，激起人们的爱国之思。一天，一个学生拿着地图册去教员休息室向他请教，顺便请他题几个字作为纪念。黄兴信笔题道："空怅望，山川形势，已非畴昔"。末署"近午"（黄兴字号）。其他同学看到了，也纷纷拿着地图册请他题字。黄兴有求必应，几乎全班学生的地图册都有他的题字。他给阎幼甫的地图本题了："若人如马亦如班，笑履壶头出玉关"。阎不懂内中意思。黄兴就告诉他说：马是指马伏波（马援），班是指班定远（班超），壶头山就是沅陵和桃源交界的地方，马援曾在壶头山驻过兵；玉关就是玉门关，班超扬威西域，就在玉门关外。经黄兴一指点，阎幼甫才体会到老师对他的殷切期望。此外，给学生的题字还有："待从头收拾旧山河"、"汉家烟尘在东北"、"无限江山，别时容易见时难"、"今也日蹙国百里，於呼哀哉！"、"故国不堪回首月明中"、"叹江山如故，千村寥落！"……这些题字都充分体现了他的爱国情怀和革命激情。同学

们都把它当作宝贝一样，珍藏起来。（参见：黄一欧：《黄兴与明德学堂》；阎幼甫：《回忆在明德学堂执教时的黄克强先生》）

黄兴在明德学堂执教期间，还在湖南民立第一女学校兼教体操。他是该女校唯一的男教员。在30多个同学中，只有十几个没包过脚的大脚姑娘上体操课。黄兴教她们翻杠子，做柔软体操，玩哑铃。没有双杠设备，就把床铺架子搬出来代替。柔软体操是日本式，乃黄兴从日本学来的。他教体操课，特别喜欢兵式体操，常与懂军事的人切磋。新军第25混成协管带陶仲登和在长沙任武备学堂教习的蔡锷，都曾到明德学堂访问过他。他想通过和他们切磋交流，为革命物色一些军事人才。

黄兴身体健壮，喜爱体育运动。课余常在球场和操场锻炼身体。踢足球，翻杠子，跑圈子多半有他参加。黄兴体型较胖，跑起圈子来最有趣。中学生中顽皮的学生待他跑来时，故意将空档挤紧，让他无法通过。而小学生则比较天真，很讲礼貌，看见他跑来时，故意向两边松开，让他顺利通过。所以黄兴很喜欢和小学生一起跑步，觉得他们纯朴、天真可爱。

二、创建华兴会

黄兴从日本回到上海，即把头上的辫子剪去，以示和清朝彻底决裂。为了给自己从事革命活动找个护身符，曾多次去基督教上海圣彼得堂礼拜。离开上海时，该会会长吴国光致函长沙圣公会会长黄吉亭说："有敝友黄兴，号竟武，系湖南长沙府善化县籍，数次到圣彼得堂守道，将要记名。此刻回府，望阁下收入登册记名为妙〔盼〕。"（曹亚伯：《武昌革命真史》卷首插页）此前，黄兴在城南书院、两湖书院和日本弘文学院，用的姓名都是黄轸。黄兴之名，首见于此。黄兴改名，与他决志革命有密切关系。他曾亲口告诉李赀燕说："我的名号，就是我革命终极的目的。这个终极的目的是兴我中华，兴我民族，克服强暴。"（李贻燕：《纪念黄克强先生》）由此可知，他的改名，是他矢志革命的重要标志。从此时起直到去世，整整十三年，他一直在为革命到处奔波，成为一位职业革命家，为振兴中华贡献了毕生的精力。

黄兴到达上海之时，适逢两湖书院结识的章士钊在上海主编《苏报》。章士钊闻讯，专程赴洋泾浜客栈拜访。那天《苏报》载文，论述了江南陆师学堂退学事。黄兴对于退学情况，询问得十分仔细。6月30日，《苏报》案发生，报馆被查封，章太炎因鼓吹"反满"被捕，邹容自动投案。章士钊在报馆无事可干，于是转而随同黄兴，从事实际革命工作。首先是为了筹集革命经费，两人同赴泰兴，拜访泰兴县长、湖南同乡龙璋，请他支援，得到龙璋的大力支持。接着又同赴南京，向两江总督魏光焘的第三子、新近由东京返国的魏肇文寻求支持，也得到魏的赞同。沪宁部署大体确定，两人才结伴返湘，开始筹建华兴会的具体工作。同年8月，黄兴路过武昌，在军队和学界开展革命宣传与串联活动，还在两湖高等学堂发表演说，与顽固派展开辩论，终使大家一致叹服。湖广总督闻讯震怒，责成两湖高等学堂校长梁鼎芬拿办。梁鼎芬在校园贴出公告，把黄兴驱逐出境。黄兴仍然在武昌停留8日，把邹容著的《革命军》和陈天华著的《猛回头》二书，零星赠送军学各界达4000余部，始乘轮船回湘。

在武昌逗留期间，黄兴的一个意外收获是和后来的革命巨子宋教仁结识。宋教仁（1882—1913），号钝初（又作遁初），别号桃源渔父，湖南桃源县人。原肄业于桃源漳江书院，1900年以院试优等补博士弟子员。1902年，年仅20岁的宋教仁就提出："中国苦满政久矣。有英雄起，雄踞武昌，东扼九江，下江南；北出武胜关，断黄河铁桥；西通蜀；南则取粮于湘，击鄂督头于肘后，庶可以得志于天下。"（《桃源县志》）同年秋天，他以考生第一名被武昌文普通学堂录取，次年初赴武昌入学，途经常德，曾联络覃振等在湘散播革命种子。他到达武昌后，受当时革命思潮高涨影响，常与田桐、吴昆、白逾桓等一起议论时政，谈论如何挽救危亡。当得知黄兴从日本归来在高等学堂宣传革命排满，深表敬慕。两人很快结成志同道合的知交。黄、宋结合，一武一文，配合相当默契，对后来革命运动的推进，曾产生过巨大影响。

黄兴在明德学堂执教期间，正值各地推行新政、大办学堂时期。当时湖南学堂之多，名列各省前茅。据海关统计，长沙有各类学堂共计 57 所，教师 200 余人，学生近 3000 人。充当这些学堂教习的，不少是留日回国、倾向革命的人。在他们的熏陶下，许多青年学生萌发了反清革命思想。这些在新教育下成长起来的青年学生大量倾向革命，为华兴会的成立提供了良好的群众基础。

黄兴在课务之余，积极在长沙开展革命宣传和联络活动。他曾大量翻印《革命军》《猛回头》《警世钟》等书刊，散发军界、学界和商界，争取社会各界的同情和支持，为华兴会的成立提供了较好的社会基础。在明德和经正学堂，他示意得意门生宁调元串联同学李洞天、李育人等成立秘密小团体"大成会"，意思是反清革命大业，可望大告成功。宁调元在明德、经正等学校中积极宣传鼓动，许多学生都倾向革命排满。

1903 年 11 月初，刘揆一从日本回到长沙，两人就建立革命组织进行促膝交谈。11 月 4 日，是黄兴 30 岁初度，刘揆一乃和周震鳞、章士钊、彭渊恂、张继、吴禄贞、李书城、宋教仁、耿觐文、陈天华、秦毓鎏、陈方度、柳聘农、徐佛苏、柳继忠、翁巩等 20 多人，聚集在长沙西区保甲局巷彭渊恂的家里，借为黄兴做生日酒的名义，办了两桌酒菜，举行秘密会议，筹备成立华兴会。为了避免引起清朝当局的注意，大家商定，对外采用"华兴公司"的名义，以半公开的形式开展活动。规定公司的任务是"兴办矿业"，计划集股 100 万元，作为开矿资本。实际上是以"矿业"二字代"革命"，"入股"代"入会"，股票就是会员证。

在会上，黄兴就革命进行方略与方法发表了意见。他回顾了英国和法国的革命情况，总结了中国历代农民革命的教训，提出了"雄踞一省，与各省纷起"的新策略，并主张要联合军界、学界与会党共同进行。他说：

> 本会皆实行革命之同志，自当讨论发难之地点与方法，以何为适宜。一种为倾覆北京首都，建瓴以临海内，有如法国大革命发难于巴黎；英国大革命，发难于伦敦。然英、法为市民革命，而非国民革命，市民生殖于本市，身受专制痛苦，奋臂可以集事，故能扼其吭而拊其背。若吾辈革命，既不能借北京偷安无识之市民，得以扑灭虏廷；又非可与异族之禁卫军同谋合作，则是吾人发难，只宜采取雄踞一省，与各省纷起之法。今就湘省而论，军学界革命思想日见发达，市民亦潜移默化；且同一排满宗旨之洪会党人，久已蔓延固结，唯相顾而莫敢先发。正如炸药既实，待吾辈引火线而后燃。使能联络一体，审时度势，或由会党发难，或由军学界发难，互为声援，不难取湘省为根据地。然使湘省首义，他省无起而应之者，则是以一隅敌天下，仍难直捣幽燕，驱除鞑虏。故望诸同志，对于本省外省各界有机缘者，分途运动，俟有成效，再议发难与应援之策。

在这篇演说中，黄兴对于革命形势估计、发难地点、依靠力量，进行方法均一一作了评述。辛亥革命的实践证明，他的见解是相当正确的。后来武昌起义，各省纷起响应，清朝统治土崩瓦解，就是在他提出的策略指导下取得的。

华兴会是继兴中会成立后的第二个革命小团体。就内地而言，则是第一个革命小团体。接踵而起的，还有1904年7月3日在武昌成立的科学补习所，同年11月在上海成立的光复会。在同盟会成立前的这些小团体中，华兴会是实力最为雄厚的一个，并且具有几个显明优点：

第一，组织基础比较广泛。加入华兴会的，虽然主要是知识界，但联系的群众则涉及军界、学界、绅商界以及广大下层群众。此外，华兴会还通过自身成员的各种社会关系，获得了资产阶级中上层和开明官绅的同情与支持。就地域而言，两湖和长江中下游以及日本，都有华兴会的势力。这与兴中会的基础主要是华侨、光复会的基础主要是会党、科学补习所主要是军学界相比，显然要广泛得多。

第二，领导力量坚强，实力较为雄厚。华兴会从酝酿到成立，很快形成了以黄兴为核心的领导群体。这个领导群体由于黄兴文武兼备，笃实厚重，善于团结，所以一直相当稳固。在这个领导群体中，聚集着一大批有干劲又有各种杰出才能的优秀人物，可谓群星灿烂，盛极一时，而且会员发展很快，短时期中发展到四五百人。

第三，指导思想明确，措施得力。华兴会的文件与秘册虽然早被销毁，但从黄兴等人的言行中不难看出，武装推翻清朝统治的革命目标是十分明确的。推翻清朝专制统治后，要改革国体政体，建设一个自由平等的共和国，也是黄兴多次提到的。所以华兴会一成立，就把重点放在策划武装起义，用武力推翻清朝统治，并采取了一系列得力措施贯彻执行，很快就取得显著成效。

三、联络会党　策划长沙起义

中国的问题，离开武装就不能解决。因为当权的统治者实行专制独裁，不给人民以任何民主权利，只有武装推翻专制统治，才能根本解决问题。黄兴亲眼见过戊戌变法和自立军起义的一再失败，深知只有依靠武力推翻清朝专制统治，中国才有出路。所以华兴会一成立，就把主要精力投入武装反清斗争，积极筹划长沙起义。

武装起义必须建立一支足资依靠的军事力量。军事队伍由何而来，黄兴认为一是通过做宣传和发动工作争取新军反正；再是联络会党。还在回国前夕，黄兴和刘揆一告别之际，刘揆一即对他说，种族革命，固非运动军学界不可，而要快速见效，则应当联络哥老会党。因为会党本来是为反清而结合的秘密团体，而且很讲义气。如湖南会党戴某，违犯了会规，其首领马福益连夜开堂审理，判处戴某死刑。当马福益哭送他去河边执行死刑时，经过山隘狭窄地，死者犹回头对马福益说："大哥走好，须防失足跌下坑去。"马福益哭不成声回应。从此可知，他们不肯枉法，视死如归，值得我们革命党人取法。黄兴表示赞许，并说，马福益曾经遭到抓捕，你曾报信，使他躲过一劫，联络起来一定较为方便，希望你能早日回国，以便共同进行。两人乃约定三个月之后在长沙相会。

黄兴考虑华兴会的成员主要是知识分子，和聚集着大量下层群众的会党不无隔阂。为了动员会党投入反清起义，乃与刘揆一等商议，另外设立同仇会，作为和会党联络的专门机构，由自己和刘揆一主持。仿照日本将、佐、尉的军事制度，把会党按军事编制加以组织，他自任大将，兼任同仇会会长；刘揆一任中将，负责陆军事务；马福益任少将，负责会党事务。

马福益（1866—1905），原名福一，又名乾，原籍湖南湘潭南乡，世代佃农。其父大良因无法在家乡生活，由亲戚刘某介绍，租佃醴陵西乡瓦子坪傅姓地主之田，举家迁往醴陵。大良生有三子，福益居长，幼时曾读过几年书，能写普通书信及简短文稿。曾在水师飞翰营充火军头目，因事革退。他身材魁梧，富有胆略，性格明快，遇有邻里争端，处断公平，大家很尊敬他。那时马福益已加入哥老会，并且是会中头目，经常有人来马家投诉。福益忙于应接，荒废农事，引起其父不满。父亲乃分给他一些银两，要他带着妻子另谋安身之处。马福益于是迁居醴陵渌口，本人则到渌口对岸的湘潭雷打石（今属株洲）的石灰窑做工。这里盛产石灰石，窑厂很多，聚集的工人有千多人，大多数加入了哥老会。会众良莠不齐，常常扰乱地方治安。大窑主黄姓乃与各厂厂主商议，聘请马福益为总工头。渌口原是醴陵一个大市镇，盛行赌博。赌徒输光以后屡屡抢劫，严重影响地方治安。商民知道马福益为人正直，而且在会党中有很高地位，便由商会会长马某出面，请马福益协助维持。马福益于是宴请各会党首领，共同订出秘密条规，约定：1.赌博者不得做假及诈骗；2.不得行凶打架；3.遇有争端，必须由大家公平处理，不得徇私袒助；4.绝对禁止抢劫和诈骗，来市的人送给路费，令其他去；5.离市20里内不准盗窃；一次盗窃之后，不许再行居留。上述条规实行后，市面安然无事。由此，他的威信蒸蒸日上。于是开堂放标，招收党徒。渌口市民加入的很多。势力很快扩展到醴陵、湘潭、浏阳各县，以及江西、湖北等省。徒众发展到上万人之多。哥老会属于红帮，国内没有总机关，可以由各首领自行开堂放标，名称由各首领自定。1891年，马福益所开山名叫"昆仑山"，堂名"忠义堂"，香名"来如香"，水叫"去如水"。他自称四路总统，分派谢受祺、郭福、何士才、尹庆廷为东西南北四路头目。并且和贵州天地会首领袁坤山、广西天地会首领陆亚发取得联系，声势日益壮大。

1897年，马福益由两湖地区哥老会各山堂举为龙头。唐才常策动自立军起义，马福益原准备率部参加。起义未发动即遭残酷镇压，更加坚定了马福益的反清决心。由于受到自立军牵连，清政府下令逮捕马福益。事为刘揆一得知。刘设法找到了马福益，密告一切，嘱咐他快快远避。马福益感谢刘的救命之恩，称刘揆一为"恩哥"。刘揆一因此与马氏结识，并成为后来华兴会联合哥老会的契机。马福益告诉刘揆一："我在谭家山煤矿当工头，恩兄今后有什么事要办，只管吩咐。我的联络暗号是三个马字垒在一起。"并在手掌心画了一个"骉"字，"若有此暗号的，便是我的亲笔信函。"从此，两个人各奔东西，一别就是四年。华兴会成立后，黄兴与刘揆一马上把联络马福益的工作提上日程。

为了把事情办得稳妥一些，刘揆一先派其胞弟刘道一偕同哥老会会员万武前往联络，然后才一同前去密商联合大计。马福益见到刘道一后表示："如果有用得着我的时候，无不唯命是听。"经过商定，1904年初春的一个雪夜，黄兴、刘揆一穿着短衣钉鞋，头戴斗笠，乘雪夜从湘潭步行30里，到达湘潭南面的茶园铺谭家山煤矿的一个岩洞中，与马福益举行了秘密会谈。在岩洞里，三人席地而坐，面对熊熊柴火，各人畅谈了自己的抱负，共商光复大计。决计以当年十月初十（公历11月16日）西太后70岁生日那天，利用全省大吏在长沙皇殿为西太后祝寿的机会，预埋炸药于拜垫下面，炸毙省里大官，乘机起义。长沙省城以武备各校学生联络新旧各军为主，哥老会兄弟为辅。外地分为五路响应，哥老会兄弟充队伍，军学界人作指挥。马福益确定：拟派会党中的谢寿祺、郭义庭组织浏阳、醴陵的队伍；申兰生、黄人哲组合衡阳队伍；游德胜、胡友堂组合常德队伍；萧桂生、王玉棠组合岳州队伍；邓彰楚、谭菊生组合宝庆（今邵阳）队伍，静候华兴会派遣指挥与监军。会议还商定黄兴担任主帅，刘揆一与马福益分任正副总指挥。这天晚上，周围的山路都派有会党防守，因此三人可以敞开胸怀，畅所欲言。马福益还命令党徒在岩阿雪地挖了一个土坑，把几只鸡埋在里面，用柴火煨烹，香味异于平常。三人因得边吃边饮，畅谈到天明。黄兴的归途诗中，有"结义凭杯酒，驱胡等割鸡"句，就是当夜实情的反映。这次会晤的最大成果是商定了起义规划，确定了华兴会与会党结合，把起义正式付之实行。

起义计划商定之后，黄兴考虑到本省的部署虽有了头绪，联络外省响应的工作，必须抓紧进行，于是即日启动了外省的联络工作。首先，他派遣宋教仁、胡瑛赴湖北开展宣传联络活动，在武昌设立支部，得到湖北革命志士的积极支持。（7月，黄兴从上海回长沙路过武汉，刚成立的武昌科学补习所同志开会欢迎，当场约定起义由湖南发动，湖北立即响应。推定曹亚伯担任两省之间的联络员。）其次，设立爱国协会于上海，负责江苏、浙江等地的联络策应工作，由杨笃生、章士钊担任正副会长。蔡元培、陈独秀、蔡锷等均先后在上海入会。7月，黄兴又亲赴上海，和他们进行具体协商。那时在浙江联络会党已有头绪的陶成章，也闻讯赶来和黄兴、蔡元培等协定，联合进行。再次，日本东京的留学生，也于1904年4月组织了新华会，作为联络机构，准备随时响应。会议由仇鳌、罗杰等发启，覃振、刘道一、田桐等均是会员。最后，黄兴还派遣陈天华、姚宏业、曹亚伯等去江西游说防营统领廖名缙；派周维桢、张荣楣去四川，争取会党，共谋起义；推荐会党里熟悉军务的刘月升、韩飞等共数百人，陆续加入湖南、湖北和江西的军队，以备随时策应。

省内各地的联络工作也逐步展开。1904年5月，在长沙伍家井创办了东文讲习所，以教授日文为名，培训革命党人；又在长沙东街设立作民译社，名义上是翻译新书，实际上是个宣传联络机关；黄兴还经常出入明德学堂理化实验室，秘密试制炸弹。刘揆一应聘赴醴陵渌江学堂任校长，以便联络会党与湘赣军队。

当时经费特别困难。但是，联络会党、运动新军，购买枪支弹药，无不急需用钱。钱从何来，黄兴想不出其他办法，决心毁家救国。他出卖了可收300石租谷的田产，充作活动经费。副会长刘揆一也变卖了部分产业，向别人借了些钱，凑了将近4000两银子，柳大任、彭渊恂、陆鸿逵也各捐了一部分钱，共筹得银子14000多两，供各种费用开支。黄兴又向龙璋、杨笃生等人筹得23000余两银子，用来购买枪械，利用龙璋创办的两艘江轮，作为运械之用。在长沙南阳街经营图书仪器和印刷业务的张斗枢，是一个热心赞助革命的志士，先后捐助了一万多银圆。他们为了救国救民，不惜倾家荡产，这种一心为国的爱国精神，实在可敬可佩。

四、功败垂成　避难日本

经过半年多的积极筹划，各项准备工作大体就绪。常德方面，宋教仁和游得胜等于 9 月初从长沙回到常德，在武陵县五省客栈设立湘西联络总站，同时又找到刘复基、蒋翊武以及会党首领孙汉臣等，向他们介绍了华兴会的宗旨、章程与起义计划，吸收他们为华兴会会员，指派他们分头活动。在他们的积极联络下，十来天就集聚三万人，表示愿听从宋教仁指挥。宝庆方面，李燮和兄弟在安化成立黄汉会，后来与新化、邵阳、武冈等地会党联合，势力逐渐扩展到湘西南，并且延伸到江西及长江中下游。由于李燮和加入华兴会，并很快成为华兴会的骨干，黄汉会中的几万人成了响应起义的一支重要力量。谭人凤得知黄兴起义消息后，即以他在新化城中所办小学堂为联络地，负责各方面的协调工作，届时同起响应、并与辰州、沅江一带暗通声气。长沙方面，马福益与黄兴会晤不久，即在雷打石附近之五龙山某寺正式开堂，黄兴也赠送白马一匹，在赠送的酒肉布匹中，还暗藏手枪、长枪与子弹。刘揆一嘱咐他尽快把会党成员编练成作战部队，尽可能让会党成员加入清朝正规部队，待机起义反正。还在会党中选派一些有才干的人统率会众，于夜半在山林中演习。

1984 年 9 月 24 日，是阴历中秋节，浏阳普迹市沿例召开牛马交易大会，成千上万的人带着牛马猪犬前来交易。哥老会也把这一天作为开堂拜盟的日子。黄兴利用这一机会，在普迹市举行授予马福益少将仪式。派遣刘揆一、陈天华等前往与马福益、龚春台等会晤，由刘揆一代表黄兴赠给马福益长枪 20 把、手枪 40 支、马 40 匹，正式授予马福益少将衔，并当众宣誓。自此之后，哥老会入会者不下 10 万人。至此，起义准备工作大体完成。

黄兴英明果断，积极勇敢，但对诡计多端的敌人却缺乏警惕。正当黄兴积极筹备起义之际，清政府湖南当局已在着手准备镇压。还在1904年4月，湖南候补道沈祖燕即向清廷王文韶上书，声言湖南有人倡言革命，排满仇清。到了夏季，他又打听到各路会党约期十月初十起事，准备袭击长沙。八月中秋节普迹市的牛马大会情况，明德学堂校董、一向与爱国人士作对的刘佐楫很快报告给王先谦。王先谦乃直接向巡抚陆元鼎告密。只因学务处总办张鹤龄竭力维持，才没有即刻动手。陆元鼎谕令巡防营统领赵春廷加强侦察。巡防营有侦探假装与会党的五路巡查何少卿、郭合卿友好。何、郭等人还不知是敌人诡计，将起义情况不经意地透露给他们。长沙起义机密泄露后，驻扎长沙的巡防营兵和衙门差役开始搜捕革命党人与会党首领。

10月24日，乃黄兴30周岁。他的几个姐姐特意从乡下赶来祝贺。不期意外的事发生了。早上7时，西园龙宅派人持请帖请黄兴去赴会。黄兴正准备煮面条吃，没有即刻前往。过了半个时辰，龙家第二次持帖子来催，黄兴打算吃了面再去。其继母见龙家催得如此急迫，料想一定有紧要事情，乃催黄兴马上动身。黄兴刚上轿出门，在大门口就和前来捕捉他的衙役碰上了。差役见他便问："你是黄轸吗？"黄兴情急智生，回答说："我是来会黄轸的，他家里的人说到明德学堂去了，我要再到那里去找他。"于是差役跟着黄兴的轿子向西往明德学堂走去。待黄到明德学堂下了轿，他声言进去请黄轸出来，叫差役在门口稍候。进校以后，他就由西边小门躲进了西园龙宅。差役等了半天不见人影，才知上了当，只得将三个轿夫带走，在拷问中把他们打得遍体鳞伤。

黄兴到了龙家，仍然镇静如常。没过多久，黄一欧前来明德学校报信，始知紫东园黄家住宅已遭到清兵搜查，人员出入，皆要进行查问。张继、周震鳞外出打听，才知道马福益的部下在醴陵车站被捕，供出黄轸是此次举事的首领。龙绂瑞于是要黄兴住进西园密室躲藏。黄兴担心机关被破坏，冒险前往东文讲习所与刘揆一商议应对之策，即刻密告湖南、湖北和江西各机关预作防备，并要刘揆一暂时走避。随后，他又夹带手枪前往明德学堂告诉胡元。胡即陪同他去龙宅躲避。当天傍晚，黄兴又将情况全部告诉龙绂瑞、胡元，谭延闿等，表示如有同志被捕，就要去自首，不愿苟且偷生。他又与张继、金华祝商议救援办法。即由金华祝写信并派轿子接曹亚伯前来商议。轿子到了曹亚伯处已近夜半。曹亚伯看信后知道起义之事已经败露，即出校上轿。这时各街的栅栏皆已加锁。好在曹亚伯信基督教，穿的是洋西服，没有辫子，守卒以为是洋人，才开栅栏让他通过。既到龙家，黄兴直言相告，说事情已被人告密，军警追捕很急，怎么办？曹安慰他不用着急，即乘轿到吉祥巷圣公会，叩黄吉亭牧师之门。黄吉亭听到敲门声很急，颇为惊慌。开门后，曹将事情经过相告。黄吉亭立刻穿上衣服，乘轿和曹亚伯一起再到龙宅花亭，与黄兴商量出险方法。黄吉亭表示，愿意担保黄兴安全。但是黄兴亲友，无论何人，不能向他询问黄兴行踪。

同一天，长沙城内军警四处搜查。巡防营盘获了会党首领游得胜。在严刑拷打下供出了马福益，承认散放了会票。醴陵县也拿获了萧桂生等人，还起获令印、票布、票板，并被押解到长沙。经审讯供出马福益及派放会票，以及从国外买了洋枪 300 多支。湖南巡抚陆元鼎根据审讯结果，于 11 月 5 日将游得胜、萧桂生处决，并且开列名单，通知各地，缉拿黄轸（即黄兴）、刘揆一，马福益、陈天华等人。

黄兴在西园龙宅隐居了 3 天。经过精心筹划，黄吉亭于 10 月 25 日再到龙家，约定次日下午，由黄牧师从南门乘小轿，垂轿帘，直入龙砚仙内室，换上黄克强乘此轿由小街转入圣公会。曹亚伯则专在圣公会门口等候。直到黄昏 6 时才把黄兴接到圣公会后进楼上。陪护人就是张继。黄兴在圣公会住了不到 10 天，认为匿居不是长久之计，决定设法离开长沙。胡元向张鹤龄贷借 300 元作为旅费。黄兴原来蓄有黄帝式胡须，从武昌来接的胡兰亭牧师帮他剃去。11 月初的一天，城门将关未关之时，黄兴和黄牧师、袁礼彬化装成海关办事人员，一路平安地出了城。在海关人员邓玉振家用饭之后，当晚即由黄吉亭和张继陪同，登上日本轮船"沅江"丸，于第二天晚上9时到达汉口。由于开上海的客轮已经开行，只有招商局的货轮"江亨"号尚停在江心。黄吉亭于是雇了一只小船，把黄兴和张继送上"江亨"，密约抵达上海后，发一"兴"字电报。几天之后，黄吉亭收到电报，知已安抵上海。黄兴这个名字从这时起，开始正式启用。

　　经过长沙之败，黄兴壮志不改，继续策划新的起义。11月7日，他即邀集在上海的杨守仁、仇亮、陈天华、张继、黄炎培、章士钊、陈去病等30多人，在英租界新闸新马路余庆里开会，商讨在长江中下游起义大计。决定把启明译书局作为策划中心，大家分途运动长江南北之学界、军队，在湖北和南京发动起义。没到十天，响应的人很多，会势大振。

黄兴与流亡日本的华兴会员合影（前排左一为黄兴）

正在积极策划新的起义之际，与华兴会原无关系的万福华刺王之春案发生，黄兴受牵连被捕。此前，广西巡抚王之春以矿权为条件，拟借法兵、法款镇压蓬勃兴起的广西人民起义，激起国内的拒法运动，被清政府革职。万福华愤王之春卖国，乃于11月19日设计枪杀王之春于四马路金岩香菜馆，没有成功，被捕入狱。第二天，章士钊私去巡捕房看望，也被拘留，而且无意之中透露了革命党人的住地余庆里。巡捕跟踪前去搜索证据，因而苏鹏等4人被捕。徐佛苏本已逃离，以为室内无人，想趁机去取未被搜出的违禁品，也被暗探捕去。这天黄兴外出办事，归途遇到郭人漳等，于是同乘一马车回余庆里，也被暗探捕去。当时湖南的通缉令已送达各省，悬赏5000元缉拿黄兴。黄兴自称是安徽教员李有庆。捕头拿黄轸照片与黄兴对照，由于胡须已剃，衣服改装，终得蒙混过关。巡捕房本已搜得党人名册，幸一位华人书记诡称是日用小菜账簿，即是抛弃，使巡捕房失去证据。

　　黄兴身在狱中，仍然镇定自若。狱中每人发一肮脏不堪入目、呈灰黝色的小铁盒盛饭菜，大伙看到即作呕，吃不下饭，黄兴却视如平常，用来大吃大喝，每餐三碗。可知他不但置生死于度外，而且经受住"苦其心志"的考验。由于江西巡抚夏时的电保，郭人漳很快获释。黄兴和张继，则以郭氏随员同被释放。但巡捕房很快查悉被释放的李有庆就是黄轸，又开始大肆侦捕。迫不得已，乃与幸免被捕的刘揆一避走日本。

第四章

孙黄合作建立
中国同盟会

同盟会成立前黄兴的组党活动

孙黄合作　建立中国同盟会

主持同盟会本部工作

一、同盟会成立前黄兴的组党活动

长期以来，中国国民党的组织发展史，一般多把兴中会——中国同盟会——中国国民党视为一脉相承，将兴中会视为正统，不太重视其他革命团体。其实，兴中会尽管成立最早，但到了20世纪初期，组织活动已停止。即便是孙中山本人，这些年也不再用"兴中会"这个名义。1902年12月，他在越南河内建立革命组织，发展黄隆生、杨寿彭等人加入，用的是"致公堂"名义。1903年夏天，他在日本东京创办军事训练班，用的是"中华革命军"名义。同年10月，他再次抵达兴中会的发源地檀香山，组织的也是"中华革命军"。1904年4月起，他在美国各地穿梭活动半年多，使用的是致公堂、洪门等名称。1905年初，应比利时湖北籍留学生的邀请，在比、德、法等国发展革命组织，名称未定，只笼统称为革命党。循名思义，尽管兴中会与同盟会在革命传统上有继承关系，而在组织上把兴中会与同盟会看成一脉相承，并不符合历史事实。据亲自参与同盟会成立的冯自由说，1905年7月30日同盟会开筹备成立会时，参加的兴中会员只有孙中山、梁慕光和他自己3人，光复会也只有蒋尊簋1人，其余72人多为和黄兴一起参加过军国民教育会、华兴会、革命同志会，以及与黄兴联系密切的爱国志士。另外还有日本友人宫崎寅藏、内田良平、末永节，合计79人。不说自明，同盟会初建的基本队伍，主要是黄兴苦心联络起来的各省革命志士。其中湖南、湖北各20名，广东16人，广西7人，安徽6人，江西2人，浙江、陕西、福建、直隶（河北）各1人。

黄兴的组党活动，可以追溯到1903年初。那时他在日本东京弘文学院读书，即与一些志同道合的留日学生组织"土曜会"，每逢星期六聚集一室，纵谈国内外时势，倡言"革命排满"。每次开会，黄兴必去领导，鼓励大家献身救国。同年4—5月间组织的"拒俄义勇队"与军国民教育会，黄兴都是热心组织者。当时秘密加入军国民教育会的共计208人，籍贯包括江苏、浙江、福建、湖南、湖北、江西、安徽、广东、四川、贵州、直隶、山东、奉天（今辽宁）、山西14个省区。这些人后来大多加入同盟会，成为革命的中坚力量，实是建立同盟会的先声。

1903—1904年之交，黄兴创建的华兴会，前已谈及，是继兴中会之后，近代中国第二个革命团体，在内地则是第一个革命团体。在华兴会中，黄兴文武双全，笃实无我，善于团结同志，具有崇高的领袖威望。以黄兴为核心，聚集着一大批既有革命斗志又有杰出才智的优秀人才。其中有：被誉为"第一流政治家"的宋教仁，民主革命先驱、后来做到北洋第六镇统制的吴禄贞，踏实肯干、"革命的道德家"刘揆一，杰出的宣传家陈天华、杨笃生、章士钊，精通英、日文"将来外交绝好人才"的刘道一，第一个签名加入同盟会的曹亚伯，以及谭人凤、张继、禹之谟、周震鳞、李燮和等许多优秀人才。这些人后来多成为同盟会中的骨干力量，为推进革命作出了重大贡献。黄兴率领这样一支雄厚实力的队伍加入同盟会，自然成了同盟会中举足轻重的重要力量。

1904年11月底，黄兴避难日本后，一方面向旅日华侨及留学界募款4000余元，派遣彭渊恂带回上海，会同万声扬等营救尚未出狱同志；另一方面积极开展串联革命同志的活动。他看过宫崎滔天写的《三十三年之梦》，对宫崎滔天深表敬意，虽然素不相识，居然独自冒昧前往拜访，受到正处在饥寒交迫之中、靠在广场说唱，糊口度日的宫崎热忱接待。两人谈了很久，给宫崎滔天留下了良好的印象。他认为黄兴不同于其他学生，是一位"有经历的男子汉"。这是黄兴与宫崎滔天第一次结识，从此结成志同道合的异国兄弟。在此后的革命活动中，曾得到宫崎滔天的全力支持。黄兴流亡日本后，革命意志更加坚定，在华兴会的基础上，继续从事组织发展

黄兴 1905 年（乙巳）送给日本友人的照片

工作。据程潜回忆，这年 12 月，黄兴已与湖南留日学生宋教仁、程子楷、赵恒惕、欧阳振声、曾继梧、陈强、仇亮，云南留日学生杨振鸿、罗佩金、殷承瓛、郑开文、唐继尧，直隶姜登选，江苏章梓、伍崇实，河南曾昭文等，共计百多人，组织"革命同志会"，从事民族革命。到了 1905 年春夏之交，黄兴眼见联络的革命同志日益增多，田桐、白逾桓、但焘等革命积极分子，都赞同成立政党。黄兴觉得建立全国性革命团体的条件已经成熟，即与宋教仁等人商议，打算成立会党，"以为革命之中坚"。当他去和曾在武昌两湖书院读过书的安徽休宁人程家柽（1874—1914）商议此事时，程家柽劝他暂缓进行，建议等待孙中山不久到达日本后，把建立这个组织的名誉让给孙中山。原来，程家柽因为 1899 年即到达日本留学，目前正在日本帝国大学农科学习。几年之前，他已和孙中山结识。近日接到孙中山来信，知道不久他就要来日本。所以，当黄兴提议建立全国革命联合组织时，他就说："革命者，阴谋也。事务其实，弗惟其名。近得孙文自美洲来书，不久将游日本。孙文于革命名已大震，脚迹不能履中国一步，盍缓时日以俟其来，以设会之名奉之孙文，而吾辈得以归国，相机起义，事在必成。"（宋教仁：《程家柽革命大事略》）黄兴觉得程家柽说得有理，决定等待孙中山到达后，再行商议成立全国性革命团体。

二、孙黄合作　建立中国同盟会

20 世纪初，深重的民族危机激发了全国人民的崛醒。"救亡图存"成了全国的最强音。要救亡必须联合起来，推翻投降卖国的清王朝。因此，实现全国革命志士大联合，是当时形势的紧迫需要，也是全国志士的共同愿望。中国同盟会的成立，标志着全国革命力量实现了大联合，为全国革命高潮的来临提供了组织保证。在这次具有划时代意义的大联合中，孙中山和黄兴的密切合作，实际起到了关键作用。

孙中山和黄兴的合作，是从 1905 年 7 月下旬东京凤乐园首次会晤开始的。会晤前，孙、黄并不相识。直到孙中山抵达东京，见到宫崎滔天，急切地询问东京留学生中有无杰出人物？宫崎才告诉他，黄兴是个"杰出人物"。孙迫不及待地要求宫崎陪他前去会见。在宫崎的陪同下，孙、黄两人在凤乐园叙谈两个小时，就救国大事，特别是如何把全国革命力量联合起来，进行了仔细商谈。这次首晤，由于畅谈甚欢，实为成立同盟会开了个好头。这次晤谈，意义重大。民国初年某报指出："考吾国革命由来已久，志士之亡命海外者不可胜数，惟漂泊无定，势力微弱。直至孙文、黄兴二氏相见于东京之后，革命事业方见发展，收联络之功，有一泻千里之势。今日之成，当时运动之力居多也。"（转见毛注青：《黄兴年谱长编》，中华书局 1991 年版，第 85 页）足见其意义是非常深远而巨大的。

在组建同盟会的过程中，孙、黄两人配合十分默契。首先，是商议革命组织名称。1905年7月29日，同盟会主要骨干八九人，在程家柽寓所开会，商量会名和有关事情。孙中山建议定名为"中国革命党"。黄兴认为，如果采用此名，难于为一般群众所接受，将给党员行动带来不便，不利于做群众工作。经讨论后，定名为"中国同盟会"。当时广大群众尚未觉醒。在人们眼里，革命就是"造反"，"造反"会招来杀身灭族之祸。如果用"中国革命党"这个名称，群众会产生惧怕心理，对于组织的发展和群众的联系，都会带来重大影响。因此，黄兴的建议，是一种稳健的表现。名称上虽然只有两字之差，关系却异常巨大。

其次，同盟会誓词的确定。孙中山十分重视加盟宣誓，认为是坚定入会者革命决心的重大手续。在7月30日的筹备会上，孙中山提出盟约式样，大家推举黄兴、陈天华审定。审定后的盟约和在欧洲比利时等国吸收会员的《盟约》比较，有三处改动：1. 立誓约人前面加了某省某府某县；2. 誓词最后两句由"有渝此盟，神明殛之"，改为"如渝此盟，任众处罚"；3. 盟誓时间原为"黄帝纪元四千六百四十二年某月"改为"天运某年某月某日"。这三处改动带有实质意义的只有"神明殛之"一语。此语会党宣誓时常用，带有迷信色彩，改为"任众处罚"，则体现了近代的民主监督精神。大家宣誓后孙中山提出："众人盟书由我保管，我之盟书请诸君举一人保管。"众推黄兴担任。

再次，同盟会章程的起草与通过。立会须有章程，才能有章可循。筹备会上，大家推举黄兴、蒋尊簋、汪兆铭、陈天华、宋教仁、程家柽、马君武和孙中山等8人负责。8月20日召开成立大会，首先通过会章，由黄兴代表起草组宣读，经过讨论后略加修改通过。《中国同盟会章程》共30条（现在只能找到1906年修订的24条本），大旨取三权分立。总部设总理和执行部、评议部、司法部。地址设于东京。总部之下，国内设东、西、南、北、中五部;国外设南洋、欧洲、美洲、檀岛四部。各省及海外各地设立分会,公举会长,受总部统辖。总理、评议部、司法部人员由全体会员投票公举。执行部职员由总理指任。这个章程大体仿照了西方的民主制度。

同盟会的章程通过后,即按章程确定总部人选。按照会章,总理应由会员投票公举。黄兴体察同志心意,建议变通办理。他说,总理一职大家赞成由孙公担任,不必经过选举手续。众喊赞成。孙中山随即提议由黄兴担任执行部庶务。庶务相当于协理,总理不在时,总部工作由庶务全权主持。马和(君武)、陈天华为书记,朱炳麟管内务,程家柽掌外务,谷思慎为经理,刘维焘为会计。评议部选举汪精卫等20多人为评议员,汪精卫任议长;朱大符(执信)任书记;司法部选举邓家彦等8人,由邓家彦任判事长,张继、何天瀚任判事,宋教仁任检事。

干部人选确定之后,黄兴又提议,《二十世纪之支那》杂志社同人大半皆已加入本会,今该社员愿将这份杂志提入本会作为机关报,何如?大家拍手赞成。这就是后来在宣传革命中发挥巨大作用的《民报》的由来。

从同盟会建立的过程不难看出,黄兴几乎在每个重要环节都起了重大作用,表现出了杰出的领导才能:中国同盟会的名称是由他建议改定的;同盟会的誓词是由他和陈天华斟酌审定的;同盟会的章程也是由黄兴牵头起草并主持通过的;作为同盟会的首位总理孙中山,是由黄兴提议不经投票确定的;同盟会的机关报《民报》仍是由黄兴提议由《二十世纪之支那》改的。同盟会总部工作长期是黄兴和刘揆一主持。故此,论定同盟会是由孙中山和黄兴密切合作建立,完全符合历史的本来面目。

三、主持同盟会本部工作

同盟会成立时,虽然仿照西方三权分立制,设置执行、评议、司法三部。

由于那时处于秘密状态，许多事务假如按照三权分立制运作，执行起来由于相互牵制，将会稽延时日，贻误时机。有鉴于此，大家提议召开三部联合会议，遇事共同商量，一次议决实行。自从此制实行之后，司法、评议二部未曾独立行使职权。同盟会成立不久，孙中山即离日本去东南亚活动。1906 年 10 月虽曾再度到达日本，商讨革命方略，但第二年 3 月，日本当局应清政府要求，禁止孙中山在日本居留。此后，总部工作实际长期由黄兴主持。另外，同盟会成立时选出的职员，不少人陆续离开东京，各部形同虚设。因此，各项工作主要由庶务部操办。1905 年 12 月，庶务黄兴去广西、南洋各地活动，朱炳麟、蒋尊簋、张继、孙毓筠、宋教仁曾先后代理。不过时间均很短暂。从 1907 年 3 月起，庶务一职，长期由黄兴的挚友刘揆一担任。许多重大决策，由黄兴最后拍板决定。黄兴在总部工作中的作用，主要体现在下列三个方面：

（一）发展会员，建立各地分会组织。按照同盟会的章程，分会应分省设立，公举会长，受本部统辖。各省分会，除甘肃当时未派遣留学生外，其余有留学生各省，均有人加入同盟会，在孙、黄的主持下，各省分会相继在东京成立，大体情况如下：

省区　主盟人及递嬗情况

直隶　张继—杜羲—吕复—王观铭

山东　徐镜心—丁惟汾—于洪起—陈干

山西　王荫藩—荣福同—荣柄—谷思慎—景定成—狄楼海—景耀月

陕西　康宝忠—赵世钰—井勿幕

安徽　吴春旸—高荫藻—权道涵—孙毓筠—孙作舟

江苏　高剑公—章梓—张鲁—陈陶遗—许屠（田桐记：张鲁之前为陈剑虹）

浙江　秋瑾—陶成章—龚宝铨

江西　钟震川—张世膺—邓文辉—文群—汤增璧

河南　杜潜—朱炳麟—曾昭文—刘积学—程克

湖北　时功玖—张昉—陈镇藩—匡一—但焘—白逾桓

湖南　黄兴—仇世匡—宋教仁—刘揆一—陈嘉会

福建　林时塽—李恢—方声涛

广东　何天瀚—何天炯—廖仲恺—熊樾山—何天衢

广西　刘崛—卢汝翼—曾彦—刘遵权—严宽—蒙经

贵州　于德坤—平刚

四川　淡宅畅—丁厚扶—张治祥—黄树中—董修武—李肇甫—吴永珊

（田桐所记，次序有出入）

云南　吕志伊（以上据张玉法著《清季的革命团体》）

此外，吴春旸回上海后，考虑到上海的特殊地位，建议在上海设立分会，以蔡元培为分会长。本部接受他的建议，由黄兴持孙中山信赴上海，任命蔡元培为上海支部部长。湖南原有华兴会的基础，同盟会建立后，黄兴致信禹之谟，由禹在湖南建立分会，入会的人不少。浙江秋瑾在同盟会成立后半个月到达东京，由黄兴主盟加入同盟会后，被推举为浙江主盟人，后来，浙江志士由她介绍入会的很多。

1906年，黄兴为策动广西巡防营统领郭人漳起义，在广西停留半年多。他从联络下级将弁入手，建立同盟会桂林分会。郭人漳部将弁及随营学堂与陆军小学堂师生加入者有：葛谦、林虎、谭二式、蔡锷、赵声、胡毅生、雷飙、卢慈佛、张熙等许多人。据现存的1905—1906年同盟会会员名册统计，注明主盟人的入会会员计有532人，其中由黄兴主盟者为47人，地域涉及10个省。黄兴的长子黄一欧，因为在国内无法藏身，1905年冬随人到达东京。此时黄兴已去广西、南洋活动，只得先后和章士钊、

黄兴与《民报》同人在东京合影（前排中为黄兴）

彭渊恂同居。直到 1906 年秋间黄兴从南洋再次到达日本，父子才得团聚，一起住在牛边区东五轩町林馆。这年 12 月 2 日，《民报》周年纪念会开过后，黄兴要黄一欧加入同盟会，带他到民报社填写誓约，由孙中山和章太炎担任介绍人。黄一欧时年 14 岁，乃同盟会中最年轻会员。父子同盟，一时传为佳话。谭人凤（1860—1920）抵达东京时，适值同盟会举行《民报》创刊周年纪念庆祝会，气氛隆重热烈。他感到过分夸张，大失所望，中途退会，由此萌发了不打算加入同盟会的念头。后来经过唐镜三的三次邀请，才答应与黄兴会晤。两人畅叙两小时，由于黄兴的诚挚态度与言行，深深打动了谭人凤。谭氏才回心转意，同意加入同盟会，成为会中最老的成员。

　　由黄兴主盟入会的著名人物还有阎锡山、李烈钧、孙传芳、尹昌衡等。

据有人统计，到辛亥武昌起义止，在国内建立的同盟会支部和分会共达69个，分布于全国21个省区。通过同盟会员的活动，建立的外围性组织（会、社）共101个，分布于全国19个省区。这些分支机构与团结在革命旗帜下的各种会、社，为革命活动在全国广泛展开奠定了组织基础。这些当然不是黄兴一人之功，但作为同盟会本部工作的主持人，其在组织发展中的巨大作用是不可低估的。特别是他注意在日本学习军事的留学生中发展同盟会员，培植了一批在各省起义中的骨干力量，其作用尤其显著。

（二）主办《民报》，开展革命宣传。革命舆论无疑是发动革命的重要思想武器。凡是要推翻一个政权，总要先造成舆论，做好意识形态领域里的工作，在舆论上争得群众的支持，而后革命活动才可顺利展开。黄兴在领导革命的过程中，对革命宣传工作一向重视。如前所述，他在1903年回长沙途中，沿路曾大量散发《革命军》与《猛回头》等书，还与周震鳞等印发《血泪书》，以书信形式抨击清政府卖国媚外，号召炎黄子孙奋起救亡。策划长沙起义失败之后，黄兴和陈天华等流亡日本。陈天华由于和梁启超结识，逐渐受到改良主义思想的影响。恰在此时，日本《万朝报》译载了德国报纸上的一篇文章，声言各国商业统计表关于中国领土不列长城以北，表明已承认其为俄国势力范围。陈天华看到这一报道，觉得形势更加危迫。在无可奈何之中，"作一死中求生之想"。于是起草了一份《要求救亡意见书》，在留学界广为散发。其主旨是劝告清政府，不要为了做儿皇帝（印度王）出卖国家权益。书里面向清政府提出7项条件：1. 勿以土地割让于外人，竭死力保护矿山、铁路、航权；2. 勿以人民委弃于外人，人民之生命、产业、权利，丝毫不容外人侵犯；3. 勿以主权倒授予外人，力杜外人驻兵内地并掌握用人行政之权；4. 实行变法；5. 早定国是；6. 予人民以地方自治之权；7. 许人民以自由著述、言论、集会之权。同时提出国民义务4项：1. 当兵；2. 纳租税；3. 募公债；4. 为政府奔走开导。最后提出要以全体留学生的名义，在两星期之内赴北京实行。（杨天石：《陈天华〈要求救亡意见书〉及其被否定经过》，《近代史研究》，1988 年第 1 期）这份意见书表现了对清政府的态度有重大变化，即由主张革命转为希望通过请愿，促使清政府变法图强。

由于陈天华是著名的宣传家。他的态度转变，无疑会对革命宣传带来无法估量的影响。对此，黄兴十分重视，立刻与宋教仁商议如何对陈进行帮助。1905 年 1 月 28 日，黄兴和宋教仁等聚集于刘揆一寓所商议办法，决定召开湖南同乡会，依靠大家力量劝阻。30 日，同乡会在锦辉馆举行，到会者约 200 人，皆不赞成要求政府之法。2 月 1 日，黄兴偕同宋教仁与陈天华直接谈判，双方反复辩论很久，还是没有解决。2 日，黄兴又向陈天华耐心细说道理，要他丢掉幻想。在黄兴的诚恳帮助下，陈天华终于放弃请愿主张，回到"排满革命"立场，成为更加坚定的革命派。此后，他连续写了《论中国宜改创民主政体》等宣传民主革命的名篇，旗帜更加鲜明地宣传民主革命。最后为了激发人民的觉醒，还在生命的最后时刻，写下了催人泪下的《绝命书》，苦口婆心地告诫人们："欲使中国不亡，惟有一刀两断，代满洲执政柄而卵育之。"黄兴此时已离开日本去桂林。当他得悉陈天华以投海自尽，企图激起全国人民的猛醒之后，深表悲恸与敬意！

1905 年 8 月 13 日（星期日），在东京富士见楼举行的欢迎孙中山大会，既是一次欢迎会，更是一次声势空前的革命宣传会。这次会议是由黄兴和宋教仁、张继、程家柽等人协商后召开的。他们用一个晚上通知各学校各旅馆的留日学生。警察原限定 300 人，继允许 900 人，然而前来赴会的达 1300 多人。会上由宋教仁致欢迎词，接着请孙中山发表长篇演说，号召"利用此一片好山河，鼓吹民族主义，建一头等民主大共和国，以执全球的牛耳"。（《孙中山全集》第 1 卷，第 279 页）这是中国革命史上一次盛况空前的群众大会，与会者无不受到巨大鼓舞。陈天华赞扬孙中山是中国四万万人之代表，中国英雄中之英雄。作为会议策划者的黄兴，虽然没有在大会上发言，但对会议圆满成功，十分惬意。他拉下了一点帽子，满脸笑容，为大会的成功感到高兴。

《民报》是中国同盟会的机关报。它在宣传民主革命以及与改良派论战中发挥了核心作用，为推进革命立下了不朽的功勋。尽管黄兴忙于党务军务，没能为《民报》撰稿，却为《民报》的创办与维持，作出了重大的贡献。

前已提及《民报》的前身是《二十世纪之支那》，提议将之改为《民报》的是黄兴。后来办理接收手续，正式主持接收的也是黄兴。将它改名为《民报》，同样是黄兴和孙中山、胡汉民等人共同商定的。正是由于利用《二十世纪之支那》社原有的基础，《民报》才得以在同盟会成立仅3个月就正式出版。1906年12月2日，《民报》在东京举行创刊周年庆祝大会，策划和主持者也是黄兴。参加会议者达5000人，这是又一次盛况空前的大会，也是一次最有效的革命宣传大会。会议首由黄兴致开会词，然后章炳麟宣读祝词，孙中山发表长篇演说，系统阐述了三民主义思想。还有其他人发表讲话。会议持续5个半小时，大家毫无倦容。最后黄兴作了总结性讲话，号召大家要负起革命的责任，尽革命的责任。他的简短有力的讲话，5次获得"拍掌大喝彩"。（黄兴：《在〈民报〉创刊周年庆祝大会上的演讲》，《黄兴集·一》，第11页）

自从《民报》创刊以后，围绕革命还是改良，《民报》与《新民丛报》展开了大论战。经过一年多的激烈辩驳，真理愈辩愈明，拥护革命的人与日俱增。梁启超招架不住，央请原华兴会会员徐佛苏转请宋教仁、章炳麟疏通，希望停止论战。章炳麟倾向妥协，黄兴和孙中山都表示反对。由于孙、黄态度一致而且坚定，使这场关系中国存亡的大论战得以进行到底。

到 1907 年 8 月，《新民丛报》不得不收起战旗，宣布停刊。

《民报》被日本当局查封后，黄兴为复刊继续操劳。1908 年 10 月，日本当局以《民报》第 24 号上刊载了伯夔写的《革命心理》一文，违反《新闻纸条例》第 23 条，迫令停止销售并封禁《民报》。黄兴随即召开同盟会干部会议，商议将《民报》迁往美国出版。后因他事所阻，未能如愿。由于章炳麟主持《民报》期间，发表了一些论述佛学的文章，黄兴有些不满，特邀汪精卫到东京负责新出《民报》的编辑工作。同时，为了避免日本政府干涉，托名以巴黎《新世纪》为发行所，实际仍在东京秘密印刷。就这样，黄兴在林文（时爽）的帮助下，"支那第一杂志"《民报》第 25、26 号，终于在 1910 年正式和读者见面了。

（三）和孙中山、章太炎共同商定《革命方略》。中国同盟会成立时，只起草通过了《中国同盟会章程》，并未发表宣言。至于革命方略、起义胜利后的内外政策，以及各项工作如何进行，皆没有具体讨论。据李根源的《雪生年录》记述，陈天华曾起草过《革命方略》，经孙毓筠、宋教仁订正后，1906 年曾油印分送给在东京的党人征求意见。李根源本人看过后，曾提出过十多条修正意见。同年 6 月 29 日，章太炎出狱，由革命党人派代表迎往东京主编《民报》。9 月 11 日，黄兴在桂林及南洋各地奔波近十个月之后，也抵达东京。10 月 9 日，孙中山也自越南到达东京。三位革命巨人同聚东京，感到同盟会成立以来，革命风潮日益高涨，党人遍布各地，各自为政，难以统一行动。为了适应形势发展的需要，经过协商，决定在陈天华、宋教仁等起草、修订的《革命方略》基础上，编定《中国同盟会革命方略》，供各地起义时应用。其内容包括：一、军政府宣言；二、军政府与各国民军之条件；三、略地规划；四、因粮规划；五、对外宣言；六、招降满洲将士布告；七、扫除满洲租税厘捐布告。后来又增补了《招军章程》与《招降清朝兵勇条件》，系 1908 年由孙中山与胡汉民、汪精卫等在新加坡增订。其中《军政府宣言》，对同盟的纲领"驱除鞑虏，恢复中华，建立民国，平均地权"作了具体的阐释，并提出分三期实行的计划：第一期为军法之治，以三年为限；第二期为约法之治，以六年为限；第三期为宪法之治，一国之政事，依于宪法以行之。这个宣言被视为"今日革命之经纶暨将来治国之大本"。这些政策性文件的制定，对于武昌起义后各地革命党人的工作，起了巨大的作用，有力地防止了各地政令不一、各自为政的现象。

从上述三方面的工作可以看出，无论是发展同盟会的组织，还是开展革命宣传，以及制定革命方略，黄兴都在其中发挥了核心作用。正是由于孙中山、黄兴和全体革命志士的同心协力，自从同盟会成立起，革命形势才得以迅猛发展，全国革命没有几年就形成高潮，最终推翻了统治中国268年的清朝专制统治。

第五章

武装反清斗争主帅

一、统筹全国武装反清起义

　　武装反清起义是辛亥革命时期的主要斗争形式。同盟会成立后，策划武装起义立刻被提上主要议程。孙中山和黄兴都把主要精力倾注于策划武装反清斗争。孙中山与海外华侨有密切联系，其重点就放在动员华侨捐款购械，组织华侨志士投身武装起义；黄兴对军事一贯重视，与国内各种革命力量有广泛的交往，对如何调动全国各种反清势力一起投入反清斗争，长期以来有通盘考虑。在组织武装反清斗争中，孙、黄密切配合，自从同盟会成立起，连续发动了一系列武装反清起义，很快将革命推向高潮。

　　黄兴对武装反清斗争的贡献，首先是黄兴花了不少心力，组织和培养了一批军事骨干。前已述及，黄兴在发展同盟会的组织时，很注意在日本学习军事的留学生中发展会员。而且为了保密，凡学习军事的同盟会会员的盟书均由他亲自保管，并嘱咐这些会员不必常去同盟会总部走动。特别是从这些会员中，他还选择了一批坚贞可靠的同志组成"丈夫团"，以"富贵不能淫，贫贱不能移，威武不能屈"作为应有的道德品质。加入这个组织的有：李根源、李烈钧、程潜、李书城、赵恒惕、黄郛、尹昌衡、黄恺元、叶荃、温寿泉、曾继梧、华世中、程子楷、曾昭文、耿觐文、仇亮、杨源浚、殷承瓛、袁华选、陈之骥、姜登选、王孝缜、王家驹、阎锡山等。辛亥革命中，在各省举兵响应，充当都督及军、师、旅、团长的人，大半是"丈夫团"的同志，都是黄兴所熟知的人。因此，革命军人和黄兴有着非常深厚的感情。黄兴在这些人中有很高的威信。1908 年夏天，黄兴由新加坡经香港回到东京，又在大森成立军事讲习所（对外称大森体育会），自任教授，聘请日本军官多人，暗中教授同党兵学。参加学习者有林时爽、刘揆一、焦达峰、孙武、夏之时、张大义、杨大铸、刘九畴、李伟、杨若、包绍杰、张金山、段雄等170人。

其次，黄兴按照一省发难、各省纷起响应的战略，动员在日本东京的同志各回本省，组建同盟会分会，联络会党，运动新军，发动反清起义。他认为四川地险而且富足，是发动起义的理想地方，乃嘱咐李肇甫、谢持等招邀在四川会党中有声望的熊克武、但懋辛、余荩臣、张百祥等先后东渡日本进行协商，请他们把会党势力联合起来，开展反清斗争。其他各省，如山东的丁惟汾、于洪起、邓天一；山西的谷思慎、王用宾；陕西的井勿幕、杨铭源、赵世钰、焦易堂；河南的杜潜、车铖、刘基炎、潘祖培；安徽的张我华、陈策、凌毅；江西的邓文辉、陈荣恪；福建的李恢、宋渊源；广西的邓家彦、曾彦、龚政、刘玉山；贵州的平刚、拓泽滨；云南的吕志伊、张大义、何畏等，黄兴都曾经敦促他们回本省发展革命力量，作好响应起义准备，"务使革命势力弥漫全国"。（刘揆一：《黄兴传记》）他还嘱咐刘揆一不时前往上海，与江苏、浙江、湖南、湖北等省的革命同志保持联系，协同进行。1906年9月初，黄兴经过上海，还与童浚、马君武等创办艺书局于四马路，作为与各省联络的交通机关。9月11日，他抵达东京，即与东京的同盟会干部统筹全局，商议下一步行动计划。他认为自从《民报》等革命书报输入内地后，各方人士同情革命的日益增多，革命机会各省皆有，惟须有负责党员联络，积极促成。随即确定了一个派遣同盟会员深入内地各省，发动武装起义的总体行动计划。

首先是两湖地区。派遣刘道一与蔡绍南、彭邦栋、覃振、成邦杰等回湖南，发动新军与会党，策划萍浏醴起义。行前，黄兴特意叮嘱刘道一等，强调今天倡议的为国民革命，不是古代的英雄革命。洪会中人犹以推翻清朝，不懂共和真理，将来会形成群雄争权夺利，互相残杀，其祸害是十分严重的，希望常常以民族主义、国民主义多方提醒指导。另外还派遣胡瑛前往武汉，与加入同盟会的湖北日知会领导人刘敬安、冯特民、季雨霖等会商，策划运动新军，相机举义。

再次是江浙方面。由冯自由介绍、在黄兴寓所加入同盟会的女革命家秋瑾，早在1906年初已回到浙江，自告奋勇，愿与浙江光复会的陶成章、徐锡麟、王金发等联合行动，联络会党，共谋举义。南京新军官佐中，有刚由广西回到南京担任管带的赵声和倪映典、柏文蔚、冷遹、林述庆等革命志士。黄兴认为他们皆富有革命思想，要努力使他们暗中培养的革命势力扩大巩固，将来必会大有作为。于是复派章梓、陈陶公、杨卓林、权道涵、柳大任、阳兆鲲等去江苏，招纳各处革命同志，协助开展革命活动。

最后，黄兴见东北地区马侠的势力不少，是一支可以为革命利用的力量。于是多次和宋教仁以及与马侠有联系的日本人古河商议，派遣他们前往东北，运动这些绿林武装，期望在东北地区开创革命新局，作为北方革命的根据地。此外，还打算派遣柳大年、刘彦、仇鳌等人，打入直隶（河北）、辽宁、吉林等地的政学界，宣传革命主义，和在北京的革命同志商震、张榕、吴景濂、王葆真、王法勤等联合行动，做好军队的革命宣传，待机响应起义。

黄兴本人则尊重孙中山的意见，把自己策动武装反清的重点放在两广地区。他考虑到广西地区自从李经羲由贵州巡抚调任广西巡抚后，为了编练新军的需要，先是把自己认识的郭人漳咨调来桂，编练新军。接着由于郭人漳的推荐，又把蔡锷、雷飙、林虎等调来。钮永建也因与在龙州任太平思顺兵备道的庄蕴宽有早年同学关系，被招来任将弁学堂监督。因此，黄兴想从运动军队入手，策动广西清军反正。为了贯彻这一主张，他在同盟会成立后仅三个多月，就于1905年12月去香港，化名张守正，从香港潜入广西桂林郭人漳营中。他到达桂林后，一方面，不动声色地展开革命宣传，联络革命志士，吸收同盟会员，建立同盟分会组织。蔡锷、赵声、林虎、雷飙、胡毅生以及葛谦等相继入会。另一方面，努力做通郭人漳的思想工作，争取他举兵反正。可是，郭人漳表面上对黄兴十分友好，实际上则借口推诿，迟迟没有行动。刘揆一回上海探视获释的老父，得悉黄兴潜入桂林的意图，即刻密电黄说："郭之先人郭松林，为清朝击败太平天国之功臣，故以荫生而得显秩，且外表英明，中实惬怯。公不忆沪上万福华一案，当彼同出狱时，始询知为公，即哀求公速远避。其畏牵累至此，而能舍弃利禄，与吾辈冒险革命耶？久居危地，彼虽不致陷害，恐生他虞，希即离桂，别图良策。"（刘揆一：《黄兴传记》）刚入同盟会的梅蔚南也力劝黄兴离开。黄兴于是离开桂林，前往梧州。此行虽然没有得到预期效果，但发展了一批同盟会员，在广西播下了革命种子，总算不虚此行。

黄兴在梧州小住数日即转赴广西龙州，访问在龙州将弁学堂任教的钮永建和边防政法学堂监督秦毓鎏，相与密商在 1906 年秋间起义桂林，随即转往河内。6 月，桂林起事计划未成，遂由越南返香港，又去新加坡，协助孙中山建立南洋各地分会。当黄兴去南洋活动时，湖北同志吴昆奉刘敬安等之命来到香港，想与黄兴商议湖北起义军事；梅蔚南也从桂林到达香港，诉说黄兴离开后，郭人漳经过同人劝责，已答应等待黄兴汇款到来即行反正。不久，黄兴返回香港；因筹款不甚得手，嘱咐大家等候时机。

二、震惊中外的萍浏醴起义

1906 年 12 月 4 日（光绪三十二年十月十九日）爆发于湘赣边境的萍浏醴起义，是同盟会成立后，在黄兴策动下，由革命党人发动的第一次大起义。同盟会员刘道一、蔡绍南奉黄兴命回到湖南后，就在长沙市水陆洲召开了由 38 名骨干参加的会议，会上由刘道一传达了黄兴的指示，除强调起义目标是建立一个民主共和国外，还对如何发动起义作了具体的安排。刘道一在会上指出："奉黄公克强面嘱，革命军发难，以军队与会党同时并举为上策，否则亦必会党发难，军队急为响应之。以会党缺乏饷械，且少军队训练，难于持久故也。"（刘揆一：《黄兴传记》）会上根据黄兴指示的精神，还进行了具体的分工，即由蒋翊武、覃振、刘承烈、成邦杰、易本羲负责运动军队；蔡绍南、龚春台、彭邦栋等负责联络防营，部署会党，待军队运动成熟，约期于十二月末清吏封印的时候起义。刘道一则统筹全局，协调各方面的行动。

根据水陆洲会议的分工，蔡绍南回到萍乡上栗市老家，随即和黄兴、禹之谟的学生，以及早已在这一带从事会党联络的魏宗铨取得联系，开展革命宣传与联络会党活动。当时会党山堂分立，互不统属，为了形成统一的革命力量，纳入同盟会的领导之下，经蔡、魏与龚春台商议，邀请湘赣边境会党首领100多人，在萍乡的蕉园开会，确定以湘、鄂、赣、闽四省的洪江会为基础，将哥老会的其他支派和武教师会等并入，统一称"六龙山洪江会"，推举龚春台为大哥，以忠孝仁义堂为最高机关，下设文案、钱库、总管、训练、执法、交通、武库、巡查，称为内八堂，又设立一、二、三、四、五、六、七、八路码头官，名为外八堂。他们同饮血酒宣誓："誓遵中华民国宗旨，服从大哥命令，同心同德，兴汉灭满，如渝此盟，人神共殛。"（曾省斋：《丙午萍浏醴革命始末记》）从此以后，洪江会组织发展很快，数月之间，蔓延萍乡、宜春、分宜、万载、浏阳、醴陵等县。在此形势下，蔡绍南、魏宗铨专程赴日向同盟会总部汇报，请示机宜。他们到了上海，就碰上黄兴派回的宁调元等人，魏宗铨也在上海履行了加盟手续。可是，正待东渡之际，却收到龚春台急电，告以麻石大本营遭到萍、浏、醴三县清军的联合进攻，第三路码头官李金奇殉难，盼望速归。蔡绍南等只得改变计划，和宁调元结伴返湘，商议对策，相约旧历年底分三路举事。

革命党人的起义计划很快被醴陵官方探知，慧历寺机关遭查抄，会党头目许学生被捕遇害。12月2日夜间，蔡绍南、龚春台、魏宗铨约集各路码头官在上粟市以西高家台开紧急会议，讨论办法。蔡绍南、龚春台、魏宗铨皆认为军械缺乏，主张暂缓发动。各路码头官以会众已有十多万，加上各地友党将有 20 多万，主张立刻起义。双方争论了一个通宵，未能形成一致意见。3 日，洪江会头目廖叔保竟召集两三千人，首先在萍、浏、醴三县交界之麻石举起义旗。蔡绍南等见事已至此，只得立刻宣布起义。萍浏醴起义就这样爆发了。

起义军一呼百应，很快占领了麻石、高家台和金刚台等地。12 月 6 日，集结在麻石的起义队伍共约两万人。他们头包白巾，手持土枪、菜刀、木棍、竹尖等，浩浩荡荡向上粟市进军。驻守上粟的清军仓皇逃窜。起义军占领上粟后，正式定名为中华国民军南军革命先锋队，由龚春台担任都督，蔡绍南任左卫军都统，魏宗铨任右卫军都统，前营统带廖叔保，后营统带沈益古。随即以"中华国民军南军革命先锋队都督龚"的名义，发布《中华国民军起义檄文》。檄文开头就标出："奉中华民国政府命"。檄文在历数清朝政府十大罪状之后指出："本督师只为同胞谋幸福起见，毫无帝王思想存于其间，非中国历朝来之草昧英雄以国家为一己之私产所比。本督师于将来之建设，不但驱逐鞑虏，不使少数之异族专其利权，且必破除数千年之专制政体，不使君主一人独享特权于上，必建立共和民国，与四万万同胞享平等之利益，获自由之幸福。而社会问题，尤当研究新法，使地权与民平均，不致富者愈富，成不平等社会。"（《萍浏醴起义资料汇编》，湖南人民出版社 1986 年版，第 55—57 页）可以说，这是黄兴指示的具体表现，完全符合同盟会的宗旨。

声势浩大的起义，立刻震动了全国，严重地威胁清朝在长江中游的统治。湖南和江西当局得知起义，慌作一团，即刻派遣兵勇前来镇压。湖广总督和两江总督也迅速派出精锐军队前来会剿。他们派出的军队，加上当地武装，总共约 5 万人，集结于萍乡、浏阳、醴陵及其周围，向起义军发动围攻。

面对兵力、武器装备皆占优势的强敌，起义军进行了英勇不屈的抗击。但是，由于军力对比悬殊，起义军在抗击中遭到重大牺牲。12月8日与11日，龚春台和蔡绍南率领的起义军两次向浏阳城发动进攻，均无力取胜。10日，清军向上栗市发起进攻，留守的起义军与清军激战半天，终因力量不敌失守。12日，清军向浏阳县境内的起义军发动猛攻，龚春台、蔡绍南等战败后，拟往普迹市投奔冯乃古。后来得知冯乃古已被杀害，蔡绍南乃化名蔡立山，只身逃往长沙，经湖南到广西昭平避难，以教书作为掩护，力图再起，不久病故。龚春台亦化装逃走，不知所往。1911年10月10日武昌起义后，曾率死士数百人，自称北伐军响应。南北议和成，龚春台突发疾病，呕血数升死去。魏宗铨曾集合各路中坚力量，设法保持过去之组织，准备待机再起。由于清军数万分驻萍乡、浏阳、醴陵各地的城市乡村，按村按户搜捕，廖叔保、胡友堂、沈亦古及大小头目会友数百人先后被捕就义。魏宗铨也在醴陵西乡邓家店被捕，于1907年3月7日在萍乡大西门英勇就义。此前，刘道一已于1906年12月在长沙被捕，31日在长沙浏阳门外英勇就义，年仅22岁。黄兴和刘揆一在东京得知刘道一英勇牺牲，两人抱头痛哭。黄兴并作挽诗一首，沉痛悼念。诗云：

> 英雄无命哭刘郎，惨澹中原侠骨香。
> 我未吞胡恢汉业，君先悬首看吴荒。
> 啾啾赤子天何意，猎猎黄旗日有光。
> 眼底人才思国土，万方多难立苍茫。

萍浏醴起义发生于中国腹地。起义的声势在革命党人领导的起义中，是辛亥革命前最大的一次。清朝统治者的残酷镇压，更激起了革命党人对清朝反动派的痛恨。烈士的鲜血擦亮了革命志士的眼睛，激起了千千万万后继者的革命斗志，昭示着清朝统治者的末日就要来临。

三、指挥粤、桂、滇边地起义

萍浏醴起义失败后，黄兴面对反动派对革命党人的残酷迫害，他没有退缩，而是更加坚定地执行武装推翻清王朝的既定方针。1907年2月，他因去香港策划起义受阻，重返东京，立即转入策划运动东北的绿林武装。运动东北的绿林武装不成，再把目标转向华南。这时他得知郭人漳已由广西桂林调到广东肇庆，同时接到孙中山来信，要他去香港筹划南方军事。于是又在4月离开日本，再赴香港，打算活动郭人漳率兵袭取广州，作为革命根据地。然而，他到达香港时，又知郭人漳已离开肇庆，调往钦州镇压那里的人民抗捐斗争。如去肇庆，已无可作为，只得作罢。恰在此时，他接到刘揆一密函，要他速回东京，商议皖浙起义事宜。黄兴见留香港已无作用，而且得知广东当局已致函香港总督，要求引渡。其住地松原旅馆，也常受到侦探监视。事势至此，只得再次返回日本，筹划接济皖浙起义。但皖浙起义由于准备不足，先后失败。徐锡麟和秋瑾，被捕后皆英勇就义。

黄兴滞留日本，眼见长江流域的起义相继失败，许多革命志士惨遭杀害，元气大伤，估量长江流域各省一时难有作为，乃专意经营两广，于6月13日再赴香港。随即前往越南河内，与孙中山会商行动计划。此时正是钦州、廉州两府群众奋起抗捐，清朝当局派郭人漳、赵声各带两三千人，分别赴钦州、廉州弹压。黄兴与孙中山商定，招集同志，占据防城、东兴一带的沿海地区，组织正规武装，与钦州各乡团勇联合举义。他则与胡毅生分别潜入郭人漳、赵声营中游说，动员他们反戈响应。

1907年9月1日，中华国民军南军都督王和顺率领民军200多人由三那（那黎、那彭、那思）至钦州王光山起义，5日攻克防城，杀死清朝县官宋鼎元，首战告捷。当天派邝敬川率领少数士兵在防城留守，王和顺率领主力冒着大雨、踏着泥泞，向钦州进攻，打算夺取钦州作为根据地。当时黄兴已潜入郭人漳营中，准备里应外合，夺取钦州。黄兴与郭人漳商定：由郭带兵巡视防城附近，以便与义军会合，乘黑夜入钦州城；黄兴则留在城中率领郭营留守兵巡城，伺机接应。哪知防城被攻克后，钦州提督秦炳直，侦知郭人漳按兵不动，未向防城进攻，料定有变，于是将城内郭营的留守兵遣送出城，另换自己心腹带队巡城，且在城上广挂巡灯，严密戒备。黄兴见势只得仓皇逃避。郭人漳也不敢再动。王和顺将兵驻扎离钦州城20里，见无接应，知情况有变，后得黄兴密报，告诉他城中有备，建议改攻南宁。至此，王和顺只得改变计划，于9月8日开始进攻灵山。由于攻城器具缺乏，两天不能攻下。到了9月中旬，王和顺腹背受敌，只得将国民军大部遣散，余部由梁建葵等率领退入十万大山。黄兴与王和顺皆退走越南。

防城起义失败之后，孙中山、黄兴、胡汉民，以及王和顺等多人在越南河内召开军事会议，商议下一步行动计划，决定委派王和顺为镇南关（今友谊关）都督，打算攻取镇南关以后，即会合十万大山、钦州等处民军袭取南宁，建立中华国民军军政府，以孙中山、黄兴为正、副大元帅，招集兵马，再分别袭取桂林、梧州，进入湖南、广东和江西。由于广西的游勇和绿林一向有门户之见，镇南关一带的游勇不愿与绿林出身的王和顺合作，于是改派黄明堂为镇南关都督。1907年12月2日，黄明堂率领那模村乡团、义勇，由镇南关的背面小路向炮台偷袭。清朝守兵猝不及防，革命民军很顺利地占领了镇南、镇中、镇北三座炮台。第二天，驻守凭祥的清军陆荣廷部闻讯反扑，被国民军用大炮轰退。黄兴、孙中山和胡汉民得知国民军已占领镇南关，即于3日由河内乘火车赶到镇南关下，利用黑夜，从小道攀缘上山。黄兴因为身体肥胖，攀缘十分吃力。4日清晨，终于登上炮台。黄兴在炮台上持枪射击，很多子弹都打中了敌人。孙中山也是生平第一次亲自发炮轰击清军阵地，并替伤员包扎伤口。上台不久，得知清军龙济光部即将赶到，敌人共计4000余人；而炮台的武器陈旧，弹药很少。黄兴与胡汉民计议，鉴于众寡悬殊，援军一时难于招集，武器弹药不足，坚守难度很大，建议撤离。乃于当天黄昏循原路下山，然后搭火车返回河内。黄明堂率部在炮台坚守七昼夜，由于弹尽援绝，于12月9日撤离镇南关。

经过镇南关起义，法国印度支那殖民当局应清政府要求，驱逐孙中山离开越南。孙中山离开之前，和黄兴、胡汉民等商议，考虑到粤、桂、滇边境发动起义，军饷接济比较方便，万一失败，也便于撤退，滇、桂、粤边境又是清朝统治力量比较薄弱地区，所以仍确定在粤、桂、滇边境发动起义的方针。由于孙中山已不能在越南驻足，乃将粤、桂、滇三省军事委之黄兴与胡汉民。自己则由河内经西贡往新加坡筹款。

尽管发动起义多次受挫，黄兴却愈挫愈奋，壮志不改。当时发动起义，非但人员招集困难，武器弹药也不易弄到。正在束手无策之际，谭人凤来到河内。因谭人凤与郭人漳也是旧交，乃请谭人凤潜入郭人漳营中，谋求接济。1908年1月29日深夜，谭人凤到达郭人漳的驻地，受到郭氏的友好接待。第二天，谭人凤随郭人漳进入钦州城，恰遇省里来报，郭人漳的道员衔开复。前来祝贺的人挤满一屋。郭的态度忽然生变。为了争取郭氏的援助，谭人凤把郭氏的侄儿郭朴存带往河内，拟借虚张革命声势以取得郭氏的信任。他俩一起抵达河内后，谭人凤遇到革命同志就介绍说："这是郭统领的侄儿。"大家皆会意。只要郭侄有所询问，同志的回答不是兵如何多，就是饷如何足。到了夜晚，黄兴请郭侄小饮，又故意铺张声势。宴饮之间，连接四封来函：两件是法文，由通事译述，说是某地某地汇寄款多少万。郭侄见此情状，眉飞色舞，疑心顿失。第二天，郭侄邀谭人凤送回。果然郭侄在郭人漳面前，盛赞国民军兵多粮足。郭人漳同意接济枪支弹药，约定地点交付。

经过一番筹备，1908年3月27日，黄兴率领黎仲实等同盟会员及越南华侨200余人，组成中华国民军南军，通过越中边境，向钦州方向进军。部队进入广东境内，高举青天白日大旗，吹着号角，迈着大步前进。当国民军路过东兴附近大路村，四处张贴中华国民军南军总司令黄的告示，乡民燃放鞭炮，站立道旁欢迎。29日下午，国民军到达小峰。有30多名清军听到号角声，误以为是郭人漳统领来了，特前来迎接。询问国民军为何营？民军答称20营。随即放枪射击，当场打死5人，逃走3人，其余全部投降。驻扎小峰附近的清营管带杨某得报，乃率第36营依山列阵，狙击国民军。黄兴见清军占着地理优势，于是指挥国民军往后佯退，引诱清军前来追击，而把队伍分成三队：一队对山攻击；一队埋伏田陇间；一队绕到清军之后山进行偷袭。清军只顾前面，及见后路受到袭击，大惊失色，阵脚大乱，士兵纷纷溃逃。是役清军死者数十人，受伤者百多人，一个哨官被生擒，清军的大旗也被缴获，枪支弹药丢失遍地。杨管带率清军狙击时约600人，败退回营者仅50多人。中华国民军大获全胜。

3月30日，国民军继续前进，在大桥遇到清兵一营。双方接战不久，清军向后败退，逃入村中一大宅院，负隅顽抗。国民军一人被打死。黄兴大怒，喝令宅中主人赶快逃避。随后猛投炸弹，清兵有100多人被炸死，其余的脱掉军装，丢下枪械，慌忙逃跑。

4月2日，国民军列阵钦州城西南的马笃山。清军督带官龙某率兵三营前来进攻。国民军居高临下，与清军展开对击。黄兴亲自发枪射击，将龙督带击落马下。国民军遥见敌军统帅落马，欢声雷动。激战中，清军伤亡甚众，仅死亡者就有200多人。营官廖丁见势不妙，率先逃跑，于是三营尽溃。国民军擒获清军哨官2名，当场诛杀，降兵30多人，皆令剪去辫发。国民军连日获胜。共缴获快枪400多杆，弹药无数，而伤亡仅4人。

中华国民军连战皆捷，队伍不断扩大，黄兴的威名大震，"清官闻风而栗"，悬赏银五千两缉拿。黄兴本来打算乘胜向广西边境（当时钦州属于广东）进攻，而清军尾追不舍。为了摆脱清军追击，他们采用夜袭办法，乘黑夜向敌营投掷炸弹，迫使清军不战而逃。国民军由于得到当地民众与会党的支持，转战于广东的钦州、廉州和广西的上思一带，相持40多天。由于弹尽援绝，最后只得安全撤离，黄兴、黎仲实等去越南，余部转入十万大山。

在同盟会发动的多次起义中，这次起义是打得最有声势、坚持时间最长的一次，充分显示了黄兴英勇善战的指挥才能，受到人们的广泛赞誉。当时新加坡《中兴日报》5月7日报道："马笃山一役，清军死伤最剧，仅阵亡者已有二百余人，伤者不计。其管带及哨官亦伤毙数名，亦有数名为革命军擒获者。"孙中山也多次称赞此一仗打得很好。他说：

> 湖南老革命党最著名的有黄克强。他有一次自安南入钦廉起义，当时到钦廉来抵抗革命党的清兵有两万多人，黄克强带的革命军不过两百人，所有的武器不过两百支枪。用那样少的人和那样多的清兵，打两个多月仗，到后来弹尽而援不至，还可安全退出。照这一次战事说，革命军就是用一个人去打一百个人，这样的战斗是非常的战斗，不可以常理论。（《孙中山全集》第九卷，中华书局1986年版，第601页）

钦廉上思起义还没结束，云南河口起义又爆发了。河口乃云南省通往越南的要冲，滇越铁路经过此处南抵河内，北达昆明。早在发动钦廉上思起义时，已在策划河口起义，以求东西呼应。黄明堂于1908年4月受命负责河口军事，由关仁甫、王和顺协助。4月30日凌晨，黄明堂率领革命军百多人，会合河口一带的会党游勇，分三路向河口发起攻击。清军防营

在华南领导武装起义时的黄兴

一部起义响应，革命军顺利占领河口。清防军退守炮台抵抗。到了下午，清军守备熊通枪杀河口督办王镇邦来降，四炮台也转入革命军之手。共缴获枪支千余，子弹仅库存即有 7 万多发。

革命军占领河口之后，即刻出示安民，宣布军队纪律，派兵保护领事、税关洋人送往老街，远近归附者很多。5 月 3 日，关仁甫所统革命军攻占新街，王和顺所领革命军占领南溪，革命队伍迅速扩大。初战取得胜利，却面临三大难题：一、革命队伍组织涣散，号令不一；二、参加革命队伍的人员成分复杂，真正具有革命思想的人不多；三、金银粮食供应不上。起义军要求预发军饷三万两，否则不肯进兵。在这种情况下，如不及时采取措施，已有的胜利很难巩固，更谈不上继续发展。

孙中山在新加坡得知河口起义前线缺乏得力主将指挥，乃电促黄兴赴河口任国民军总司令，节制起义各部。当时黄兴刚率部退到广东边境，士卒相依为命，不忍黄兴离开。经过劝解，黄兴才于 5 月 5 日得以到达河内。

没过两天，就马不停蹄前往河口督师。黄兴到河口后，眼见军事进行迟缓。屯兵不进，将失去取胜良机。于是力劝黄明堂赶快添兵，沿着铁路进军昆明。黄明堂担心粮饷接济不上，犹豫不决。黄兴守候了一天多，内心焦急如焚，决心亲自率军前进。黄明堂仅拨兵士百人跟随。士兵没有走到一里，就向天空放枪一排，齐呼疲倦难行。黄兴苦口劝慰，没有效果。再前行半里，士兵皆作鸟兽散。迫不得已，只得折回河口。黄兴复约王和顺回河口商议进攻之策，王和顺也强调兵丁不足，弹药缺乏，进攻困难。至此，黄兴仍想亲自率军攻打蒙自，无奈将士皆不听号令。由此，他深深感受到自己没有一支基本队伍，不能指挥他军。于是决心返回河内，打算征集前在钦廉共事之同志一二百人，组织一支基本队伍，然后再赴前线。

5月11日，黄兴从河口返越南，刚到老街，法兵即以黄兴貌似日本人加以逮捕。后来得知是中国革命军的大将。按照国际法，例当解送离越。就这样，黄兴被遣送新加坡。云南国民军失去英勇善战的总司令，士气益发不振。革命军没有乘机进攻，给敌人以卷土重来之机。清军调集贵州、四川、广西的军队，会同云南军队分三路反扑，革命军节节败退。5月26日，

小峰战场遗址

清军攻陷河口。黄明堂率领600多人撤到越南境内，被法国殖民当局勒令缴械，强行遣送到新加坡。河口起义又告失败。

革命党人在粤、桂、滇发动的起义，至此告一段落。

四、庚子广州新军起义

作为武装反清斗争的主帅，黄兴的军事思想随着不断实践而曲折前进。他最初策划起义，是联合军、学各界与会党，采取雄踞一省与各省纷起之法。后来受孙中山影响，把起义地点转移到粤、桂、滇边境地区。经过1907年至1908年的实践，证明这种办法尽管发动较易，失败也快，而且难于给清统治者以致命打击。至于依靠会党游勇作为主力，由于缺乏训练，纪律松弛，武器低劣，指挥不灵，很难持久。而策动郭人漳这类无革命思想的将领起义，没有一定的气候条件，也难于成功。经过这段实践，他在思想认识上有很大提高，认为发难的地点不应在边地，而应在大中城市；主要力量不是联络会党，而是运动军队。此后，发动武装起义进入了一个以运动新军为主和在大城市发难的新阶段。

运动广州新军的工作，肇始于姚雨平等人。1907年，赵声调任广州新军管带，接着升任标统，曾在新军中传播革命思想，发展革命组织。后因姚、赵受到怀疑被削职，运动新军工作由倪映典接替。倪映典（1885—1910），安徽合肥人，1904年加入安徽的革命团体岳王会。1906年在南京新军第九镇任炮兵队官时，与赵声、吴春旸、柏文蔚等结识，常在鸡鸣寺聚议革命。1907年回安徽任第31混成协炮兵营管带，与该营队官熊成基、步队管带冷遹等共谋1908年春间起义，因事泄遭追捕，只得把后事托付熊成基，自己逃往广东，由赵声介绍入新军炮队任见习排长，并加入同盟会。河口起义时，曾应召准备赴援。因为起义很快失败，未能成行。黄兴从新加坡经中国香港去日本，离香港时曾令倪映典运动广州新军。倪利用科学讲座，宣传革命思想。1909年夏天，赵声、朱执信、倪映典等召集军中骨干数十人在白云山能仁寺开会，商定分工运动军队办法。倪发给每人200张同盟会盟票，在军队里发展同盟会会员。倪的活动引起管带齐汝汉的怀疑，借故把他革职。他只得在天官里设立机关，专门联络新军弁目。由于大家努力，军中同盟会员激增到3000多人。10月，倪映典向同盟会南方支部胡汉民报告运动进展。南方支部决定于次年发动起义，电请黄兴、赵声来港主持。

在同盟会南方支部的领导下，运动新军、防营和会党，以及筹款购械等各项工作，进行均很顺利。不久，赵声回到广州，主持全部军事。不料12月28日，同盟会的盟票被新军第一标（团）的长官发现，引起官方注意。为此，倪映典专程赴香港商议善后办法。经过研究，决定将起义时间定在正月十五（1910年2月24日）元宵节。1910年1月29日，黄兴赶到香港，主持起义工作。2月7日，黄兴与赵声、倪映典在港商讨有关起义事项。2月9日（除夕）傍晚，新军二标士兵因刻印章与店主发生争执，警兵前来干涉，事态很快扩大到新军群起包围警局。消息传到香港，黄兴与赵、倪紧急磋商，因怕新军遭到遣散，决定提前于2月15日起义，成功之后，由黄兴与倪映典统领起义部队，分路出兵湖南和江西。倪于2月11日回到广州。此时广州局势已十分紧张。头一天，二标士兵结队入城，捣毁巡警分局多处，殴伤巡警官兵多人。新军协统张哲培亲自到二标训话，要求大家镇静。为了防止事态进一步恶化，他宣布初二不放假，初三阅操，并将枪支弹药运入城内。二、三标的驻地北校场受到巡防营监视。一标驻扎燕塘，见春节不放假，十分愤慨。因传闻有兵来攻，纷纷持械出防。革命党人谭瀛等乘机鼓动士兵，作好起义准备。恰好较得军心、奉命前来安抚的军官黄士龙在回城途中又被城上旗兵打伤，群众更加愤激。初二晚上，刚从香港赶回的倪映典，了解到上述情况后，深感局势难以控制，当机立断，决定次日起义。

2月12日上午，炮一营管带齐汝汉正在集合士兵训话，要求士兵缴械。倪映典用枪击毙齐汝汉，号召立刻起义，士兵欢呼响应。附近炮二营、辎重、工程营和一标闻风而起，推倪映典为总司令。倪映典将约3000起义者分成三队：一路由广九路扑向大南门；一路由北校场进攻小北门；倪自统中路，由东校场直攻大东门。清两广总督袁树勋见军警冲突不断激化，已调水师李准、防营吴宗禹及满洲骑兵合共万多人封闭城门，运炮登城守御，同时派队出城迎战。当倪率领的中路军进到牛王庙时，巡防新军统领吴宗禹已率所部三营约2000人在此扼守。这时，巡防新军帮带、倪的同乡童常标和管带、同盟会员李景濂来到阵前招倪映典商谈。倪见一是同乡、一为同党，相信不疑，即驱马前去。可是，待到倪映典从清军阵地出来回营时，清军中突然有人向倪开枪，倪应声坠马而死，年仅26岁。革命军见倪牺牲，怒不可遏，奋起应战。彼此激战约1小时，革命军终因弹药奇缺，又失去主帅，只得且战且退。战斗持续到第二天夜晚，起义军才被最后打败。

黄兴于2月11日夜间得到新军决定起义消息，急想和赵声赶往广州督战。由于广九路局闻变，火车停开，无法即刻启程。后来得知起义失败，同志伤亡不少，为之悲叹不已，同时更加坚定了运动新军在大城市举义的决心与信心。

五、准备工作

广州新军起义失败之后，原来在新军中的革命骨干相继流亡香港，生活无着，亟须接济。为了解决经费问题，黄兴乃偕同胡汉民、赵声一起于1910年3月28日赴新加坡筹款。到达新加坡后，就得知汪精卫在北京暗杀摄政王未成被捕。黄兴等叹息不已。黄兴离港后，孙中山相继来电来函，提出要在广东再次起义的意见。驻港的胡毅生电告黄兴回港商议。宫琦寅藏也电告黄兴，将偕同儿玉右二赴港与黄会晤，调查革命党情况。由于上述原因，黄兴于4月下旬折回香港。5月初，他与宫崎、儿玉右二就中国革命形势进行了为时一周的交谈。内容涉及革命党的势力、起义方针、革命党与军队的关系、对暗杀的态度、对列强的看法等许多问题。有关这次长谈，宫崎把能公开发表的写成访问记，先后在《万朝报》《日本及日本人》杂志上发表。

5月13日，黄兴复函孙中山，就孙中山提出的再起义意见，陈述了自己的革命计划。在这封长信中，黄兴分析了当时各方面情况后，强调指出，他与赵的意见一致认为，下次起义"广东必可由省城下手，且必能由军队下手"，而且要特别注意联络其他省的军队与会党。在概述了东北的马杰、渤海的"海贼"、华北的新军以及长江流域各省的会党与陆军之后指出："此次巨款若成，择其紧要，办其缓急以图之，必有谷中一鸣、众山皆应之象。"在联络各省人才共策进行方面，他主张组织总机关之人才，必须多求之于各省同志之中，才有利于调和省界。黄兴的这封长信，有几点值得特别注意：一是必须着眼全国，不能只看到广东一隅；二是从全国出发，要特别注意联络他省的军队与会党；三是在人事安排上，要注意吸纳各省同志参加中央机关工作，团结全国力量，协力推进革命；四是经费窘乏，影响各项工作开展，必须筹集大款，以应急需。黄兴着眼全局的观点是十分正确的，对以后革命运动在全国的推进，具有重大指导作用。胡汉民后来评论说："其后进行计划，大略如书中所言，则此当为革命文献中不朽之作。"吴敬恒则称赞为"开国大谋"。（均见《黄克强先生上国父述革命计划书》）

为了落实革命计划，黄兴又与孙中山约定同赴日本进行密商。1910年6月7日，黄兴由香港秘密抵达日本东京。6月10日，孙中山化名多克斯

1910年秋，黄兴在怡保"决醒园"召开南洋各地同盟会会长会议，筹集广州起义经费时留影（前排左3为黄兴）。

也由檀香山到达横滨。黄兴在萱野长知的陪同下，由东京赶到横滨迎接。孙中山乘坐的轮船刚刚靠岸，黄兴就跳上船去。两人久别重逢，极少谈论私事，很快就转入讨论相关革命问题。后来，黄兴又到孙中山寓所继续商谈。"在那里，大约有两小时之久，孙、黄就各种重要问题交换了意见，并对未来的若干方针大计取得了一致看法。"（萱野长知：《中华民国革命秘笈》，东京1940年版，第381页）

由于孙中山到达日本的消息很快被清廷驻日公使侦知，并向日本当局提出质询。日本横滨警察长遵照日本政府指示，劝孙中山离开。孙中山再改名阿拉哈潜往东京，隐居于小石川原町三十一番地宫崎寅藏寓所。黄兴、赵声、宋教仁、谭人凤又在那里和孙中山就革命进行方略、统一各省革命行动等作了多次交谈。到了6月23日，东京小石川区警察署长来访，密令孙中山25日离开日本。孙中山知道再也不能久待，才于25日离开日本。

当孙中山离日时，约黄兴、赵声赴南洋，商议再举大计，并向华侨筹款。黄兴于是年秋偕同赵声赴仰光，与云南籍同盟会员吕志伊商议进行办法。经过考察滇边形势，认为交通太不方便，与其举义于滇西，不如举义于粤东，而由云南响应，因而决计再在广东大举。11 月 13 日，黄兴抵达槟榔屿，与孙中山、胡汉民、赵声、孙眉、谢逸桥、谢良牧、何克夫、熊越珊，庇能党员吴世荣、林世安、黄金庆，芙蓉代表邓泽如、怡保代表李孝章等举行秘密会议。会上分析了革命形势，讨论了行动计划。大家认为，随着各地群众反抗运动蓬勃兴起，清政府越来越不得人心，革命风潮已盛，华侨思想已开，是再次举义的好时机，决定倾全党的人力物力，以新军为主力，在广州再次举义。计划筹足 10 万元，便可着手大举。同时鉴于新军有枪无弹，难于首先发难，决定选择敢死之士 500 人作为"选锋"，由他们潜入城内首先发难，破坏省城重要机关，占领军械库，然后迎接新军入城。为了避免当地政府干涉，筹款以中国教育义捐名义募集。

六、精心统筹黄花岗起义

　　起义计划确定之后，首要任务是筹款。因为前几次起义失败，都与无钱购备武器弹药、后援不济有密切关系。此后两个月，黄兴为了筹足款项，奔波于南洋各地。紧接会议之后，黄兴返回仰光，将云南运动新军之事，委托给吕志伊。随后去新加坡会见胡汉民，得知筹得之款仅万元，与预计相差甚远，决心要竭尽全力筹足。后来打听到邓泽如在马六甲，即刻前往筹商。待到达马六甲，邓泽如已回芙蓉，又同邓寿如赶往芙蓉。而到了芙蓉，邓泽如又回坝罗，黄兴赶到坝罗才得相见。恰好邓泽如生一男孩，黄兴替他取名"光夏"，意指光复华夏，大有希望。1911 年 1 月 1 日，黄兴在芙蓉筹款会上发表演说，联系当时形势，反复申述筹款关系革命成败。

同志极为感动，谭得栋已捐1000元，至此又捐5000元货物。1月2日，黄又与邓泽如赶到吉隆坡筹款。1月3日抵怡保，在欢迎宴会上再次申述，现在筹到的钱，与计划相差很远。当今瓜分中国的局势将要实行，希望大家慷慨解囊，救国家于危亡。听的人极为感动，当场踊跃认捐。1月4日又到霹雳，邀集各分会负责人在华成楼开会，告诉大家几天来的筹款进展，希望再努一把力，把款筹足。此后数日，相继到文明阁、金宝、吉隆坡、芙蓉、新加坡等地劝募，终使筹得之数与预计相差无几才放了心。离开新加坡返香港前，黄致函邓泽如说："此次巨款之集，虽由谭、王、郑、黄、陆、朱、郭诸君及各同志之热心国事而来，实由我兄一人之至诚所感。黄帝有灵，锡以哲嗣，其报不爽！弟虽不言因果，而天理自在，孰不信之？弟等惟有奋励厥志，慎小其心，力求有成，勉尽公义，更有所以酬知己，则私心方安耳。"（刘泱泱编：《黄兴集·一》，第43页）1月12日，黄兴自新加坡乘轮回港，行前再致函谢良牧、邓泽如，恳请他们践约汇款。

经过多方筹集，到4月27日起义时，筹得的款项总数，据黄兴、胡汉民报告为187600.36元。另外，荷属文岛黄甲元等捐7000余元，由李柱中等携带到香港交付的未计在内。起义失败后，荷属南洋巴达维亚书报社之同志，又募集了1500元寄往香港，作为善后费用。所以，总数超过19万元。

筹款有了着落，黄兴立即转入起义的准备工作。1911年1月18日午后，黄兴刚到香港，即与赵声等人会晤，将此次筹款之艰辛及爱国侨商之爱国热忱一一告诉同志们。经过大家商议，决定立即成立统筹部，筹划起义各项工作，大家推举黄兴为统筹部部长，赵声为副部长。下分：1. 调度课，负责运动新旧军队，举姚雨平为课长；2. 交通课，负责江苏、江西、浙江、安徽、湖北、湖南、广西、福建、云南各路的联络工作，赵声兼任课长；3. 储备课，负责购备与运送器械等事，胡毅生为课长；4. 编制课，负责

广州黄花岗起义指挥部小东营 5 号旧址

起草规章制度，陈炯明为课长；5. 秘书课，掌管一切文件，胡汉民为课长；6. 出纳课，负责财务出纳，李海云为课长；7. 调查课，负责侦察敌情，罗炽扬为课长；8. 总务课，负责其他一切杂务，洪承点为课长。另外在摆花街设立实行部，专门制造炸弹，李应生、李沛基、庄六如、徐宗汉、庄汉翘、卓国兴、黄悲汉等担任。

按照举义总计划，广州起义成功，随即分路北伐，会师长江。因此长江流域各省得先作预备。为此，黄兴邀请谭人凤于 2 月 4 日抵达香港，商讨两湖地区响应大计。谭人凤提出，两湖位于中原中枢，得了可以控制全国，不得则广东虽为我有，仍不能有大作为。黄兴赞同他的意见，付给谭人凤 2000 元作为两湖运动经费。另外，又给予郑赞承经费 3000 元，设办事处于上海，负责江苏、浙江、安徽等省的联络工作。广西则由方君瑛、曾醒等持黄兴、赵声信函，与桂林军官方声涛等商议响应。

为了在广州扩大革命宣传，黄兴特约邹鲁来香港，专门商议创办报纸。当时邹鲁任广东省咨议局书记，主讲两广高等方言学堂。回广州后，即同咨议局议员陈炯明商议，决定经费在咨议局内部筹集，报刊名称定名《可报》。系利用咨议局禁赌投"可"票的"可"字意义。这样，人家就会认为是咨议局办的，可以增加号召力，也可借咨议局作为护符。《可报》一出版，即博得各方同情，宣传很有效果。而于军界特减价号召，实是免费赠阅。军界争相阅读，为起义作了很好的舆论宣传。

统筹部成立后，下属各课即分头开展工作。经过近两月的筹划，各项工作大体就绪：军火陆续运到，广州地形及交通大体查清，计在广州以各种形式作掩护，设立机关近40处。黄兴的办事处设在总督衙门旁边的小东营5号。选锋、新军、防营、民军的运动也逐渐成熟。黄兴乃与赵声、胡汉民等制订具体起义计划，并于3月初联名报告孙中山。4月8日，黄兴在总机关召开会议，到会者达数十人，会上决定分10路发动进攻，由赵声任总指挥，黄兴为副总指挥。发难日期定在4月13日，因美洲、荷属的汇款未到，从越南购买的军火也没到达，4月8日又发生温生才刺毙署广州将军孚琦，清广东当局加强了戒备。因此决定改为4月26日起义。

这次起义，原计划由赵声任总指挥，因赵声在广州熟悉的人多，未便公开活动，遂改由黄兴代理。4月23日，黄兴致绝笔信给孙中山和南洋邓泽如等，晚上即赴广州部署起义。在致梅培臣的信中表示："本日驰赴阵地，誓身先士卒，努力杀贼，书此以当绝笔。"充分表达了为国献身的高尚情操。

黄兴到达广州后，因为从日本、越南购买的军火要26日才能到达，起义日期不得不推迟到4月27日。可是，起义风声已被清广东当局侦知，广州清军已加强戒备，新军的枪械被全部收缴；胡毅生等见敌人增兵，也提出缓期发动。在这种形势下，黄兴被迫改期。但在黄兴的思想深处，对此异常矛盾。他认为这是倾全党之力准备的一次起义。为了筹备这次起义，

领导并指挥广州黄花岗起义时的黄兴

他已心力交瘁。"改期无异解散，一旦前功尽弃，殊无以对海外助款之华侨同志。"（冯自由：《革命逸史》第3集，中华书局1981年版，第245页）因此，又决定还是如期起义。由于敌情已有变化，各部选锋退出省城者已不少，不得不将原定十路发动改为四路。即：1. 黄兴攻两广总督署；2. 姚雨平攻小北门，占飞来庙，并接防营与新军入城；3. 陈炯明攻巡警教练所；4. 胡毅生守大南门，预定27日下午5时半一起发动。

4月27日下午5时半，黄兴率领的选锋约130名，臂缠白巾，足穿黑面胶鞋，手持枪械炸弹，司号员林时爽、何克夫、刘梅卿等手持螺角，一个个生龙活虎，由小东营直扑两广总督衙门。中途遇到巡警即用枪击毙。到达总督衙门，见有卫队数十人驻守，于是大呼："我辈为中国人吐气，汝等亦中国人，若赞成请举手。"卫兵不应，顿时枪弹并发，号角齐鸣，炸弹和枪声响成一片。卫队管带金振邦当场被击毙。黄兴率领十多人由侧门冲入，喻培伦率大队驻守门外防御。黄兴抵达大堂，有卫队数人招手愿降，即由他们引路，直入内进花厅，却找不到总督张鸣岐。原来他闻枪声已由后门逃出，躲进衙门后面某当铺楼上，钻到杂物堆里躲藏。黄兴搜寻不获，即找来一些木料床板，放火把后花厅烧毁，然后回到大堂，遇到卫兵开枪猛击。黄兴双手持枪还击，打死卫兵多人，其余四散逃命。

黄兴回到总督衙门前，喻培伦所率大队已前往进攻督练公所。途中遇到防勇，于是绕道攻打督练公所北面的观音山，拟先夺得制高点，然后往下俯攻。黄兴带领的十多人出了大门，走到东辕门外，李准的卫队已经赶到，两军相距仅50米。当时林时爽走在最前面，向卫队招降，不听。他正准备以枪还击，而头部已中敌弹，倒在街头。黄兴眼见敌人跪地瞄准射击，用手招呼林时爽留意。其右手刚刚伸出，中食二指即被打断，腿也受了轻伤，只得率领余部转移。到了双门底，又遇防营一大队。两军相距仅一丈多地，方声洞向敌猛击，打死哨官巡兵数人，巡防营仗着人多势众，仍然向前猛扑，弹如雨注，方声洞中弹扑地。黄兴乃以肩撞开一小店门，然后关门从店内发射，击中七八人。敌人离去后，指伤流血不止，痛苦到了极点，乃以凉水洗去积血，然后自行包扎止血。不久，有个十三四岁的店里小伙计郭季文闯了进来，黄兴告诉他被人打伤，急欲去长堤。恰好小伙子刚从长堤归来，知道城门开着，于是换上一件黑长衫，头戴一顶草帽，由小伙子伴送到五仙门直街，唤一小艇渡江。本来说定送到对岸海幢寺。船老板索要高价，先付了钱才肯开船。可是到了河南的东头，就要黄兴上岸。黄知道离溪峡机关还远，向杂货店伙计打听怎么走，因语言不通，问不清楚，只得去问警察。黄不知道溪峡机关的门牌号码，只知道是饰扮胡宅聚亲。黑夜里沿着街道边走边看，忽见有一户门首贴了大红对联，即叩门。恰逢党内同志外出，只留女仆看守，不让入门。经过再三恳求才得入内。过了一会儿，女同志徐宗汉回来，见到黄兴模样，大惊失色。这时手指的血仍然渗流不止，徐宗汉乃替他另行包扎，让他卧床休息。

再说喻培伦率领大队人马，与防勇展开巷道战。防勇边战边退，待退到观音山半山时，巡防兵停止后退。巷战到深夜12时，喻培伦终被敌人擒获。还有徐维扬率领花县 40 多名民军，欲出小北门接应新军入城。其中徐满凌所率分队因为都来自花县农村，街道不熟。乃由莫纪彭担任先导，不幸中途失去联系，碰到一个击柝报更的人，请他引至小北门。击柝者竟然不向北而往南，曲折把他们引到仓边街，突与巡防营遭遇。击柝者走避。徐满凌只得且战且退，不得已躲入源盛米店，以米袋作防护，拼死抵抗。相持一夜，弹尽援绝，相率越后墙突围，后来多人战死。徐满凌中弹后被捕，不屈而死。徐维扬亲自率领的一支刚走司后街应敌，与敌人展开血战，突围后又谋袭击飞来庙，夺取敌人弹药库。可是进攻不克，只得由小北门夺门而出。其后大都被害，只徐维扬、徐佩旒幸免于难。

第二天早上，庄六如出门为黄兴购买止血药，途中碰到赵声，乃带往溪峡机关部。原来赵声和胡汉民于 27 日晚上尽率港中党员 200 多人来广州。28 日早晨到达后分头上岸，始知起义已经失败。胡汉民及各党员因城门紧闭，分别折回。赵声迷路，渡江到了广州河南，故有幸得遇庄六如，因得与黄兴会晤。黄赵一见，相抱痛哭。黄欲再次渡江，与敌人拼命。经赵声与徐宗汉等劝解才安静下来。28 日夜，赵声在庄六如的陪同下，乘夜船由澳门返港。29 日，徐宗汉替黄兴买了一件灰长衫改装易服，亲自陪同乘哈德安轮赴港。

黄兴到达香港后，指伤仍然疼痛不止，而且有一指将断未断，乃入雅礼士医院割治。按照惯例，割治手续必须由亲属签名。徐宗汉乃以妻子名义签字。不意弄假成真，黄徐因有这段情缘，后来竟成了真夫妻。

这次起义，原定四路发动，实际只有黄兴一路进攻，变成孤军奋战，导致最后失败。失败后，广州革命同志潘达微联合广仁善堂善董收殓到牺牲烈士遗骸 72 具，合葬于广州城郊红花岗，并将红花岗改名黄花岗。因此后人称为黄花岗起义。此次起义牺牲的共有 100 多人，但后来查到姓名的只有 86 人。

广州黄花岗起义失败后部分革命党人就义时的情形（右起：罗联、饶辅廷、罗遇坤、陈亚才、宋玉林、韦云卿、徐满凌、梁纬、徐亚培）

　　起义虽然失败了，却给予反动统治者以沉重打击。经过这次起义，清政府一听到风吹草动就胆战心惊。参与镇压这次起义的水师提督李准不得不承认："民心思汉，大势所趋，非人力所能维持。"（李准：《光复广东始末记》，《辛亥革命》丛刊（七），第245页）死难烈士的英勇牺牲精神，给全国人民以莫大鼓舞，有力地推动了全国革命的大发展，成为武昌首义胜利的前导。孙中山盛赞此役："碧血横飞，浩气四塞，草木为之含悲，风云因而变色，全国久蛰之人心，乃大兴奋，怨愤所积，如怒涛排壑，不可遏抑，不半载而武昌之大革命以成，则斯役之价值，直可惊天地，泣鬼神，与武昌革命之役并寿。"（孙中山：《黄花岗烈士事略序》）

第六章

在革命高潮中

一、香港养伤　策划暗杀

　　倾注全党之力、经过精心筹划的广州黄花岗起义落到如此结局，黄兴感到十分痛心。许多志士在起义中英勇牺牲，自己独自归来，他觉得对不起死难者，对不起热心捐助的海外华侨。到了5月19日，赵声因患盲肠炎未能及时救治，不幸在香港病故，更加重了他的悲伤。为了给死难者报仇，他决心刺杀镇压这次起义的元凶李准，以报答海外助款之同胞。

　　黄兴指望通过暗杀，为死难同志报仇，从对同志的情义讲是高尚的，但从革命的大局来看又是不理智的。因为这样做，虽然可以严惩顽固派，却难于动摇反动统治的根基，也不可能实现死难烈士的遗愿。正确的办法，应该是总结失败的教训，把革命的组织领导工作做得更加扎实，争取尽快夺得革命胜利。显然，单靠暗杀，无法达到目的。孙中山当时远在美国，得知黄花岗起义失败，对黄兴等人的生死安危十分关心。5月4日，他收到胡汉民的电报，知道黄兴、赵声、胡汉民等主要领导人均安全归来，才放了心。他不禁叹息说："天下事尚可为也。"后来听说黄兴要亲手刺杀李准以酬死友，很不以为然。他说："黄君一身为同人之所望，亦革命成败之关键也。彼之职务，盖可为更大之事业，则此个人主义事非彼所宜为也。"（《孙中山全集》第1卷，第536页）在大家的劝阻下，黄兴放弃了个人暗杀计划，但仍主张暗杀。他在香港组织暗杀团，派遣李应生赴广州设立暗杀机关，谋刺李准等人。后来，林冠慈等炸伤李准，李沛基炸毙广州将军凤山，都是由这个机关策划的。这种办法足以寒敌人之胆，但不能摧毁旧的统治机器。

　　黄兴尚未从起义失败的悲伤中解脱出来，又传来他的挚友杨笃生在英国投海的消息。杨笃生是华兴会的骨干，后来又加入同盟会。1908年，充当留欧学生监督蒯光典的秘书随赴伦敦，以后又入苏格兰爱伯汀大学深造。他得悉广州黄花岗起义失败，先听说黄兴战死，忧伤过度，夜不成寐。后得知黄兴只受指伤，稍稍平静。没有多久，又听闻列强要瓜分中国，致使旧病复发，越发不能入睡，乃于1911年7月8日在利物浦投海自尽。死前将留英数年积蓄的英币130镑汇交伦敦之石瑛、吴稚晖，托他们将其中100镑转寄黄兴，作为革命军费（后来没有汇到）；其余30镑转寄其老母，以报养育之恩。杨笃生至死不忘革命的精神，令黄兴感叹不已，更加坚定了争取革命胜利的决心。

二、风暴来临中的新筹划

正当黄兴处在极度悲愤之际，全国革命形势迅猛发展，这无疑给了黄兴振作精神以新动力。自从清政府推行新政改革，对人民不但毫无实惠，反而使负担空前加重。人们不堪重负，纷纷以各种形式展开反抗斗争。在人民自发掀起反抗高涨的形势下，反对清政府卖路的保路风潮迅速展开。保路运动是一场具有广泛群众性的爱国运动。1911年5月，清政府一面将已归商办的铁路干线"收归国有"；一面又与英、法、美、德四国银行团签订《粤汉、川汉铁路借款合同》，将筑路权卖给四国银行团。由于铁路修建牵涉到各阶层人民的生命财产，因而清政府的举措立刻激起川、粤和两湖人民的愤怒反抗。其中尤以四川的保路运动声势最大。全省142个州县均为保路风潮波及。

保路运动的高涨，有力地激励了革命党人的斗志。湖北、湖南共进会的领导人孙武和焦达峰在汉口秘密会商，拟趁铁路风潮发动起义。正当他们秘密协商之际，谭人凤因筹建同盟会中部总会缺款灰心丧气，决志回家，路过武汉。焦达峰等一面告诉他准备起义，一面力言湖南风潮险恶，目前断不能归。谭人凤在众人的劝解下决定改弦易辙。第二天，他和共进会的孙武、蔡济民、邓玉麟等人商谈，劝他们和文学社联合，在武昌共谋举义。武汉工作安排就绪，谭人凤折回上海，与宋教仁等谋划建立中国同盟会中部总会。

1911年7月31日，同盟会中部总会正式成立。参加成立会的，包括湖南、浙江、四川、福建、江苏、安徽、云南七省的同盟会员29人。会上通过了《中国同盟会中部总会章程》《中国同盟会中部总会成立宣言》，推举陈其美掌庶务、宋教仁掌文事、谭人凤掌交通、潘祖彝掌财务、杨谱笙掌会计。总理一职，虚位待贤，实际上就是留给黄兴的。总机关设在上海，在各处设立分会。宣言提出：奉东京本部为主体，认南部分会为友邦。章程规定：本会以推覆清政府，建设民主的立宪政体为主义。8月2日，中部总会又推举谭人凤为总务会议长。随后，各省分会相继成立。南京分会由郑赞丞、章梓主持；安徽分会由范光启负责；湖北分会由居正主持；湖南分会由曾杰、焦达峰领导。同盟会中部总会的成立，适应了革命形势迅速发展的需要，加强了对长江流域各省革命的领导，对推进长江流域各省的革命运动起了重大作用。

中部同盟会成立后，湖北的革命形势发展很快。武汉两大革命组织——文学社与共进会很快实现了联合，进一步加速了起义的步伐。文学社在1911年1月正式成立，其组织源远流长，而且队伍发展迅速，并与黄兴关系特别密切。它的组织渊源最早可追溯到1904年成立的科学补习所，1906年成立的日知会、1908年建立的军队同盟会和群治学社、1910年成立的振武学社，都是它的前身。名称虽不断更换，革命精神则是一脉相承。其成员主要是新军下层兵弁。文学社成立时，新旧社员约800人，到4月发展到3000人，7月已达5000人。共进会也于1909年由孙武在武汉设立办事机关，后来通过邓玉麟与新军中下层官佐士兵加强联络，会员发展到

武昌起义前夕，黄兴和谭人凤诗句。

2000 人，其中不少又是文学社社员。由于两个组织革命的大目标一致，经蔡济民、查光佛等人多方斡旋，遂于 5 月 11 日双方领导人在龚霞初寓所举行了首次协商。由于在联合后领导人的安排上意见未能统一，没有达成联合协议。中部同盟会成立后，四川保路风潮扩大，起义时机日趋成熟，双方联合成为急需解决的问题。9 月 14 日，在武昌雄楚楼刘公寓所再次举行联合会议，一致同意搁置原来团体，以革命党人名义实行联合。经居正提议，向上海中部同盟会请黄兴、宋教仁、谭人凤前来主持，并推居正、杨玉如二人专程赴上海敦请。居、杨二人于 19 日到达上海，向宋教仁汇报后，宋教仁表示，黄兴现在香港，由中部同盟会派吕志伊前赴香港，请黄兴前来主持。

居、杨赴沪以后，武汉形势一触可发，革命的领导人急需立刻确定。9 月 23 日，雄楚楼刘公宅再次召开小型会议，经反复协商，初步决定由蒋翊武任军事总指挥，孙武任军务部长，刘公为总理。24 日，文学社与共进会领导人与各营代表共 60 多人在胭脂巷机关开联合大会，通过了刘复基报告的军政府组成人员安排：总理刘公，军事总指挥蒋翊武，参谋长孙武，下设军务、参议、内务、外交、理财、调查、交通等部。会上通过了起义计划。

中部同盟会宋教仁等听了居正等的汇报，决定在武昌、南京、上海同时发动。当时山西、陕西、云南、广东、广西均有代表与会。他们随即密报本省准备响应。宋教仁等将情况报告黄兴。黄兴回电："各省机关还没有一气打通，湖北一省恐难做到，必须迟到 9 月初，约同十一省同时起事才好。"（《黄兴集·一》，第 111 页）但他得知新军运动成熟，十分高兴，特赋七律一首和谭人凤，表达他的兴奋之情：

> 怀锥不遇粤途穷，露布飞传蜀道通。
>
> 吴楚英雄戈指日，江湖侠气剑如虹。
>
> 能争汉上为先著，此复神州第一功。
>
> 愧我年来频败北，马前趋拜敢称雄。

选自《黄兴集·一》，第 123 页

从诗里不难发觉，黄兴已从颓丧情绪中振作起来，着手一面筹款，一面筹划新的起义。待听了吕志伊等人的汇报，知道湖北形势更好，确信成功把握很大。他知道湖北新军通过革命党人长期的艰苦努力，官佐士兵均已发动起来；弹药有汉阳兵工厂，也不必考虑缺乏；加上湖北新军是南方各省训练得最好的一支，足可与北洋军抗衡。因此，他在 10 月 3 日复同盟会中部总会电中说："迩者蜀中风云激发，人心益愤，得公等规划一切，长江上下自可连贯一气，更能力争武汉。老谋深算，虽诸葛复生，不能易也。光复之基，即肇于此，何庆如之！"（《黄兴集·一》，第 112 页）

10月5日，他又致信冯自由并请转告孙中山说："今既有如此之实力，则以武昌为中枢，湘、粤为后劲，宁、皖、陕、蜀亦同时响应以牵制之，大事不难一举而定也。急宜趁此机会，勇猛精进，较之徒在粤谋发起者，事半功倍。"（《黄兴集·一》，第117页）后来的革命进程表明，黄兴在新形势下的新筹划，基本是正确的。

三、临危受命　汉口督战

1911年10月10日（阴历辛亥年八月十九），武昌起义的炮声震撼了全国。第二天，湖北军政府宣告成立，原清军第21混成协统领黎元洪被推举为军政府都督。宋教仁在上海得到武昌起义消息，即电黄兴尽早赴沪，共商进行方略。12日，汉口、汉阳均已光复，湖北军政府电促黄兴、宋教仁早日莅汉，筹划军事。14日晚，谭人凤偕居正抵达武昌，声称是黄兴所派。黄兴在香港得到武昌起义胜利的消息，即收拾行装偕同徐宗汉启程。行前，还分别致电致函，促请美洲、印尼等地侨胞速筹巨款接济。17日，黄兴离香港北上，23日抵达上海，寓居朱家木桥某宅，由徐宗汉赴《民立报》社约宋教仁来会。两人久别重逢，连夜商议军政大计。商定：由柏文蔚、范鸿仙等前往南京策动新军反正，陈其美坐镇上海；自己则与宋教仁去武昌支撑大局。那时武汉虽已光复，沿长江各口除九江以外，均仍控制在清军手中，而且缉查甚严。为了保证安全，乃由女医师张竹君出面组织十字会救伤队，于24日晚登上英商怡和公司的江轮，开往武汉战地服务。黄兴则改装易服，混在其中。徐宗汉扮作看护妇同行。随行的还有宋教仁、刘揆一、陈果夫、马伯援、朱家骅等。经过九江，看到湖口炮台悬挂白旗，知道已经光复。船上100多名同志才露出真实身份。黄兴高兴地对大伙儿说，"我们已到达自己地带"。大家兴奋地向岸上欢呼。

28日下午5时，黄兴等安全到达武昌，黎元洪派蒋翊武等前往江边迎接。到了军政府（原湖北省咨议局）后，受到革命同志和黎元洪的热忱欢迎。黎当即下令做了一面大旗，上写"黄兴到"三个大字，派人举着大旗，骑马在武昌城内跑了一圈。前线将士听说黄兴到达，士气高涨，军心大振。居民铺户也纷纷鸣放鞭炮，表示欢迎。

黄兴到达武汉之日，正是汉口局势最危急时刻。汉口自10月中旬和南下清军接仗以来，初期曾取得刘家庙大捷等胜利，把敌人追过靠近滠口的三道桥。可惜，负责指挥的何锡藩，没有在三道桥设防，以致得而复失。此后多次反击，伤亡很大，却始终难分胜负。何锡藩引咎辞职。军政府于18日晚23时半，任命前清军29标标统张景良为汉口指挥官。可是，张景良首鼠两端，完全背离立功赎罪的诺言，既不召开军事会议，研究战守策略，也不指挥作战，反而指使亲信罗家炎扣发前线子弹，导致前线弹药严重不足，最后还下令烧毁刘家庙子弹及其他辎重。经过几天激战，民军官兵伤亡甚重。到了27日，清军集中优势兵力，分三路大举进攻，炮队队长蔡德茂、敢死队队长马荣相继阵亡，何锡藩、张廷辅均负伤。在这紧急时刻，竟然见不到张景良的踪影。汉口军政分府派人到处查找，才在后城马路某旅馆找到。原来他正在和清军张彪的正参谋官刘锡祺秘谈，当即将两人逮捕。经詹大悲亲自审问，证明张景良早已通敌。詹大悲把他们的供词报告黎元洪，将他们在汉口枭首示众。

在前线指挥无人的情势下，驻汉口各协统领和汉口军政分府在华洋宾馆开会，最初推举胡瑛任总指挥。胡瑛以不知兵推卸。接着推第六协统领罗洪升，罗也不就。主将推不出来，只得把汉口的防线分成五区，由熊秉坤、胡效骞、甘绩熙、杨传连、伍正林分区指挥。后来，黎元洪得知，委派炮协统领姜明经为临时总指挥。而姜就职仅几个小时，听说清军即将大举进攻，借口查哨，悄悄离去。这时的汉口，战事已经伸展到市区。黎元洪却再也找不到合适人选担任前线总指挥。正是在这万分危急时刻，黄兴抵达武汉。黎元洪在束手无策之际，眼见黄兴来到，喜出望外。两人在军政府见面握手后，话题即转入汉口战事。黎元洪请黄兴主持。黄兴以天下为己任，毫不犹豫地承担起赴前线指挥的责任。

黄兴不顾旅途劳顿，受命后即动身赴汉口视察军情。黎元洪派吴兆麟、杨玺章、蔡济民、徐达明作为随员陪同前往。军政府还从各机关部队中挑选一些老练官兵及自告奋勇学生作为督战队，交给黄兴指挥。还特制了两面大军旗，上面写一个斗大的"黄"字，旗长一丈二尺，由领队举旗开路，使沿途的人都知道黄兴赴汉督战。他过江以后，设司令部于汉口满春茶园，命杨玺章、蔡济民清点民军人数，总数已不足 7000 人。当时到达汉口的清军第二、四两镇，共计 15000 人。北面占领大智门一线，西面占领张美之巷到硚口一带，对民军形成半月形包围圈。民军被压缩在歆生路（今江汉路）、六渡桥、土坊、满春茶园、张美之巷一线。敌我力量悬殊，形势极其严峻。

黄兴到达汉口，已是 29 日凌晨。他马不停蹄，亲往前线各个阵地视察，指示如何攻防。各部官兵见黄兴亲临视察，军心为之一振。黄兴了解敌我情况后，认为民军龟缩市区一角，背靠长江汉水，如不急谋进攻，敌包围圈越来越小，民军更加难有作为。于是在 29 日集合各部指挥讲话，说明当前严峻形势及战守策略。并于当晚 21 时下达作战命令，决定第二天发动反攻。30 日拂晓，民军第 2 协从歆生路、张美之巷发动攻击，夺回山炮 4 尊，子弹数十箱；而第 5 协向硚口进攻，却遭到清军顽强反击，无法推进。满春茶园方面分左、中、右三路进攻，俱不利。下午 2 时，清军进入汉口市区，和民军展开巷战。民军以屋宇作依靠进行顽强抵抗。

10 月 31 日，清军进逼汉口市中心地区，民军在北面与西面和清军展开激烈的争夺战。民军有的藏匿空房，有的躲隐在墙边屋角，有的爬上屋顶，不时向敌人射击。清军每前进一步，都要付出巨大的代价。清军统帅冯国璋见民军依靠房屋顽强抵抗，居然下令放火焚烧，肆行抢劫，并不许保安会灭火。有救火者即被枪毙。大火连烧三天三夜，汉口繁华市区变成一片废墟，毁坏民宅不下数万家。清军的暴行，立刻激起全国各地的愤怒声讨。他们在军事上虽然取得进展，在政治上则更加孤立。

11月1日，清军继续进攻，民军在玉带门、双洞门一带狙击敌军，渐渐不支，陆续向汉阳撤退。黄兴亲率督战队拼死督战，阻止后退。军政府担心黄兴的安全，便以商议汉阳防务为由，特派多人挟持回武昌，前线交由王安澜、杜武库指挥。黄兴一步一回首，顿足叹息。2日，汉口仍在焚烧，民军无地藏身御敌，全部转移到汉阳设防。连日来民军伤亡约2000人。清军亦有重大伤亡。

11月2日晚上，军政府召开紧急会议，商议下一步应敌策略。黄兴向大家报告了汉口战况，分析了民军失败原因。大要如下：

一、兄弟前日来鄂，即往汉口督队，意欲反攻，恢复汉口，不料各队新兵最多，秩序不整，颇难指挥。

二、军官程度太低，均不上前指挥。至战时因与士兵穿一样服装，辨别不清，亦极复杂。

三、各队战斗日久，伤亡过多，官与兵均已疲劳太甚，毫无勇气，且一闻机关枪声即往后退。

四、兵士中在武汉附近所招者甚多，一到夜间，即潜回其家，以致战斗员减少。各军官因仓促招募，亦无从查实。

五、民军军火全是步枪，无机关枪，一与敌接近，即较敌人损伤较重；民军炮队又系山炮，子弹射出，又不开花，且射出距离太近，不及满军管退炮效力之远。

六、查满军俱系北洋久经训练之兵，秩序可观，亦善射击。惟冲锋时

不及民军灵敏。故每闻民军冲锋喝杀声,即往后退,此民气之盛,可恃者仅此耳。(曹亚伯:《武昌革命真史》正编)

与会者同意黄兴的分析,并讨论了保卫汉阳和武昌的有关问题。会上有人提议,黄兴在汉口督战,没有正式名义,全凭个人威望,因此常有不服从命令的情况,建议推举黄兴为民军战时总司令,全权指挥汉阳战守,同时分电起义各省,尽快派兵来援,得到大家赞成。并接受居正提议,定于第二日举行拜将典礼。

四、尽心竭力　保卫汉阳

11 月 3 日,湖北军政府在武昌阅马场举行隆重的拜将仪式。黎元洪首先发表讲话,特拜黄兴为民军战时总司令,于本日此时就职。要求将士心悦诚服,听其指挥,群策群力,驱逐鞑虏,保卫国家。然后黄兴登坛,接受聘状、印信、令箭。黄兴当即发表演说,强调为了夺取革命的全面胜利,第一须努力,第二须服从,第三须协同。自今以后,对于作战,倘有不服从命令及临阵怕死的,即以军法处置。他的讲话,获得大家多次鼓掌欢迎。

黄兴接任后,当天即赴汉阳组织总司令部。下设参谋、副官、秘书三处和侦察、间谍两科。以李书城为参谋长,王孝缜为副官长,田桐为秘书长,王安澜主持总粮台。日本友人萱野长知等也应邀赶来担任顾问。还有杨玺章任副参谋长,因与李书城意见不合,后又改派吴兆麟为副参谋长。参谋有姚金镛、蔡济民、徐达明、甘绩熙、高建翎、宾士礼、金龙章、吴醒汉、夏维善等,秘书有万声扬、黄中垲等。司令部原设汉阳伯牙台,后因敌方炮弹能射至院中,才移到汉阳城西门外的昭忠祠。粮台设在归远寺。

增强防务是保卫汉阳的首要任务。11 月 4 日早晨,黄兴即带领总司令部人员登上龟山,观察汉口清军阵地,随后沿着汉水河边防线视察,决定

在保卫汉阳时，黄兴与司令部部分成员合影。

利用汉阳兵工厂、钢药厂的铁板木材，顺着汉水南岸构筑防御工事。黄兴考虑到民军都是新兵，急需加紧训练，乃不让他们担任筑防工事，另由各部队招募民工，按天付给工资，派遣官长督率修建。第二天，黄兴又偕同李书城、吴兆麟等巡视防御阵地。先到龟山，然后从汉水入长江的南岸嘴起，溯江而上，经十里铺到三眼桥止，循行一番。回到司令部后，又指示侦察科长胡鄂公多派侦探、间谍，潜赴汉口察看敌情，同时派遣侦探前往新沟、蔡甸方向搜索。根据视察情况，即刻着手部署汉阳防务，划定民军各部在汉阳的防区：

第四协统领张廷辅率所部第七标，防守南岸嘴至兵工厂东端一带。

第一协统领蒋肇鉴率所部第一标，防守兵工厂附近，并派一标驻徐家湾。

步队第四标第三营，驻守徐家湾至琴断口一带。

步队第十标第三营，驻琴断口。

步队第十一标、炮队独立队、机关枪队及水师第一标散卒，防守黑山。

炮队第三标第一营驻梅子山，并分派一队驻高庙南端。

步队第十标之一、二营，附炮兵二队，由第五协统领熊秉坤率驻十里铺及归元寺附近。

王安澜为兵站司令，在汉阳归元寺设粮台。胡恢汉（胡祖舜）为辎重营长，输送军需接济。（据张国淦：《辛亥革命史料》，龙门联合书店1958年版，第152页）

11月7日，黄兴与黎元洪同往两湖书院检阅首批援鄂湘军王隆中部。王隆中（1874—1938），湖南武冈人（今属洞口），1904年留学日本士官学校，毕业后担任湖南新军第49标教练官。武昌起义前夕，标统黄鸾鸣北上参加秋操，由他代理标统。长沙起义时，他率领49标打开小吴门，夺取军装局，攻克巡抚衙门，赶走巡抚余诚格。不久，以新军49标为基础组织湘军独立第一协。王隆中为协统，率师援鄂。10月28日登船时，谭人凤和焦达峰、陈作新均亲临江岸欢送。王隆中表示要灭此朝食，与诸君同为黄龙之饮。黎元洪在检阅后发表讲话，称赞49标是训练有素的军队，在湖南起义中立了大功，现在前来援鄂，一定能打胜仗。8日，王隆中率部到达汉阳，黄兴命他率领该协及工程一营在十里铺锅底山附近占领阵地，构筑强固防御工事，且派一部警戒琴断口、三眼桥附近。9日，湘军第二协甘兴典部也到达汉阳。这一协是以巡防营为基础组建的，来汉时都是徒手兵，到达武昌后才配发枪支，战斗力、纪律性均较差。黄兴于11月11日命甘兴典率该协及工程第一营之两队，开赴美娘山、三眼桥至扁担山附近占领阵地，派侦探搜索蔡甸方面的敌情，并与湘军第一协联络。

自从退守汉阳以来，由于清军冯国璋宣布休战十日，民军也须布防整顿。因此，11月上半月，双方虽有炮战，但无大的战事。而在这段时间，全国形势却发生很大变化。革命方面，继湖南、陕西、九江、山西、云南、南昌于10月下旬相继起义独立之后，又有贵州、上海、江苏、浙江、广西、安徽、福建、广东相继独立。11月11日，"海琛"等军舰宣布起义，随即加入革命军。独立省份已占全国三分之二，清朝统治已成土崩瓦解之势。清朝当权者为了挽救垂危的统治，把希望寄托于两年多前被罢黜的袁世凯。清廷最初任命袁氏为湖广总督，接着任命为钦差大臣，节制海陆各军，并以军咨使冯国璋统率第一军，江北提督段祺瑞统领第二军，一齐向武汉扑来，希图绞杀武汉革命军。袁世凯讨价还价，借口足疾未痊，不肯出山。清廷不得不任命他为内阁总理，总揽军政大权。袁世凯见政治、军事大权皆已到手，才于10月30日由彰德南下视师，11月1日到达孝感，亲自布置对汉阳的战争。他知道冯国璋统带的第一军在汉口伤亡不少，而且因在汉口纵火引起全国公愤，便命令段祺瑞统率第二军，携带大批管退炮和机关枪，火速赶到湖北增援，不久又命段祺瑞署理湖广总督。与此同时，袁又指使心腹刺杀第六镇统制吴禄贞于石家庄，去掉后顾之忧。同时使出软的一手，派遣刘承恩、蔡廷干通过驻汉口的英国领事介绍，和湖北军政府议和。并且致函黎元洪、黄兴诱和。实际是麻痹革命党人，为进攻汉阳打掩护。

　　面对袁氏诱和，黄兴将计就计，一方面于11月9日复信袁世凯，从大义、利害等方面劝袁脱离清政府反正，为建立共和国，建拿破仑、华盛顿之事功；另一方面又密告民军将士，揭露袁世凯离间我同胞的阴谋。从黄兴复袁世凯的信来说，总的看来是一种政治策略。但毋庸讳言，他对袁世凯也有存在幻想的一面，所以才希望袁氏回心转意，做中国的华盛顿。从给民军的密谕来看，他对袁氏的狡诈以及险恶用心，还是有戒备的，所以叮嘱民军官兵，要严防破坏。

经过十多天的休整，黄兴决定反攻汉口。其所以作出这个决定，实为多方面因素所促成。首先是全国大好的革命形势，给了他很大鼓舞。从10月10日武昌首义到11月13日山东宣布独立（后又取消），仅仅35天，全国18个行省，就有14个省宣布独立。未独立的直隶、河南、东北地区，也有革命党人在积极活动。作为当时的革命中心，武汉是双方争夺的焦点。如能通过反攻，驱走清军，必会大大鼓舞全国革命士气；其次，湘军两协与南京陆军学生来援，实力有所增强。特别是湘军第一协统领王隆中一再请战，并且通过宾士礼表示：如不进攻，即报告黎元洪返回湖南。黄兴作为总司令，自然不想挫伤军队锐气；再次，吴禄贞被刺杀，对革命党人是个很大的刺激。吴禄贞是个老革命党，和黄兴关系很好，而且正在北方图谋响应起义。他的被刺，更增加了革命党人的仇恨心理，巴不得与清军立刻决一死战，为吴报仇雪恨；最后，黄兴从各方面收集到的消息，有不少谈到清朝当局惊慌失措、清兵失去斗志。有个日本人叫大元，是黄兴的旧识，每天去汉口打听消息，他也积极主张反攻。特别是得到谍报，冯国璋将绕道黑山，从蔡甸、新沟向汉阳发动进攻，从而更加坚定了黄兴以攻为守的反攻汉口决心。

11月14日，黄兴在总司令部召开军事会议，部署了反攻计划，要求各部队必须于第二天做好进攻准备。15日，他又与李书城赴龟山及各防区视察，检查准备情况。当晚，各部均报告已经准备就绪。晚上9时，黄兴发布命令，各部队将于明日攻击汉口清军。进攻部队以白布条斜披背上作为标志。民军所占地点举火为号。

11月16日午后3时，黄兴率领总司令部人员准时到达花园。午后5时，工程营在琴断口架桥完毕，黄兴即于花园发布攻击命令：湘军第一协统领王隆中，率领该协为右翼进攻队，即刻由军桥渡河，在博学书院北端到汉水左岸展开；湘军第二协统领甘兴典，率领该协担任中路进攻队，紧接第一协由军桥渡河前进，在博学书院堤防一线展开；步队第五协统领熊秉坤，率该协（欠第十标）为左翼进攻队，继第二协之后渡河前进，其右方与中路进攻队联络，向北展开；炮队第一标统带尚安邦，率领该标及工程一队渡河后在博学书院南端附近安放大炮，瞄准玉带门一带射击。各部队奉令后即侦察地形，按规定的时间、顺序渡河前进。晚上10时，各部队全部渡过汉水，反攻随即开始。那时正值初冬，从11日起阴雨连绵，泥泞满路，寒气袭人。驻守汉水左岸的清军，都躲在老百姓家中生火取暖。民军逼近敌人防线，清军不知所措，仓皇逃跑。晚上11时，鄂军负责侧应的步队第四协由南岸嘴渡河进攻，受到敌机关枪猛烈射击，死伤100多人，只得退回。当时黄兴已到达前线，见民军过河后已站稳脚跟，即命令继续前进，向敌人开火。两军越靠越近，火力越来越猛，死伤虽众，仍然前仆后继，继续前进。最后，两军在玉带门一线整夜对峙，互相射击。到了17日凌晨，玉带门之敌开始向东北退却，民军跟踪前进，占领玉带门一线。黄兴再三电催鄂军第四、六两协在汉阳南岸嘴强渡，攻击清军左翼，终为敌机关枪封锁，未能成功。武昌方面原定派一支部队渡过长江，攻打清军后路。哪知这支部队开始走错了方向，后来虽然渡过长江，到达三道桥附近，也被清军击退。

17日上午9时左右，王隆中和甘兴典的部队已推进到居仁门附近，鄂军第五协也前进到王家墩。清军节节后退，民军乘胜追击。冯国璋部业将火车准备齐全，万一不利，即向北撤退。可是，民军因为干粮准备不足，天气又冷，到了中午，士兵已是饥寒交迫，士气受到严重影响。午后2时，清援军乘火车陆续赶到，运来机关枪和大炮，敌人力量增强；而民军则因疲劳过度，渐渐支持不住。恰好后方送来饭菜，令士兵中餐。新兵一闻开饭，群相争食，一部动摇，立刻牵动全局。甘兴典部首先溃退。黄兴见军队后退，喝令后退者斩，并当场砍伤数人，力图阻止。无奈兵退如山倒，无法挽回，只得下令撤退。又因军桥已拆去一半，人多桥窄，秩序混乱，互相拥挤，以致溺死百多人。是夜12时，司令部收集各部队报告，统计全役死伤军官57名，士兵729名，失去山炮18尊，步枪600余支，子弹无数。黄兴在指挥作战时，一名便衣敌探用手枪对准黄兴侧背，幸亏萱野长知发现，及时用日语提醒，才被黄兴拔刀把敌探砍死。是夜，黄兴派李书城赴武昌报告黎元洪。黎恐汉阳有失，又虑黄兴灰心，不愿继续负责，当即派蒋翊武前往汉阳慰勉，希望坚守汉阳，等待各省援军到来，再图恢复。

汉阳争夺战是辛亥革命时期最激烈的一次战役。还在11月初，冯国璋在一次军事会议上就指出：今日之战，重在汉阳，汉阳之大别（即龟山）诸山，俯瞰武汉，如釜底一丸，下掷则全城瓦碎，不待攻而自破矣。为今之计，惟有先取汉阳，为攻心之上策。11月4日，冯与袁世凯在滠口会晤，决定把攻克汉阳作为下一步战略目标。随后，冯国璋又作了具体部署，决定第六镇统制李纯率领混成11协及混成19标的炮一队，分成甲乙两个支队，渡过汉水攻击民军的左侧；王遇甲率领第四镇渡过汉水，攻打民军正面。以步队21标统带吴金标为甲支队长，以步队11协统领马继曾为乙支队长。甲支队从孝感分水旱两路前进，同到新沟渡河；乙支队从大智门出发，到舵落口与甲支队联系相助渡过汉水。并抽派第八协步队一标，作为后援。炮队安放在重要地点，用以牵制汉水沿岸的民军。渡过汉水之后，次第攻击四平山、黑山、大别山、兵工厂、梅子山、伯牙台等要隘。从11月11日起，李纯已率领甲乙两支队出发，作进攻汉阳的准备。

革命民军方面，自从反攻汉口失利，黄兴即命令各部队彻夜警戒，作好应战准备。19日，民军侦知敌人占领新沟，黄兴即命湘军第二协派军赴蔡甸方面侦察敌情，阻止敌人架桥渡河。同时请黎元洪派兵增援。黎元洪即派第七协统领邓玉麟率军开赴汉阳援助。

11月20日，黄兴接到各方情报，断定清军就要发动进攻，即召开军事会议，商议应战之策。21日，清军甲支队吴金标率军从蔡甸出发，分两路攻打三眼桥。三眼桥横跨琴断河，长约数十米，是通往汉阳的要道，形势险要。湘军甘兴典部原在此驻守，黄兴复派马队管带祁国钧率第二营增援。汤家山炮队配合作战。民军在炮队配合下凭险据守，多次打退敌人的疯狂进攻。与此同时，清军马继曾率军强渡汉水，猛攻琴断口。琴断口位于琴断河入汉水处，湘军第一协王隆中在此驻守。双方激战一个多小时，民军在敌机关枪扫射下伤亡很大，被迫后撤。清军占领琴断口西岸。

22日上午8时，清军甲支队因昨天未攻下三眼桥，发动更猛烈的攻击。清军汉口炮队向仙女山、锅底山猛轰，策应甲支队进攻。不过多次进攻，皆被民军及炮队击退。与此同时，清军工程队加紧在汉水黄金口架设浮桥，直到日落，桥才建成。清军大队及辎重于是连夜渡河，向汉阳扑来。大战迫在眉睫。黄兴为了加强指挥，把总司令部于午后移至靠近前线的十里铺。

23日，清军张敬尧率部攻占守备软弱的美娘山。黄兴闻讯，立刻抽调鄂军第四协第七标从南岸嘴赶赴花园增援。马队第二标二营闻美娘山失守，即与湘军第49标二营管带杨万桂组织敢死队，直攻美娘山险要据点。清军用机关枪扫射，敢死队仍冒死攀登山顶，把山上清军全部消灭。祁国钧受伤11处，仍然坚持不下火线，美娘山失而复得。不久，清军又大举进攻，敢死队势单无援，只好且战且退。美娘山再次失守。民军退守仙女山，清军分左右翼夹攻，炮队以快速巨炮助攻，双方战斗异常激烈，死伤甚众。正当敌人势力已动摇之际，湘军两协却逗留不进。王隆中完全改变了昔日好战态势，随带两名从卒，匿藏于十里铺民房。黄兴派人催湘军出兵，竟然找不到他们的踪迹。黄往亲自指挥，湘军仍然不听号令。

正当两军在仙女山展开争夺战之际，鄂军第三协渡江到达谌家矶，与海军协攻刘家庙。海军炮击中丹水池油库，大火照亮了整个武汉。两军在

黄兴在汉阳督师时，致在攻打南京的长子黄一欧家书（1911年11月21日）。

一道桥附近相持约数小时，因泥深数尺，无法前进，仍退回青山。黄兴得知第三协占领谌家矶，与海军协攻刘家庙，立刻把这一消息通告汉阳各部队，鼓舞各队向敌军进攻，倘能收复失地，皆予重赏。于是各部勇敢之士，率队攻击仙女庙之敌。不期爬到山腰，遭到敌机关枪猛烈扫射，多次冲锋，皆被击退，死伤数百人，只得退回原地。

黄兴见民军连日激战，伤亡甚重，预料汉阳难保，特派李书城过江报告黎元洪，请设法挽救。黎连夜召开紧急会议。大家知汉阳失利，极为激动。张振武决心组织学生军助战。

24日，黄兴眼见近日各部队长官有临战胆怯者，有的还擅离职守，不在前线督率，实属不成事体，特通知各部队，重申军纪，如仍贪生怕死，一经察觉，无论何人，即以军法处置。是日甲支队仍到阵三眼桥，牵制汤家山的民军，掩护乙支队进攻。张敬尧率领乙支队右翼肉搏登山，挺刃奋战，民军自仙女山溃退，撤往锅底山，凭垒固守。黄兴急命广东先锋队增援汤家山，协助金兆龙所率敢死队作战。鄂军第四协统领张廷辅率部在前线激战，预备队也赶来增援。敌人以机关枪扫射，民军拼死抵抗，双方伤亡很大。

紫霞观和其他山头的民军用大炮向清军猛轰，清军乙支队右翼死伤甚众。驻守锅底山的民军乘势反攻，清军炮队还击。战斗到午后 4 时左右，民军不支，退走扁担山，锅底山失守。同一天，李作栋等督率第三协再次从青山渡江偷袭汉口，在一、二道桥展开争夺战，民军伤亡 300 多人，仍退回青山。

25 日，清军甲支队再次向三眼桥发动进攻，汤家山的民军死力抵抗，清军未能前进。当清军甲支队进攻三眼桥时，清军炮兵团队向黑山和十里铺发起炮击。乙支队在炮队掩护下乘势出击，夺取扁担山和黑山以西的小山岗。黄兴急令 24 日才赶到的湘军刘玉堂，急率部队 1000 多人开到花园前线狙击清军；同时又从防御汉水沿岸的各部队抽调四分之一的兵力赶到十里铺增援。民军数次向前冲锋，皆因敌人以机关枪扫射，未能前进。在战斗中，刘玉堂身先士卒，带头冲锋，十分勇猛。午后 5 时半，刘玉堂身中数弹阵亡。双方剧战到午后 7 时，天已昏黑，才停止战斗。民军仍占领花园一线。

经过连日激战，能战之兵损失殆尽，既再无生力军增援，同时缺少精良武器，汉阳保卫战进入最艰难阶段。在这关键时刻，湘军第二协甘兴典部撤到鹦鹉洲擅自乘船开回岳阳。王隆中也不顾大局，声称过度疲劳，把部队撤到武昌两湖书院休息。为了劝说王隆中回师汉阳，黄兴专派李书城赴武昌劝驾。王隆中一再强调士兵过度疲劳，不休息数日不能作战。李又征得黎元洪同意，只要王把队伍开回汉阳，允给 50 万元奖金。王隆中竟向李书城下跪求饶。黎元洪亲自前去督劝，王也不为所动。黄兴听后，叹息不止。

汉阳前线节节失利，外省援兵一时无法赶到，黄兴估量，单凭现存兵力，实难再守，乃再令李书城将战况报告黎元洪，作撤守的准备。黎元洪见汉阳情势万分紧急，即召集各机关要人商议挽救办法。大家都赞成撤守，惟杨玺章主张死守汉阳。于是，杨玺章串联参谋十多人即时赴汉阳帮同维持。汉阳兵工厂之紧要机件及弹药和其他粮食、军用物资，则搬运武昌。是夜，黄兴仍坚守十里铺。他怕前线守兵潜逃，特派宾士礼等人各往前线督战，又在战线后方要道派兵严守，防阻士兵逃匿。

26日黎明，张振武、杨玺章率领前来助战的奋勇队1500人，受黄兴之命，向锅底山发动反攻。清军张敬尧率部迎战。经过一番激战，民军渐渐支持不住，开始后退。张振武被枪弹击伤右膀，跌落水中，幸被卫兵救起。他经过十里铺时报告黄兴，北军已至，请速预防。午后6时，杨玺章也在十里铺督战中阵亡。黄兴在前线督战，炮弹离他不过几步，也不小动，随从人员强行挟持，他才离开。

花园一带失利，扁担山又为敌占。驻守三眼桥、汤家山的民军因后路已被截断，军心动摇。清军乘势攻占三眼桥，夺取汤家山。随后，甲支队推进到乙支队右翼，绕道包围十里铺民军左侧；清军乙支队则攻民军右侧于黑山之麓；清军第4镇一部由既济水厂渡河配合进攻。民军处于清军的弧形包围之中，急忙从十里铺撤退。午后4时，十里铺失守。午后6时，黄兴回到昭忠祠司令部，除了随从人员外，身边只有少数学生跟随。他向大众哭诉："战事一败至此，官兵无一人用命，眼见汉阳已失，我亦无面目见一般同志，惟有一死以谢同胞。"（曹亚伯：《武昌革命真史》正编，第338页）秘书长田桐和日本友人等劝他退守武昌，再作后图。黎元洪也亲电黄兴，请入武昌商善后防守之策。午后11时，黄兴在同仁的环拥下，才渡过长江回到武昌。是夜，甘绩熙抱病率领敢死队夜袭，一度夺回扁担山，终以孤军无援，得而复失。

11月27日，清军分三路向汉阳城发动进攻：一路攻打龟山，守军进行顽强抵抗，经过四次反复争夺，民军由于后援不济，最后被清军占领。龟山被占，其他两路随后攻占汉阳城。据估计，自10月10日武昌首义至

10月27日汉阳失守，民军伤亡总数当在万人以上。

汉口、汉阳保卫战虽然失败了，但黄兴的功绩仍然是主要的。从10月28日接任汉口总指挥到11月27日汉阳失守，整整一个月，他不分白天黑夜，全力投入这场神圣的保卫战，其精神十分可嘉。特别是那种不辞劳苦，亲临前线，毫无畏惧的气魄，更为一般人所难能。从战役上讲，汉口、汉阳之战是失败了；而着眼全国，从战略上考虑，则是巨大的成功。在整个辛亥革命中，这是反革命力量和革命力量的主力决战。清军投入兵力3万多人，民军不过1.5万人。士兵训练、武器，清军明显优于民军。因此，从综合军力上衡量，在双方力量悬殊的形势下，民军要想取胜，无论由谁来指挥，都是很困难的。可是，由于汉口、汉阳之战持续40天，牵制了清军的主力，吸引了清方的注意，迫使它放松了对全国各地的控制。这就为全国各地纷纷起义独立，营造了一个非常有利的环境，为各省起义胜利创造了前提。回顾汉口之战开始时，尚无一省宣布起义，直到黄兴抵达武汉，也只有湖南、陕西和九江起义独立，而到汉阳战役结束，内地各省除直隶、河南、山东外，已全部宣布独立。过了5天，南京也为江浙沪联军攻下。这在战略上又是一个多么巨大的胜利啊！诚如居正所说："自黄克强坚守汉阳以后，各省得乘机大举，次第响应，俾革命声威日壮，基础日固，不可谓非克强之力也。使当日无克强，则汉阳能守与否？尚属一问题。……故克强之功，不在守汉阳之孤城，而在其大无畏之精神，以未经训练之乌合残卒，含辛茹苦，抵抗冯国璋北洋熟练之雄师，因此稳定起义之武昌，促各省革命党之崛起，……其尚为清廷残喘者，只假独立之山东，与北京直辖之直隶而已。虽曰民众心理早已趋向独立自由，故清廷无所寄而不得不土崩瓦解。然使武昌起义仅如昙花一现，则各省亦无从继起矣。阳夏之艰苦支持，自不得不归功于克强。"（居正：《辛亥札记·各省响应》）

第七章

筹建中央临时政府

主持南北议和

筹建南京临时政府

主持陆军部、参谋部工作

一、主持南北议和

　　1911 年 11 月 27 日正午，湖北军政府召开紧急会议，研究汉阳失守后武昌的战守。黄兴军装草履，背着热水袋登台演说，申述汉阳保卫战失败因由：第一系官长不用命；第二是军队无教育；第三为缺乏机关枪。有此三大缺点，故每战必败。会后，他与黎元洪作了告别谈话，他准备即日东下，待攻克南京之后即派兵来援。随即渡江到了汉口，在松之屋旅馆住了一夜。第二天早上，他带领包括日本友人在内的随员数十人，搭乘日轮"岳阳"丸离汉口去上海。黄兴这次在武汉督战一月，可说是他生平最为紧张的一场生死决战。尽管他为保卫武汉竭尽了全力，终因兵力单薄，无法挽回败局，以致成为终生的遗憾。

　　他在赴沪途中，路过镇江，碰上了西上武汉声援的宫崎寅藏。此时此刻，遇到把毕生精力奉献给中国革命事业的日本挚友，确是又喜又忧。喜的是两人经历许多艰险后又得重逢，忧的是汉阳失败之后，革命前途吉凶难卜。12 月 1 日，黄兴和宫崎等结伴到达上海，寓居日人经营之胜田旅馆。他向《民立报》记者表示：此行的目的在速定北伐计划，并谋求政治上之统一。2 日，江浙沪联军攻克南京。黄兴转悲为喜，脑子里的革命之火重新燃烧起来，当天即与章炳麟、宋教仁联名致电徐绍桢、林述庆、朱瑞等人，祝贺南京光复；同时电告黎元洪：南京光复，联军克日来援。南京曾是六朝古都，江南政治中心。南京的光复，是辛亥革命一大转折。它不仅抵补了汉阳的失守，扭转了革命的不利局面，还为开创革命新局面提供了政治中心，为不久南京临时政府的建立奠立了基础。

　　黄兴抵达上海的同一天，武汉局势发生了重大变化。是日夜间，双方达成了停战协议。约定从 12 月 3 日上午 8 时起，至 12 月 6 日上午 8 时，停战 3 天。以此为契机，双方开始了停战议和的新阶段。在议和过程中，黄兴未曾直接参加谈判，却在原则问题与关键时刻发挥了决定性作用。

停战议和导源于清政府的招抚政策。袁世凯出山后，眼见各地革命势力风起云涌，意识到革命不是单靠兵力所能平定，立刻使出剿抚两手，以剿迫和，以抚助剿，最后促成了议和格局。还在 10 月下旬，袁世凯就指使他的幕僚刘承恩办理招抚事宜。刘承恩以同乡关系三次致书黎元洪，以君主立宪作诱饵，劝黎接受招抚，保证不独不咎过去，而且必定重用。这实质是要求革命党人"和平"放下武器，与投降无异，理所当然地被革命党人拒绝。黎元洪在复书中，一方面揭露了袁的罪恶用心；另一方面反劝袁归附革命，并以第一任中华共和大总统相期许。这封信代表了革命党人的心意。后来，黄兴亲自致书袁世凯，其核心内容也是在坚持推翻清朝君主专制统治，实行民主共和的大前提下，力劝袁世凯背叛清廷，由反对革命转为拥护革命，和革命党人共同完成革命大业，建立一个民主共和国。不用说，这封信的主观意图，是与袁世凯托言君主立宪、维护清朝统治、瓦解革命的阴谋针锋相对的。由于黄兴和革命党人一致坚持民主共和原则，袁世凯的招抚图谋失败了。

汉阳失守以后，袁世凯又通过英国驻华公使朱尔典出面斡旋停战。当时冯国璋还想进攻武昌，袁世凯眼见各省纷纷独立，未独立各省乃至京城北京，也有革命党人活动，决非单凭北洋武力所能镇压；另外，他还想利用革命声势迫使清廷完全屈服。正是基于上述考虑，袁指令冯国璋不要攻打武昌，而是通过朱尔典先商双方停战，企图通过和谈，实现他的窃权目的。12 月 1 日，英国驻汉口领事葛福经过协商，提出局部停战条件，派盘恩赴武昌与革命党领导人接洽。征得双方同意，停战 3 日。3 日期满，袁世凯看到南京已被革命民军攻克，急需防止江浙联军北伐，再无余力攻打武昌，于是又提出续停战 3 日，其后再提出停战 15 日。并把主战的冯国璋调回北京，改由段祺瑞接替。

　　武汉实现停战以后，经袁世凯与唐绍仪商定，起草了一份《议和大纲》，请朱尔典出面调解。12月7日，清廷任命袁世凯为全权大臣，由袁委派代表赴南方议和。次日袁世凯即委托唐绍仪作为自己的全权代表与南方民军代表和谈。南方民军也于9日确定伍廷芳为议和总代表。同日，黄兴致函汪精卫，再次重申，袁世凯如能顾全大局，与民军一致行动，迅速推翻清政府，令全国大势早定，外国早日承认，中华民国大统领，一定推举袁氏担任。条件是行动要快，迅速建立完全民国，不许让清朝帝后仍拥虚位。这实际是黄兴在双方议和之前，已为和谈确定了最基本的原则。即必须迅速推翻清政府，建立完全民国。

　　从12月18日到12月31日，南北议和代表借上海英租界之市政厅举行会谈。双方正式会谈5次，主要讨论了停战、实行民主共和及召开国民会议解决国体等有关问题。表面上黄兴并未参与谈判，实际上对一些重大问题的决定，他却发挥了关键作用。首先，南方代表伍廷芳的全权证书，是由黄兴颁发的；其次，谈判必须以承认共和作为前提，是由黄兴确定并向唐绍仪亲口宣布的；最后，南北议和成功的关键是在黄兴主持下秘密商定的。南北和谈，伍廷芳和唐绍仪在会议上讨论的，都不是最核心的问题。核心问题是在黄兴的授权下，由苏浙沪联军总参谋顾忠琛和北方代表廖宇春通过秘密协商达成的。对于革命党人来说，核心问题是推倒清政府，实现民主共和；对袁氏主持的清政府而言，核心问题则是清帝退位后，清皇室可享受优厚待遇，袁世凯能当上民国大总统。这些条件都是顾、廖两人通过秘密协商定下的。原来，唐绍仪南下时，保定陆军小学堂监督廖宇春，秉承袁世凯的旨意，得到段祺瑞等人的支持，偕同北军红十字会会员夏清贻南下到了上海，决定以个人名义，疏通两方主要人物，求得适当解决。廖宇春通过他的门生、南京江浙联军先锋队联队长朱葆诚的介绍，于

12月19日在上海文明书店密室会见了顾忠琛及元帅府秘书俞复等十多人。廖宇春向他们表明来意，疏通南北感情，求得和平解决。顾忠琛则强调，现在大势非共和不能立国，非共和不能保种，袁世凯赞成共和则中国存，袁世凯维君主制则中国亡。中国存亡之权，皆系于袁氏之手。现在反正者十多省，联军北伐者数十万，绝没有屈服于君主专制的道理。袁氏如果能推翻清政府，为民众造福，南军就可推举袁氏做大总统。廖宇春说，我们私人计议，恐怕难于取信于人，倘若得到黄兴元帅和程德全都督的同意，商定一份证书作为凭证，并且订立草约带回去，则实行较有把握。大家表示赞同。

12月20日，顾忠琛与廖宇春再次会晤。顾忠琛告诉廖宇春，黄元帅和程德全都督极赞成廖君的意见，并把黄兴手书的"委任顾忠琛君与廖宇春君商订一切"的手谕交给廖宇春。廖氏即提出四项条件请大家讨论。经过大家斟酌，决定举袁为大总统一项不须明言，并将四项条件改为五项，全文如下：

一、确定共和政体；

二、优待清帝；

三、先推覆清政府者为大总统；

四、南北满汉出力将士，各享其应得之优待，并不负战时害敌之责任；

五、同时组织临时议会，恢复各省秩序。

以上条件各书一纸，由廖与顾彼此签名画押、互换，欣然而别。

（廖宇春：《新中国武装解决和平记》）

这个协议给袁世凯吃了一颗定心丸，促使他加紧活动，软硬兼施，逼迫清廷退位，为后来南北统一的实现，解决了一个关键问题。黄兴在南北议和中的作用，正如深知内情的刘厚生所说，同盟会所派代表为伍廷芳，但此不过是掩人耳目的官样文章。伍廷芳与同盟会并无深切关系，一切重要问题皆取决于同盟会首领黄兴。当时黄兴已被推举为大元帅，于是重要事项，由唐绍仪先与黄兴面商，其地点则在公共租界南阳路赵凤昌的住宅中。这些话道出了几分实情，但不够全面。因为南北和谈期间，还有另外一些渠道也在进行。除了顾、廖的会商之外，还有汪精卫和杨度也在南北之间穿针引线。汪精卫一方面是同盟会的要人，另一方面受袁世凯的儿子克定收买拉拢，实际上变成了袁氏的耳目或代理。他利用自身在同盟会中的地位，为袁氏张目，其效用不说自明。

关于南北议和，前人有不少议论。其中最主要的是该不该与袁氏议和？如果不与袁氏议和，革命是否会有更好的结局？如前提到，革命党人对袁妥协，是从汉阳失守之后武汉停战开始的。那时汉阳失守，武昌不断遭到炮击，军政府的军装室也中弹起火，黎元洪已逃到王家店，城内居民皆仓皇逃避，武昌岌岌可危。如不停战，冯国璋一旦发动进攻，武昌势难支持。由于达成停战协议，武昌得以免除兵灾，局面从此稳定下来。无论袁世凯居心如何，当时停战对于革命党人来说，是利大于弊的。

至于以后的停战议和，实是双方各有打算。从袁世凯来说，尽管北军在汉阳取得了局部胜利，但已付出了巨大的牺牲。如果处处如汉口、汉阳一样拼命死战，不但将付出更大的牺牲，而且也没有如此巨大的兵力与财力，必然进一步失去人心，绝不会有好结果。何况，袁世凯还想借助革命党，进一步掠取清政府权力。通过议和，实现南北统一，由他来掌握最高权力，对袁而言，无疑最为有利。对于革命党人来说，武昌首义不足两月，就有14个省区获得独立，形势自然大好。但自身也有很多难以解决的问题：首先是民军虽多，却缺乏训练，武器也不如人，想凭借武力取得胜利，存在很多困难；再从财政来说，革命党人同样面临难以克服的困难。没有财政支持，军队随时可能哗变，哪还谈得上打败敌人，夺取革命的全国胜利！

基于上述情况，革命党人和袁世凯集团停战议和，双方皆有需要，是当时主客观因素决定的。革命党人坚持推翻清朝统治，建立共和体制，是一种有原则的妥协，不失为当时一种较好选择。革命党人的问题，不在于应不应该与袁议和，而在于对袁氏缺乏应有的警惕，未能采取预防袁氏独裁的得力措施，以致一旦袁氏吞食诺言，推行专制独裁，革命党人就束手无策，从而几乎全部葬送了多年奋斗得来的革命成果。这是非常深刻的历史教训。

二、筹建南京临时政府

各省纷纷独立之后，建立统一的中央政府成为急需解决的问题。开初，黄兴因全力投入汉阳保卫战，当上海方面派庄蕴宽来汉，敦请他去上海统率江浙联军攻克南京，然后在南京组织全国统一机构，再继续北伐时，黄兴表示：全国统一机构是越早组织越好，但不必由我担任领导人。我在武汉尚有作战任务，不能离开武汉，看以后情形如何再说。筹建中央政府的事，只得暂时搁置。

12月1日，黄兴刚到上海，一切军政大事，无形之中又集中到他的身上。组织中央政府的工作，本来在11月上半月已在酝酿。11月9日，湖北军政府都督黎元洪即通电独立各省，请派代表来武昌，商议组织统一的中央临时政府。11日，浙江、上海、江苏三地都督汤寿潜、陈其美、程德全也联合通电，倡议在上海召开各省代表会议，组织统一的革命领导机构。15日，江苏、福建、上海、浙江、山东、湖南、镇江代表在上海开会，成立各省都督代表联合会。此时，他们还没收到黎元洪的通电。直到17日，江苏代表沈恩孚向会议通报，他在江苏都督府看到广东来电，说武昌都督也曾通电各省，请派代表赴鄂。于是，与会代表议决，致电武昌黎都督与黄总司令，本会各代表以为上海交通便利，多主张在沪开会，如蒙同意，请派代表来沪。20日，各省代表联合会又议决，承认武昌为民国中央军政府，以鄂军都督执行中央政务。23日，湖北代表居正、陶凤集到会，报告湖北都督府9日通电情形，说明此次专程来沪，是想与各省代表商议，请一起赴鄂组织中央政府。代表会经过商议：各省代表同意赴鄂，但各省宜各有一人留沪，赴鄂的负责组织中央政府，留沪者联络声气，以为后援。

11月30日，各省代表到达武汉。由于汉阳已经失守，武昌常受炮击，各省代表会只得在汉口英租界顺昌洋行楼上举行。公举湖南代表谭人凤为议长。胡瑛向会议报告，英领事已送来冯国璋所开停战条款，请诸君评议。当经代表议决，致电黎元洪，黎氏可以大都督名义执行中央政务。12月3日，各省代表会议修改通过了《中华民国临时政府组织大纲》。规定临时大总统由各省都督府代表选举之。临时大总统有统治全国、统率海陆军之权，得参议院同意，有宣战、媾和及缔结条约之权，有任用各部部长及派遣外交专使之权，有设立中央临时审判所之权。大纲还规定了参议院产生的办法与职权，行政各部的设置及其职责。

4日，英驻汉领事告诉与会代表，江浙联军已攻克南京。代表会随即作出决定：临时政府设于南京，各省代表开临时选举会于南京；有10省以上代表到南京，即开选举会。临时大总统未举出前，仍认鄂军都督府为中央军政府。同一天，各省留沪代表在上海江苏教育总会开会，公举黄兴为暂定大元帅，黎元洪为暂定副元帅，并暂定南京为临时政府所在地。5日，江苏教育总会开特别大会，欢迎黄兴，并请黄兴以大元帅名义组织中华民国临时政府。黄兴坚辞不受。陈其美强调，大元帅责任重大，当今北虏未灭，军事紧急，非有卧薪尝胆之坚忍力的人，不能担当，现今除了克强先生之外，无人足以当此重任。黄兴提议推举首先起义之黎元洪为大元帅，再由各省都督中举一副元帅，自己愿意领兵北伐，誓捣黄龙，恢复大汉河山。经过反复敦劝，黄兴坚决不从，又提出待孙中山回国，请孙担任。有位代表站起发表激动人心的发言："方今军务倥偬，时间异常宝贵。孙君诚为数十年来热心革命之大伟人，然对外非常紧急，若无临时政府，一切交涉事宜，俱形棘手。况大元帅为一时权宜之计，将来中华底定，自当由全国公选大总统。是故某以为黄大元帅于此时实不必多为推让。"至此，黄兴被他的一席话感动，答应"暂时勉任"。（上海《民立报》，1911 年 12 月 6 日）

可是，上海留沪代表的选举没有先与汉口的代表会通声气，也未通知湖北军政府。这自然会引起汉口代表和湖北军政府的不满。7 日，汉口各省代表会得知上海方面的选举消息，当即决议，请其宣告取消，并议决在汉各代表于 8 日同船前往南京。10 日，留沪代表也动身同赴南京。各省代表抵达南京后，14 日选举汤尔和任议长，王宠惠为副议长。原定 16 日选举大总统，但从湖北续到的浙江代表陈毅向会议报告，袁内阁的代表唐绍仪到汉时，黎元洪的代表已与会晤。据唐绍仪说，袁内阁亦主张共和，但须由国民会议议决后，由袁内阁报告清廷，即可实行逊位。并说伍廷芳代表不能来汉，议和会议可以移到上海。据此，各省代表会议又议决，缓举临时大总统，承认上海所举大元帅、副元帅。而且在临时政府组织大纲中追加一条，大总统未举定以前，其职权由大元帅暂任之。16 日，会议又议决，组织大纲追加一项：大元帅不能在临时政府所在地时，以副元帅代行其职权。17 日，会议接黄兴来电，力辞大元帅，推举黎元洪出任大元帅。当即改举黎元洪为大元帅，黄兴为副元帅。黎氏暂驻武昌，由副元帅代行大元帅职权，组织临时中央政府。20 日，代表会议正式准备公函，派代表专程赴沪，请黄兴尽快来南京，组织临时中央政府。

关于黄、黎易位，过去有人把它描绘成武昌集团与上海集团之间的一场权力争夺，不为无因。但从黄兴本人来说，始终采取谦让态度，一再坚决拒绝，足见在个人名位上，他不存在丝毫权力思想。这种品德，在争权夺利极为严重的社会里十分可贵。有人认为，黄兴辞大元帅，是因为遭到武昌集团的反对，这完全违背历史真实。

21日，黎元洪致电各省代表会议，接受大元帅名义，委托黄兴代行职权。22日，驻守南京各军代表李燮和等到达上海，欢迎黄兴去南京组织临时政府。黄兴以人才缺乏、财政无着落，告诉各代表暂难前往，等待组织就绪即行赴任。各代表再三敦请，黄兴才答应待此间事迅速办理完毕，即赴南京就职。正当筹备就绪，并从日商三井洋行借得30万元，作为组织临时政府经费，确定24日起程之际，黄兴突然接到孙中山来电，知道孙不日可抵上海，临时又改变主意，决定待孙中山到达上海后再定行止。为此，有些人不理解，他解释说：

孙先生是同盟会的总理，他未回国时，我可代表同盟会；现在他已在回国途中，我若不待他到沪，抢先一步到南京就职，将使他感到不快，并使党内同志发生猜疑。太平天国起初节节胜利，发展很快，但因几个领袖们互争权力，终至失败，我们要引为鉴戒。肯自我牺牲的人才能从事革命。革命最要紧的是团结一致，才有力量打击敌人。要团结一致，就必须不计较个人的权力，互相推让。（刘泱泱编：《黄兴集·一》，第162页）

从这里不难看出，黄兴处处顾全大局，对革命无限忠诚。他牢记太平天国分裂致败的教训，特别注意内部团结。因此，他不愧是辛亥革命时期一位胸怀宽广、见识超群的伟大革命家。

25日，孙中山乘轮到达上海。事先，黄兴以中国同盟会代表名义致函孙中山，特派时功玖、田桐前去迎接，以表同人敬意。接着与陈其美等前往欢迎，又和孙中山同乘一辆小汽车到哈同花园午餐，然后到爱文义路

100 号与伍廷芳互商要政。26 日，在哈同花园公宴孙中山。席间，黄兴与宋教仁、陈其美密商，举孙中山为大总统，分途向各代表示意。晚上，又在宝昌路 408 号孙中山寓所召开同盟会干部会议，讨论总统制与内阁制的取舍。宋教仁主张实行内阁制，由孙任大总统，黄做总理。因为孙中山主张总统制，黄兴劝宋取消提议，此事遂作罢论。

27 日，黄兴与宋教仁赴南京，按照孙中山意见，向各省都督代表会提出三点建议：一、改用阳历；二、改为中华民国纪元；三、政府组织取总统制。经过代表讨论，一、二两项合并为一案。在总统制上，宋教仁仍主张内阁制。经黄兴恳切说明，以多数赞成总统制通过。

29 日，各省代表开临时总统选举会，被提名的候选人有孙中山、黄兴、黎元洪。按照选举法，每省一票。到会代表 17 省，孙中山以 16 票当选，黄兴得 1 票。

1912 年 1 月 1 日，是开创中华民国新纪元的大喜吉日，临时大总统孙中山将在南京举行就职典礼。为了做好庆典准备工作，黄兴于头天上午 9 时即由上海乘车到达南京。他先出席各省都督代表会，正式建议改用阳历，并以中华民国纪元。经会议议决，自阴历十一月十三（阳历元月一日）起，改用阳历，并以中华民国纪元，即以公元 1912 年 1 月 1 日为中华民国元年 1 月 1 日。决议通过后，黄兴即刻致电各省军政府都督及《民立报》主持人于右任，通告从第二日起全国改用阳历，并用中华民国纪元。1 月 1 日午后 6 时多，孙中山一行抵达南京下关，然后乘坐扎花马车赴原两江总督署。从车站到总统府（原总督署改为总统府），沿途受到数万群众热烈欢迎。晚上 11 时，在总统府举行就职典礼。宣誓毕，景耀月致颂词后将大总统的印绶授予孙中山。孙中山即以此印发布《临时大总统就职宣言》，明确宣布实行汉、满、蒙、回、藏五族共和。黄兴在典礼上虽未讲话，却为选举大总统和就职典礼做了精心安排，保证了一切工作顺利进行，顺利完成了建立民国这一伟大创举。这是孙黄合作、经历千辛万苦而取得的伟大胜利成果。

大总统举定后，组织临时政府，确定各部人选，又使黄兴颇费心思。1月2日，代表会议决，以各省代表会代行参议院职权，举赵士北为临时议长，马君武为副议长。按照皖苏等5省提出的临时政府组织大纲修正案，对大纲作了补充与修正，主要是临时大总统、副总统皆由各省代表选举。临时大总统得制定官制、官规，任命文武职员，但须得参议院同意。为了做好各部人选的任命工作，孙中山和代表们开谈话会，先由总统提出初步名单，征求代表们意见。代表意见分歧，不能统一。黄兴与孙中山商议，在今天形势下，新旧交替，不如部长取名，次长取实。于是根据大家意见，对各部人选作了调整。再由黄兴出席代表谈话会，把调整名单和孙中山的意见告诉各位代表，大家没有意见。黄兴又考虑湖北为首义之区，而临时中央政府中首义人员太少，会有意见。因此建议代表会，选举黎元洪为副总统。代表们均表赞同。3日，代表们再开正式选举会，选举副总统。黎元洪以全票当选。孙中山也莅临参议院，宣布各部总、次长。在总长中，除黄兴、王宠惠、蔡元培外，其他都不是同盟会会员。由于内务等各部部长很少赴南京视事，诸位部长中，实际负责的只有黄兴、王宠惠、蔡元培3人，其他各部皆是次长理事。次长除汤芗铭之外，皆是同盟会的骨干。

在临时政府里，黄兴是最忙的人，除军事外，议和、筹饷以及处理和各方面的关系，都离不开他的策划调处。所以，了解内情的张继说："总理在临时总统期内，诸事由克强作主。总理毫未改本来面目。群众开会时，总理偶参加，仅坐会场前列，并未特置台上座位。而诸同志仍呼为'先生'，甚少呼大总统者，气度使然，并非有人教之也。一般趋炎附势，概称克强为'克老'。"（张继：《回忆录·一》）

在次长人选中，参与武昌首义的孙武，由于牟取陆军部次长未能如愿，对黄兴以至南京临时政府极为不满，弄成宁汉之间的隔阂，埋怨黄兴排挤湖北。其实，黄兴在商定各部次长时，还是照顾到湖北的。9 位次长中，就有蒋作宾、居正、汤芗铭 3 位籍隶湖北。蒋作宾毕业于日本陆军士官学校，并且曾在北京陆军部任职，熟悉旧时军政情况，较孙武担任次长自然更为合适。孙武挟私攻击，造成宁汉龃龉，其责任不在黄兴。

三、主持陆军部、参谋部工作

中央各部的人选确定之后，陆军部的建置工作随即开始。经过几天的筹划，陆军部于 1 月 9 日正式成立，部址设在原来的督练公所。按照行政需要，部下设军衡、军务、军械、军需、军学、军医、军法 7 局（后改称司），另设副官、秘书两处。各局处人选亦相继确定。此外还聘请高等顾问官、二等顾问官若干人，参谋军政事务。同日，孙中山为了便于领导军事工作，在临时政府内设立参谋部，任命黄兴为参谋部总长，钮永建为次长。下设总务局、一局、二局、三局、四局、兵站局、陆地测量局等，分理各项事务。

陆军部和参谋部成立后，当时面临的最大问题是筹划北伐。尽管南京临时政府成立前和谈已有初步协议，但袁世凯并不放心。还在头年末 12 月 29 日，孙中山就任临时大总统前，曾致电表示，表明只是暂时承乏，只要袁氏反正，就可让位。可袁氏得悉孙中山在南京就任大总统，仍然深感自己的愿望落空：一方面宣布唐绍仪逾越权限，所订国民会议各项办法概不承认；另一方面唆使姜桂题、冯国璋等北洋将领联名致电清内阁，反对共和，力主维持君主立宪。在这种形势下，是和是战？还很难预料。一旦和谈破裂，就只有诉诸武力。因此必须先做好准备。为此陆军部成立后，立刻着手制订北伐计划，准备以鄂湘为第一军，沿京汉铁道北上；在南京的各省军队及安徽民军为第二军，向河南前进，与第一军在开封、郑州之

任中华民国南京临时政府陆军总长兼参谋总长时的黄兴

间会合；以淮安、扬州一带的民军组成第三军、以山东烟台的民军为第四军，向山东前进，会于济南；合关外之军为第五军，山西陕西为第六军，向北京前进。和议一破，即大举进军，以武力实现共和政体。

鉴于各省独立之后，招兵多无限制，饷械又很缺乏。而且各省民军，除云南、湖北、南京、浙江、福建等省外，不仅战斗力很弱，而且纪律性很差。各省民军究竟有多少？陆军部也心中无数。在此情况下，如不实行整编，后果不堪设想。为此，陆军部一成立，即向各省、各军发出通知，严令所属军队精加训练，不得再招新兵。将所有军队官兵姓名、简明履历及军装器械配置等，火速造具清册报告陆军部。为了维护地方治安，严肃军纪，陆军部又颁发《临时军律》12条规定，凡任意掳掠、强奸妇女、焚杀良民、无长官命令窃取名义、擅封民屋财产、硬搬良民箱笼及银钱者，均实行枪毙；凡勒索强买、私斗、杀伤人者论情抵罪；凡私入良民家宅、行窃、赌博、纵酒行凶者均要处罚。

革命能取得胜利，离不开志士仁人的奋斗牺牲。为了告慰死者之灵和激励来者，黄兴于1月26日通电各省，定于3月1日在南京小营演武厅召开追悼大会，表彰先烈的革命精神，寄托生者的哀思。还通知各省都督，把前清的忠义各祠分别改建大汉忠烈祠，把各省尽忠民国的烈士入祀，并派专员致祭。对于那些为革命作出过特殊贡献的著名人物如刘道一、徐锡麟、赵声、倪映典、熊成基、吴禄贞等，或建立专祠，或抚恤家属，或开追悼大会，或付国史馆立传，借以表彰他们功绩，教育后代子孙。这一系列的悼亡纪念活动，表达了他对为国牺牲的战友与同志的深切怀念。

起义之初，各省尚无统一编制。为了统一军政，陆军部及时发出通告：凡沿用镇、协、标、营、队名称的军队，一律改为师、旅、团、营、连。所有统制、统领、统带、管带、队官，改为师长、旅长、团长、营长、连长。这套名称一直沿袭至今。军衔分为三等九级：上等称大将军、左将军、右将军；中等称大都尉、左都尉、右都尉；初等称大军校、左军校、右军校。士兵分上士、中士、下士，上等兵、一等兵、二等兵及运送兵。额外官佐为司务长。为了表彰有功人员，还新定了各种勋章与图式。

关于军事人员的俸给，陆军部曾定出暂时给予令，计六章四十四条。规定：大将军700元，左将军550元，右将军400元；大都尉300元，左都尉220元，右都尉160元；大军校80元，左军校50元，右军校40元；司务长30元。出征各官佐，均按此数发给，留守各官佐发七成现金，三成公债。但是陆军部及各学校，因为财政拮据，减少发给。大将军（总长），现金160元，公债70元；左将军（次长），现金140元，公债60元；右将军（局长），现金120元，公债50元；大都尉（科长），现金100元，公债40元；左都尉（一等科员），现金80元，公债30元；右都尉（二等科员），现金60元，公债20元；大军校（三等科员），现金40元，公债10元；左军校（一等额外），现金30元；右军校（二等额外），现金20元。

士兵的薪饷：上士7元，中士6元，下士5元；上等兵4.5元，一等

1912年初，黄兴准备北伐时的戎装照。

兵4元，二等兵3.5元。出征时每人各加银3元。陆军入伍生按上等兵发给。陆军军官学生按上士待遇。官兵伙食，每人每日伙食暂以一角为准。

除此之外，陆军部还制定各种章程。如：

陆军卫生部章程，计五章三十一条，2月初公布。

宪兵暂行服务规则，计十一条，2月25日公布。

陆军部规定入伍生条例，计四章十八条，2月27日公布。

陆军军官学校暂行条例，计二十八条，3月4日公布。

陆军传染病预防规则，计三十三条，3月23日公布。

陆军传染病预防上消毒法，计十九条，3月24日公布。

陆军部赏恤章程等。

以上章程虽然未来得及实行，但为后来奠定了实行的初步基础。

参谋部组成后，因为军令、军政实权都在陆军部，而参谋部又设在总统府内，故办事不多，只2月4日致函各报馆，对发布军事消息作了一些保密规定；2月中旬，通令各省都督、各军，为编民国战史广泛收集资料。

此外就是通令各省，由参谋部统办全国陆地测量。

在组织参谋部时，黄兴还被任命为大本营兵站总监，主要任务是补给运输。2月12日，陆军部曾为大本营成立兵站发出通电：大本营兵站成立，本部原设之运输处已经移交，此后所有海陆军运输事务，请与上海、南京、浦口、镇江各兵站接洽办理。2月17日，大本营总兵站规定运输简章，通告黎元洪副总统及各省都督。（参考刘凤翰《黄兴与陆参两部及留守府》一文）

一、临时政府北迁　出任南京留守

自从南京临时政府成立后，对袁世凯的和战，一直是黄兴与孙中山反复焦虑的问题。从黄兴与孙中山来说，此前为革命付出了全部心血，而今要把来之不易的政权让给袁世凯，绝非内心所甘。可是，在当时局势下，如果不与袁妥协，势必和袁在军事上决战。届时谁胜谁负实在毫无把握。万一战败，已经取得的革命成果，势将毁于一旦。当时南方军队虽号称 30 万，但大部分是未经训练的新兵，作战能力很差。最大的困难是库空如洗，缺乏财政支持。军队发不出饷，兵变随时可能发生，哪能作战？因此，只得与袁妥协，以期保存已经取得的革命成果。

南北和谈几经周折，最后终于达成协议。袁世凯得到革命党人的确切保证后，于 1912 年 1 月末加紧了对清廷的逼宫活动。26 日，段祺瑞等 46 名北洋将领联名通电，要求"立定共和政体"，否则就要带兵入京。恰好同一天，反对清帝退位的宗社党首领良弼被彭家珍炸死。清室贵族人人自危。同时南北经过多次协商，清帝退位后的优待条件也已确定。2 月 12 日，清廷接受优待条件，宣布退位。13 日，孙中山收到清帝退位诏书、袁世凯表示效忠共和后，咨文参议院辞职，推荐袁世凯继任大总统。15 日，经过参议院选举，袁世凯当选为临时大总统。至此，共和与帝制的斗争告一段落，统治中国 268 年的清朝君主专制宣告结束。

政权之争收场，都城之争又起。由于首都与中央政权密不可分，都城之争实是政权之争的延续。原来，孙中山递交参议院的咨文中，一方面表示辞去大总统，荐袁继任；另一方面附入限袁办法三项：1. 临时政府地点设在南京；2. 待参议院举定新总统亲到南京就职，大总统及国务员乃行辞职；3. 新总统必须遵守参议院制定的《临时约法》及颁布之一切法制章程。可是，参议院在讨论临时政府地点时，四川籍革命党人李肇甫居然鼓吹定都北京，投票结果，28票中竟有20票赞成迁都。孙中山闻讯，当晚把李肇甫大骂了一顿，限令于第二天中午前必须改进。黄兴坚决支持孙中山，声言"过了12点如果还没有把决议改正过来，我就派兵来。"参议院只得在15日大总统选举前，由两广参议员临时动议，更议临时政府地点，重新投票。结果27票中主张定都南京者19票，决定临时政府仍然设在南京。但是，狡诈的袁世凯坚决抵制南下就职，竟然煽动"兵变"进行威胁。革命党人无力坚持到底，最后不得不屈从袁世凯，放弃定都南京的主张。3月6日，参议院再次复议，确定北京为临时政府首都。3月10日，袁世凯在北京宣誓，就任临时大总统。4月1日，孙中山正式解职。至此，南京临时政府结束。

革命党人把总统大位让给了袁世凯，为防不测，还想保存一部分实力。在内阁的组织上，除坚持国务总理要由同盟会会员担任外，还要求黄兴继任陆军总长。总理人选虽以唐绍仪加入同盟会的妥协办法解决，陆军总长一职却因袁氏把兵权视为命根子，拒不接受革命党人的意见，执意要让自己的亲信段祺瑞担任。不过，他为了安抚革命党人，曾于3月29日任命黄兴为参谋总长，统辖两江一带军队。任命发表后，黄兴力辞不受，决心解甲归农。此时的黄兴，去意虽坚，却还眷顾着两江一带20万革命民军，亟须维持整理。因此，当3月31日，袁世凯再任命他为南京留守，仍统辖南洋各军时，他接受了。但仍声明，只是暂时承乏，待办理就绪即当归田。4月6日，黄兴致电各省都督、各部总长，宣告正式就职。

黄兴出任南京留守，既有实际需要，各方面又各有打算。作为革命党人来说，为了保存革命力量以备不测，必须保存一定数量的军队。在谋求陆军总长不可得的情势下，黄兴出任南京留守，统领南方七省军队，无疑有利于保存一定的军队，以防万一。蓄意专制独裁的袁世凯，为了不使这支军队闹事，然后相机裁撤这支军队，需要一位能够控制这支军队的统领。黄兴原是陆军部总长，又深得南方革命军人拥戴，而且为人忠厚，不用说是较理想的人选。不过，袁对于黄，只是利用不是依靠。袁氏批准颁布的《南京留守条例》明确规定，俟南方军队整理就绪，即行裁撤。因此，革命党人想利用留守府长期保存一支军队，客观上不可能。就黄兴本人来说，无疑也希望多保留一些军队，但在实践中，确是困难重重。

黄兴出任留守以后，以李书城为总参议，以原陆军部人员作基础，建立起留守府的临时机构。府内设立政务、军务两厅，厅长分别由马良（相伯）、张孝准充当，陈嘉会为秘书长，何成浚为总务处长，参谋处长耿觐文，军需处工曾昭文，军法处长陈登山，军学处长赵正平，林虎为警卫团长。由于黄兴常赴上海商洽国是，留守工作常由李书城代理。

留守府的主要职责是整理南方军队，维持地方治安。黄兴在整理军队中，本想尽量多保留一些军队，实际上却使他无法贯彻。第一，是军费极度困难。接任留守时，南京国库仅存银 3 万两。据估算，四、五两月，南京留守府向北京临时政府应领款 1000 万元才够开支。可是，袁世凯却蓄意利用财政手段迫使黄兴裁撤南方民军。直到 6 月初，由北京财政部拨交之款还只有 205 万元。由于军费奇缺，军队不但无法发饷，连吃饭都成了问题。军队欠饷，哗变随时可能发生。5 月 15 日，黄兴致电北京财政总长熊希龄说，"二日内倘无款救宁，大乱立至"。军费困难到这步田地，要想长久保存一支庞大军队，又何可能？迫于无奈，裁军成为惟一法门。第二，军队素质差，缺乏战斗力。辛亥革命以来，起义各省纷纷扩招民军，到 1912 年 3 月，独立各省共有军队约 50 万人，其中半数掌握在同盟会军人手中。这些军队除少数由原来的正规军扩编，有一定战斗力外，多是城乡失业群众，尽管不乏革命热情，但未受过正规训练，战斗力、纪律性皆很差。由于军队素质差，违法乱纪事件时有发生。就在黄兴出任留守的第六天（4月11日），南京城里的赣军27、28团之兵士，就借减饷之名，发动兵变。幸亏留守府调动第3军及时弹压，事件才很快平息。经过这次事变，黄兴更认识到有兵无饷的严重危害，进一步加快了裁军步伐。第三，黄兴在思想认识上也有两面性。一方面，他看到在政府和军队中混进了异己分子，打着共和国旗号，妄图恢复旧制度；另一方面，他又以正人君子之心度量狡诈的袁世凯，轻易相信他许下的诺言，对袁缺乏必要的警惕。袁氏想借黄兴之手，裁撤南方军队，实现独裁野心。黄兴仍然以诚相待。各省同志对裁兵提出异议，黄兴仍然认为：要想练精兵，必须裁冗兵，把军队大量裁撤。他思想的另一弱点，是错误估计形势。他过分相信袁世凯的诺言，以为国家统一已经实现，民主共和大功告成，暂时不会有武力斗争。因此只望早日把军队整理完毕，自己便可辞去留守，投身实业建设，结果吃了大亏。

经过两个月的整编裁遣，南方的民军基本整理就绪。第1、2军归陆军部直辖。王芝祥所统第3军所属桂军六大队全数遣散回广西，其中部分精锐留下来充实第8师；姚雨平所统第4军除已遣散者外，其余陆续开拔回粤。朱瑞所统第5军开回浙江。为了保存革命精锐，特充实了第8师。师长以下至营连长，都是日本陆军士官学校和保定军官学校毕业的同盟会员。师里的枪支有两套，一套储存在仓库，以备战时扩军需要。饷款由中央陆军部直接发给。到了6月初，军队裁撤已达六七万人。到了1912年底，除了隶属陆军部的驻扬州的第2军及南京第8师外，江苏军队实存不到4万人。其他各省民军也大部分裁汰，只剩江西李烈钧还编练了一支较有战斗力的部队。革命党人想借黄兴出任南京留守，保留革命军的实力，其效果并不理想，为后来二次革命的失败留下了伏根。需要指出的是，并非黄兴没有看到解散军队给革命带来的严重祸害，而是被军费所困，不得已而为之。这必须结合当时条件来理解，不可苛求于前人。

黄兴在出任南京留守期内，做的另一件大事是倡导国民捐，解救财政危机。民国初建，百废待兴，为了解决国家财政困难，他曾付出了大量心血。前面提到，临时政府北迁时，南京国库只存银 3 万两，北京也好不了多少，库存不及 6 万。为了解决国家财政困难，同时减少外债，经过精心筹划，黄兴提出劝募国民捐的主张。他认为我国人口约计四万万，其中贫穷者不用劝募，中产以上的人可以每人捐银币一元为准，最富者更可以屡进法行之，所得较多的可以所得税法征收，估计收入当不少于 4 亿元。通过劝募，还可使国人知道，此次共和建设皆出自国民膏血，"以此铢积寸累之金钱，造成最璀璨庄严之民国，为亿万年留一大纪念"。希望政界、学界、农工商界发扬爱国热情，踊跃捐款。这样，既可募集巨额资金，解决财政困难，又可激发全国民众的爱国热情，少借外债，一举多得。

　　黄兴于 4 月 29 日首倡劝募国民捐后，很快得到各界人士的热烈响应。上海制造局兵工学校，自校长、教职员、学生以至校役，均踊跃捐款。黄兴本人所在的留守府，经过会议公决，将军级人员，捐一个月薪俸；都尉级人员，捐月薪三分之二；军校级及书记官，捐月薪一半；司书捐月薪三分之一，充作国民捐。贵州路角夏廷桢慨捐 200 元。陆军第 5 师一等兵娄绍景，带头捐出两个月薪赏，并切破中指作血书，希望激励各界人士捐募。正当国民捐得到各界热烈响应之际，财政总长熊希龄和六国银行团达成垫款协议。黄兴查核垫款章程，觉得损失国权极多，连军队发给军饷及遣散军队的费用，均须由海关税务司或银行核计员会同签押。其领赏清单，也要送一份给核计会稽核，还要给予税务司及核计员以调查应需之便利。他认为此种章程，不独监督财政，并直接监督军队。军队为国防之命脉，今竟让外人干涉到如此地步，无异束手待毙。他致电各省都督和议会，希望速电抗拒，责令毁约。

　　为了抵制丧权辱国的外债，黄兴提出三项办法：1. 由大总统提交参议院议决；2. 在倡导国民捐的基础上，拟订劝募国民捐章程，除动产不动产不满 500 元者国民自便外，其余均以累进法捐募，500—1000 元捐 2‰；1000—2000 元捐 3‰；2000—5000 元捐 4‰……500 万—1000 万元递加 140‰；1000 万元以上，统以 160‰推算。政、学、军、商各界及各工厂之职工等，除以资产计算捐纳外，应按月俸多寡，分别纳十分之一二，以三个月为限。特捐至百元以上者给予铜牌，千元以上银牌，万元以上给予金牌；3. 各省自行集合人民资本，组织国民银行，并由国民银行协力组织国民银公司。国民无论贫富，都可量力集凑，取得银行股东之资格，永为民国政府之主人。国家有急需，国民银公司酌量需款多少，转向国民银行告贷。

黄兴提出的解救财政危机的办法，出自一片爱国热情，体现了自力更生精神。可是，经袁世凯转交国务院核议时，有人提出，国民于正当租税外，并无输捐义务；还有人认为，劝募国民捐用累进法强制执行，是竭泽而渔。最后经国务院会议大众公决，未予通过，未能提交参议院审议，就这样被搁置了。

黄兴出任南京留守以后，一些好事之徒散布流言，认为设留守府是与政府唱对台戏；或者说机关不统一，容易招致分离。黄兴也觉得统一政府既已成立，断不可在南京长期保留特立之机关，破坏国家统一，引起人们猜疑；同时财政极端困难，经常苦于难以为继；而且军队经过一个多月整理，已经大体就绪，南京地面比较安静，留守任务已大体完成，乃于 5 月 13 日致电袁世凯等，请求裁撤留守府。5 月 18 日，再次电请取消留守府。袁世凯虚伪地表示挽留，内心巴不得早日撤销。为了迫使黄兴早日离职，对急如星火的军饷，袁长期置之不理。对于黄兴请辞，他有点不信，特派陆军部次长蒋作宾前赴南京探听虚实。5 月 23 日，蒋作宾到达南京，经过晤谈，证实黄兴是实心裁军，而且军饷奇窘，急需接济。乃致电袁世凯，此间裁兵密令已下，被裁之兵，束装待发。至今尚无的款，两月未发饷，伙食已无着，会党乘机运动，危险万分。几天之内如果没有大款汇来，作宾即回北京。袁世凯得到确情，才于5月30日下令：南京留守府等候程德全到南京接收后，即行取消。

当时同盟会内部，对于黄兴自请撤销留守府，有些人坚决反对。陈其美亲自赶到南京，劝黄兴改变计划，并建议控制江苏作为基地。谭人凤不但亲到南京劝告，而且致电袁氏，请收回成命。蔡锷也致电黄兴，劝勿引退。接着，谭人凤因粤汉铁路事北上谒袁，又当面向袁提出质询。袁借口库空如洗，支吾应付。最后以黄兴辞意坚决，不便强留，答复谭人凤。

黄兴接到袁世凯的准辞电，即于6月3日电告袁氏，准于6日解职，请电令程德全即日前来接收；同时致电程德全务请先来。可是，程德全"允来而不来"，直到6月14日，始得交涉留守职务，发表《解职通电》《布告各界文》《布告将士书》，正式解职。在这些文告中，除了追述出任留守经过及解职缘由外，还殷殷告诫大家爱国保民，以及服从军纪。交卸完毕，即转赴上海。《民立报》曾发表《论黄留守》社论，对其心地光明，忠诚为国给予高度评价。

二、应邀北上　商议要政

黄兴解除南京留守，对袁世凯而言，算是去掉了一颗眼中钉。但是，南北之间的矛盾，也即民主和专制独裁的斗争，远远没有结束。就在黄兴去职的第二天，国务总理唐绍仪因袁世凯违背《临时约法》规定，未经他副署，就委任王芝祥为南方军队宣慰使，前赴南京遣散军队，而愤愤不平，悄悄出走天津。这是民主与专制新一轮较量的开始。

唐绍仪与袁世凯有20年的交情。袁氏于3月13日任命他为国务总理，满以为唐会百依百顺，一切唯命。哪知受过民主洗礼的唐绍仪，辛亥革命后加入同盟会，民主思想在他的脑中已占重要地位。他希望做一位称职的共和国总理，再不愿唯袁命是听，袁的专制独裁思想未曾触动到他，他们之间的思想距离越来越大，行动上不免处处发生碰撞。唐的离职，不是简单的个人行为，实因就任总理以来，所抱政策多不能行，屡欲求去。王芝祥的改任，只是一个触发点。王芝祥是直隶通县（今属北京市）人，清末在南方做官多年，做到广西布政使，辛亥革命后广西独立，被举为广西副都督，后任南方民军第3军军长。黄兴考虑他是直隶人，和革命党人有良好关系，为了融洽南北感情，指望用倾向革命的王芝祥去监视袁世凯，首先通过唐绍仪，建议任命王芝祥为直隶都督，得袁世凯的赞同。可是，袁把直隶看作心腹之地，绝不容许异己染指。于是玩弄手腕，指使北洋军人出来反对。当王芝祥于5月26日抵京时，冯国璋第二天即上书袁氏，声言王芝祥督直，直隶各军绝不承认。袁世凯借此声明，任免之权应由中央主持。于是未征求唐绍仪意见，即改任王芝祥为宣抚使。唐绍仪以王氏督直，与革命党人有约在先，而且已经直隶省议会公举，不宜因军队作梗，失信于人民，拒绝副署。袁世凯坚持己见，竟把未经副署的委任状交给王芝祥。唐绍仪见袁氏践踏约法，再也不能容忍，所以愤然离职。五天后又正式递交了辞呈。民国政府北迁后的第一届内阁，存在仅两个多月，就被袁世凯挤垮了。

唐内阁垮台后，新内阁如何组织，又掀起一场轩然大波。同盟会会员鉴于唐内阁成立后，一切政务不能顺利进行，系因党派混杂，意见不一，极力主张组织政党内阁，以利限制袁氏专制独裁。与同盟会处于对立地位的共和党，怕受排挤，则主张混合内阁或超然内阁。袁世凯为阻止同盟会组织政党内阁，坚持采取混合内阁，以便操纵。至于总理，袁世凯想用徐世昌，因同盟会和统一共和党皆不赞同，才把陆征祥抬出来。为了贯彻政党内阁主张，同盟会本部大会决定，会员宋教仁、王宠惠、蔡元培、王正廷皆不参加混合内阁。随后熊希龄、施肇基也相继挂冠而去，造成10名阁员，6名出缺，形成严重内阁危机。7月18日，陆征祥秉承袁世凯旨意，向参议院提出递补6位国务员名单，征求参议院意见。他在国会发言，大谈开菜单做生日，竟无一语谈及政务，引起参议员普遍反感，所提阁员均被否决。后因西藏发生危机，袁世凯另提6位国务员，由段祺瑞代陆征祥赴参议院说明，并宣告再不通过，"当宣布议员死刑"，参议院才于7月26日再次投票，除工商总长蒋作宾外，其余皆得通过。工商总长经宋教仁与黄兴电商决定，由刘揆一补任。第二届内阁才勉强凑成。

经过这场内阁风波，袁世凯意识到同盟会是一股不可轻视的力量。为了巩固自身统治，必须争取同盟会的支持。为此，他决定邀请孙中山、黄兴北上，商谈要政。在袁世凯的一再敦促下，8月2日，黄兴与孙中山抱着调和南北富强国家的善良愿望，联名复电袁世凯，接受邀请，稍缓数日，即同北上。孙、黄初定8月17日起程，后因轮船误期，改为18日。临行之前，突悉张振武、方维在北京未经审判，即被步军统领衙门逮捕枪毙。为此，蔡元培等人均强烈反对孙、黄北上。直到登船后还有人登船力劝。最后决定孙行黄止。18日午后4时，孙中山偕同魏宸组、居正等起程。黄兴同日致电袁氏，诘问张振武被杀缘由。19日，袁世凯复电，把杀张罪责推给黎元洪。20日，黄兴再电袁世凯，严厉谴责擅杀张、方之罪。认为"人权国法，破坏俱尽"。

为了应付黄兴诘责，在袁授意下，袁党报纸竟然造谣，胡说黄兴与张振武勾结，图谋二次革命，故不敢来北京。黄兴看到这些无中生有的造谣电文，非常惊讶。即致电袁氏，要求彻底查清，"如兴果与张案有涉，甘受法庭裁判。如或由小人从中诬捏入罪，亦请按反坐律究办。"（刘泱泱编：《黄兴集·二》，第475页）胡瑛、姚雨平致电袁世凯为黄兴辩诬。程德全也仗义执言，致电袁氏，要求严密查办，并为黄兴做人格担保，情甘俱坐。其实，造谣诽谤黄兴，无非是企图把水搞浑，使人黑白不分，为滥杀张、方者开脱罪责。好在公道自在人心，袁氏妄想一手遮天，混淆黑白，终有一天必将真相大白。

孙中山于8月24日到达北京，袁世凯使尽各种手段，对孙拉拢欺骗，不但接待工作空前热忱，而且孙中山提出各种建议，袁总是满口称赞，言听计从。孙中山从入京到9月17日离京赴太原，与袁氏共计会晤了13次。谈论的都是国家大事，气氛十分融洽。谈了两次之后，孙中山即电告黄兴，"项城实陷于可悲的境遇，绝无可疑之余地。张振武一案，实迫于黎之急电，不能不照办……自弟到此以来，大消北方之意见。兄当速到，则南方风潮亦止息，统一当有圆满之结果。千万先来此一行，然后赴湘"。（《孙中山全集》第2卷，中华书局1982年版，第450页。）差不多与孙同时，袁世凯也再次电邀黄兴进京，并且特派总统府顾问到上海迎接。黄兴接电后，为了顾全大局，疏通南北感情，调和党见，决定北上。9月5日，黄兴乘铭新轮从上海北上，随行者有陈其美、李书城等十余人。7日抵烟台，9日到天津，所至皆发表演说，表明此行目的在化除党见，促进全国统一，为国家奠立富强之基。

9月11日，黄兴一行抵达北京，前门车站，满街五色国旗招展，人山人海，受到各界群众的热烈欢迎。袁世凯以接待孙中山的同样规格接待黄兴：代表前往车站欢迎的，都是内务总长赵秉钧，会见袁世凯时，袁氏都是下三级台阶相迎。黄兴自抵京到10月25日离开，居留北京时间同为25日。在这期间，黄兴与袁多次会晤，商谈国家大事，袁也像接待孙中山一样，表现得十分诚恳热忱。对黄兴的建议，袁无不点头称是。9月30日（阴历八月二十日）是袁世凯的生辰，袁世凯竟然谢绝一切官员和家人的祝贺，倾心与黄兴商谈，显得特别真诚。据报载："昨日袁总统寿辰，各国务员及其他重要人物登门祝嘏，袁总统一概谢绝，至 12 时犹与黄克强谈要政。即其家属男女老幼皆环绕庭外，拟老莱斑衣之舞，终……不获一见颜色。"（《民立报》1912 年 10 月 2 日）袁氏的虚伪表演，很快赢得了黄兴的好感和信任。他曾对国民党的记者说，袁公是英杰，民国的可靠人。今天共和虽成，国基未固，希望报界注意维持，万不宜心存成见，采取过激的攻击态度。

黄兴和孙中山此次北上，与袁世凯经过晤谈，大大改变了袁在革命党人中的形象，消除了革命党人与袁之间的隔阂。袁世凯当上大总统后，孙中山和黄兴对袁都有几分戒心，担心他不忠于共和，因此千方百计要防范他专制独裁。经过这次会晤，孙、黄都被袁世凯装出的假象迷惑了，对袁氏深信不疑。孙中山多次表示，袁总统大才，予亟盼其为总统十年。黄兴则说，此次来京，亲见大总统为国宣劳之苦心及一切规划，尤为感佩。由于孙、黄态度的改变，国民党与袁世凯之间的冲突，在此后一段短时期内暂时停止了。

随着革命党人与袁的关系改善，久延不决的内阁问题得以解决。内阁总理陆征祥被勉强通过后，因太不称职，很快遭到弹劾。陆只得借口患病辞职。袁乃令内务总长赵秉钧代理，实则希望赵能继任。孙、黄到京，袁均命赵秉钧负责接待，目的在取得孙、黄好感。袁、孙晤谈时，商议国务总理人选，孙推荐黄兴，袁亦同意。后来黄兴到京后，坚辞不受，因再荐宋教仁。袁未表示异议，实不赞同。原因在宋一贯主张政党内阁，野心勃勃的袁世凯，决不甘受牵制。黄兴知道袁的隐衷，为调和计，提议总理人选可遵照袁的意愿，条件是总理及阁员必须加入新组成的国民党，以符合政党内阁体制。此议经国民党总部赞同，袁乃提议沈秉堃任总理。沈辞，再经同盟会重要干部磋商，同意赵秉钧继任总理，但赵必须加入国民党。并且公举黄兴见袁，转达国民党主张。袁授意赵可以加入。征得黄兴的同意后，袁于 9 月 22 日向参议院提议，任命赵秉钧为总理。因为先已向各方疏通，参议院于 24 日以 69 票对 2 票顺利通过。25 日，袁正式任命赵秉钧为国务总理。赵也于同日宣誓就职，并宣言"加入"国民党。迁延 3 个月的内阁总理，至此终得解决。

由于这次会晤，双方充分交换了意见，在内政和外交的方针上，也达成了广泛共识。袁为了显示和孙、黄团结一心，提出八大政纲，征得孙、黄和黎元洪的同意后，于 9 月 25 日即以《孙、黄、袁、黎协定之八大政策》通电全国公布。

通观这次孙、黄应邀北上，与袁商谈要政。为袁摆脱困境，以及改善与参议院、国民党的关系，均发挥了重大作用，对国家与社会的稳定也产生了良好的影响。如果袁世凯真有诚心，接受孙、黄建言，并且付诸实行，不但国家前途幸甚，袁本人也不致成为万人痛骂的野心家。只是由于袁氏顽固不化，一意孤行，逆历史潮流而动，才导致祸国殃民，自取灭亡。这不能不是最深刻的历史教训。

三、为巩固民国　需要建设一个极大政党

黄兴此次北上，适值同盟会改组为国民党。在宋教仁等人的串联下，为了对抗拥袁的共和党，征得孙中山、黄兴同意，1912 年 8 月，同盟会联合统一共和党、国民共进会、国民公党、共和实进会合并组成一个大党，定名为国民党，宗旨是巩固共和，实行平民政治。确定党纲五条：保持政治统一；发展地方自治；励行种族同化；采用民生政策；保持国际和平。组织领导实行理事制，从理事中推举一人为理事长。8 月 12 日，同盟会等五党召全体职员、评议员联合会，通过了合并条件。13 日，孙中山与黄兴联名致电中国同盟会各支部，认为"上列各条与同盟会宗旨毫不相背，又

得此多数政团同心协力，将吾党素所怀抱者见诸实行，此非独同人之幸，亦民国前途之福也，文等深表赞成。且同盟会成立之始，其命名本含有革命同盟会意义。共和初建，改为政党，同人提议变更名称者日众。即此时而易之，可谓一举而两得矣。特此通电贵支部，务求同意，以便正式发表。"（《黄兴集·二》，第469页）25日，即孙中山抵达北京的次日，国民党在北京召开成立大会，孙中山出席，肯定五党合并为一大党，"乃民国大幸福"。经过投票选举，孙中山（1130票）、黄兴（1079票）、宋教仁（919票）、王宠惠（915票）、王人文（909票）、王芝祥（797票）、吴景濂与张凤翙（各578票）、贡桑诺尔布（384票）当选为理事。张继、柏文蔚、胡汉民、李烈钧、蒋翊武等29人被举为参议。9月3日，复由黄兴、宋教仁等7位理事函推孙中山为理事长。孙中山和黄兴皆想致力于实业建设，委托宋教仁代理理事长。

9月15日下午，国民党本部在湖广会馆举行欢迎大会，欢迎孙中山与黄兴等人。黄兴在会上发表演说，感谢大家对他的信任，选举他为理事。对五大党合并为一大党，表示积极支持。他还以日本作为例子，说明合无数小党成为一个大党，是历史发展的趋势，是振兴国家的需要。他强调指出："中华民国今日尚未完全成立，尤当有极大之政党以维持之。国民党于此时能大加扩张，成立一极大政党，使国家日趋于巩固，是则鄙人所最希望者也。"为了使政党能担负起建设国家的重任，他希望大家第一重道德心。一党有一党之道德，道德不完，则希望即不能达到。第二重责任心。此后民国的建设，手续甚繁杂，凡是我党党员，皆应共负责任，按照党纲所定次序办法，人人尽力之所能为而为之，借以巩固中国，即以巩固政党，这才不失政党成立的本来意义。他还认为，如果人人皆能够以建设国家作为自己的天职，而且有高尚的道德，则建设的目的皆可以达到，将来就能享受真正共和的幸福。

本着巩固中华民国，需要建设一个极大政党的宗旨，黄兴为壮大党的组织做了大量的工作。在和袁世凯会谈中，他曾天真地劝袁世凯来作国民党的领袖，认为只有如此，政府才有后援，政局方能稳定。他对袁世凯反复说明，现在临时政府的期限已经迫近，内政外交都有很多困难，要想组织强有力的政府，必须有强有力的政党，然后才可彰显政府威信，巩固国家基础，消除内忧外患。国民党的惟一宗旨，就在扶助政府。但政府与政党如果不相联属，则扶助之责就难于尽到。有鉴于此，他曾与袁世凯一再熟商，请全体国务员都来加入国民党。袁世凯表示极端赞成。9月17日，袁世凯设宴为孙中山饯行，特别邀请黄兴和杨度作陪。黄兴曾诚恳邀请杨度加入国民党，并且力劝袁世凯加入国民党，表示愿意拥袁作党的领袖。袁世凯以现在不是时候婉谢了。他还曾力劝教育总长范源濂加入国民党，声称他此次北来，是专门为调和意见而来，尤其以国务员一律加入国民党，当作调和之先声，而且符合政党内阁的主张。黄兴在北京为建立一个大政党的言行，体现了他一心为国的真诚。但是他没有正确认识以袁世凯为代表的一伙儿人，权利欲熏心，根本只考虑本人的名利地位，毫无国家观念、爱国热情，要动员这些旧官吏加入国民党，借以巩固共和国基，纯是痴心妄想，值得引以为鉴。

黄兴在京期间，受到社会党团和各界人士的广泛欢迎。先后为他举行欢迎会的计有：前清皇族、旅京善化同乡会、北京报界、国民党重要干部和议员茶话会、蒙藏统一政治改良会、国民党本部、北京女界、回教俱进会、旅京湖南同乡会、共和党、旅京湖南女界、社会党、西北协会、万国改良会、邮政协会、北京国民捐会、五族共和联合会、军警联合会、中国实业共进会、民主党、铁道协会、北京青年会、正乐育化会等23个社团。在每次欢迎宴会上，他都发表演讲，宣传民主共和思想，以及自己的建国主张，其中心内容不外团结一心，共同为建设一个民主、富强的新中国献智出力。每天夜间在寓所约集本党和新闻家开会，主题离不开大团结，对异党从不攻击。湖北旅京同乡在湖北会馆开欢迎会欢迎黄兴。黄兴演说之后，会馆负责人请他题字。黄兴立刻写了"南北一家"四个大字。体会他的原意，鉴于黄兴出生湖南，后来肄业湖北两湖书院，长期和湖北革命党人亲密无间，共谋革命救国，所以应是指湖南湖北是一家人一样亲善。可是，后来有些人以此为据，攻击黄兴敌我不分，完全背离了黄兴题字的初衷。

四、荣归故里 考察矿务

经过与袁世凯多次会商，以及与北京各界人士广泛接触，北京之行圆满结束。10月5日上午，黄兴偕同陈其美等前往总统府向袁辞行，并且面交了坚辞陆军上将的信函。中午乘专车离京赴津，寓居法国饭店。6日，侨居天津的日本人士举行欢迎会。黄兴在会上即席发言，声称中日两国为唇齿之邦。在中国革命过程中，得到日本诸兄弟多方面的支持，中国国民深表感谢。8日，黄兴一行乘津浦路车南下，9日到达南京。10月10日，是武昌首义周年纪念。9月16日，黄兴即发出通电，请以10月10日作为国庆纪念日，号召各地届时举行纪念活动。为了悼念死难战友，本日上午，他偕同都督程德全赴万寿宫向革命先烈致祭；下午又去第一舞台参加国民党南京支部为他举行的欢迎会。会上他发表了长篇演说，细论革命经过，并且指出："广东之败，为革命以来最大之失败，然革命之成功亦于焉赖之。"失败是成功之母。广州黄花岗起义失败与武昌起义成功，正是这一辩证逻辑的最好例证。在这次演讲中，他还详述了去年冬天与袁和谈的真情，以及此次北上对袁氏的观感。他对袁世凯当时采取维持态度，主旨是在维护共和国体，以利一致对外。同时也深受袁氏欺蒙，对袁世凯阴险狡诈的一面放松了必要的警惕。当然，这种态度并非黄兴一人，孙中山同样如此。

为了纪念武昌首义一周年，袁世凯特授予孙中山、黎元洪大勋位，黄兴、唐绍仪、伍廷芳、程德全、段祺瑞、冯国璋勋一位。黄兴收到袁的电报后，一再坚辞不受。表示：民国肇造，烈士堪悲；国庆纪念，弥增感痛。兴历年奔走，幸保余生，分所应为，何功可纪。前辞上将，已述苦衷，今兹殊荣，更非敢受。

自从6月留守解职，黄兴即有意回湖南长沙探亲，同时勘察矿藏，后因袁邀请北上暂停。10月23日，黄兴乘"楚同"舰自上海起程。25日，是他39岁诞辰。他在回乡途中抚今思昔，感慨良多。入夜，他曾独立船头，迎着清风，赋诗一首。诗云：

> 卅九年知四十非，大风歌好不如归。
> 惊人事业随流水，爱我园林想落晖。
> 入夜鱼龙都寂寂，故山猿鹤正依依。
> 苍茫独立无端感，时有清风振我衣。

这时黄兴的心情可说是百感交集。他自1900年决志革命以来，和孙中山携手共进，领导全国志士和人民，经过十多年的艰苦奋斗，终于结束了君主专制统治，开创了民主共和之路，成就了一场惊天动地的大事业。然而，迫于形势，最后又只得将亲手缔造的共和政府让给袁世凯。到此，惊人事业随着流水东去，政治生涯告一阶段，今后打算避政界而趋实业界，为民主共和制奠立基础。想到此情此景，怎能不感慨万千！

10月26日上午10时，黄兴到达武昌，受到国民党石瑛及各政团100多人的迎接。黎元洪也派代表杨时杰、程明超等代表参加接待。当黄乘坐马车到达都督府时，黎元洪又率领军务司长蔡济民等下阶欢迎。在宴会上，黄兴回忆起一年前的汉口汉阳保卫战，阵亡烈士横卧战场，惨不忍睹，不禁凄然落泪。可是，革命事业尚未完成，各国尚未承认，他希望大家同舟共济，以国利民福为前提，勿争权夺利，勿侵人利己。下午，他又出席江汉大学欢迎会，强调今后建设事业，急需各种人才，教育至为重要，望大家求学务以远大相期许。

27日，他缅怀武昌首义先烈，亲往武昌烈士祠致祭，同时联想到为革命献身的吴禄贞等至今尚未安葬，于是立即致电山西都督阎锡山，请他主持，尽快将吴禄贞等安葬，以慰英灵。

28日上午，国民党鄂支部在汉口大汉舞台举行盛大欢迎会，场内场外数万人，都想一睹开国元勋风采。黄兴在会上发表长篇演说，阐述国民党的党纲，强调要想紧步法国和美国的后尘，收到共和的美果，必须造成一个伟大政党。要加强政治研究，提出稳健的政治主张，相与制定党纲，以表示将来政治进行的方针。国民党抱持的国家社会主义，实于国民今日现状最为适当，其精神纯为全体国民谋完全之幸福。对于世界，主张保持国际和平，要谋人类真正的和平幸福；对于他党，不可为无意识之反对，当以国利民福为前提，平心静气为稳健之批评，以待国民来抉择。他强调，政党只有具此党德，才能光辉发达，成极伟大之政党。他认为，为了使国基稳固，今日国家之急务，在谋内部之统一。目前选举在即，党员须大家共负责任，多赴各地演说，使人人知共和之真精神，并知本党之精神所在，使国人相信本党是可以信赖的，对本党共表同情，即可使本党主张得以实现，国家因以巩固。当天下午，汉口26个团体联合举行欢迎会。黄兴对汉口惨遭战火深表同情，勉励大家务忍一时之苦痛，冀图来日之远大。会议结束，即时打点行装，于当夜登船返湘。

湖南长沙各界人士得知黄兴即将回乡，个个喜笑颜开，亟盼黄兴早日归来。10月31日，雨后初晴，长沙城里的群众都聚集在道路两旁，欢迎黄兴归来。下午1时30分，黄兴乘轮靠岸，顿时鸣炮21响，都督谭延闿快步上船，随即陪同黄兴登岸。民政司长、新任国民党湘支部副部长仇鳌赶忙迎上前去，和黄兴亲切握手。都督府原准备一顶绿呢大轿供黄兴乘坐，鉴于齐集道旁的人群，都渴望一睹英雄风采，只得改请黄兴骑马进城。他骑上一匹高头大马，和谭延闿并辔而行，缓步向城内前进，沿途鼓乐声、鞭炮声、欢呼声，声声相应，热闹非凡。他在马上不断地挥手，向欢迎人群致谢。在礼宾人员的导引下，直到又一村行馆才下马，休息片刻，即赴教育会场，和在那里等候多时的群众见面。他在会上表示，我离湘已经8年，今日承父老兄弟欢迎，心里很惭愧。我有许多话要和诸位父老兄弟谈，但今日为时过晚，日后再说。

黄兴每到一地，从未忘记为革命牺牲的战友和同志。他到长沙后，第一步就是于11月1日亲往大汉烈士祠致祭革命先烈。祭文说：

> 维我湘湖，义烈最多，民国设立，实为先河。
>
> 戊庚以来，十余年载，前死后继，求胜于败。
>
> 京汉两役，血肉横飞，奔走呼号，衡云为开。
>
> 志士颠连，海外投窜，迨兴远逝，连为一贯。
>
> 癸卯之春，辽祸方亟，乃倡义军，声同霹雳。
>
> 后遭解散，备尝艰苦，湘士同归，重振旗鼓。
>
> 甲辰之秋，豪侠云集，大举未成，戕我壮士。
>
> 厥后诸贤，尚多惨死，爱国之心，死犹未已。
>
> 去年武汉，正值危急，告湘响应，最为得力。
>
> 汉阳前驱，东南所瞻，我军战死，何止百千。
>
> 赖兹碧血，以成民国，历史光荣，吾侪痛切。
>
> 兴也无能，尚保残生，追念往事，涕泣纵横。
>
> 湘沅依旧，烈士不还，唯有崇祠，万民所望。

聊陈鲁酒，以表敬忱，云轻风马，庶其来临。

这篇祭文，概述了自戊戌变法以来湖南爱国志士的英勇奋斗史。从戊戌变法、庚子自立军起义到拒俄义勇队，从华兴会长沙起义到汉阳保卫战，湖南爱国志士谭嗣同、唐才常、马福益、刘道一、杨笃生、陈天华、禹之谟以及无数烈士都做出了永垂不朽的贡献。特别是汉阳保卫战，湖南不但连续派了三批援军，而且经周震鳞等在长沙精心筹划，稳定了湖南政局，并筹得300余万元巨款，派人星夜送交黄兴应急。事后黄兴特电嘉奖，谓"革命成功，赖此一举"。（周用美等：《黄兴与周震鳞》／辛亥革命史研究会等编：《辛亥革命研究动态》，2010年第2期）正是凭借先烈的流血牺牲，各省同心协力，共谋革命，才取得革命的成功，才有民国的建立。黄兴想到这些，怎能不"涕泣纵横"！而今"湘沅依旧，烈士不还"，惟有建立烈士专祠，作为永久纪念。11月12日，他又出席湖南烈士遗族欢迎会，盛赞烈士功德，指出烈士"皆以学说上之竞争而死，以铸造共和而死，虽死犹生。"对贫苦的遗族表示要设法救济，还拟铸造徽章，送给遗族佩戴，表现了他对烈士及其遗族无微不至的关怀。

从10月31日到11月13日，黄兴在长沙居留两周，出席了党政界、军警界、农工商界、教育界、宗教界、报界和机关团举办的欢迎会，发表演说，大声疾呼发展教育，努力开发矿藏，振兴实业，为国家奠定富强基础。在湖南政界欢迎会上，他强调"欲谋国家之发展，莫先于教育，自宜竭全力运筹"。兴办实业，乃黄兴最关注的。还在访问北京期间，孙中山表示要建10万公里铁路，黄兴就准备把精力放在开发矿藏方面。到了长沙之后，实业建设成为他谈论的主题。11月2日，他就与郭人漳等联名发布《湖南五金矿业股份有限公司招股广告》，打算集股50万元，采炼湖南各种金属矿藏。以后，在多次谈话中，他都提出要大力发展农工商业以开风气，而致富强。为了以工业唤起人们兴办实业热情，他又与谭延闿等联合发起，组建洞庭制革股份有限公司，盼望各种实业公司相继设立。为了发展近代交通事业，他又与龙璋等组建中华汽船有限公司。

适应农工商业的发展，市场必将逐渐扩大。为此，黄兴对长沙的市政建设提出了很好的建议。他认为铁路建成，掌握各省的交通枢纽，商业必然繁兴，亟宜拆毁城垣，改良街道，把北门开辟为商埠；南门外应迁去义冢，把它改造为工场，修一天桥、连接水陆洲和岳麓山，开辟为市场。黄兴的这些建议，显示了他的远见卓识。80多年后的长沙，已与株洲、湘潭联为一体，面貌已经大变。他所设想的蓝图，早已实现了。

黄兴此次回湘，除了探亲访友，另一重要任务是考察矿务。他在长沙停留的最后几天，恰好工商部查办汉冶萍公司委员余焕东到达长沙。黄兴与余焕东为旧识，余南京临时政府时期担任过实业部矿务司司长。他对余讲述了开发湖南实业的计划。他认为湖南矿产丰富，在湖南言实业，以矿产为第一，应该通盘筹划。他对大同公司拥有江华锡矿开采权特别关注，希望湖南人投资与大同公司合力开发。

为了考察湘赣边区煤铁等矿，11月15日，黄兴偕同陈家鼎、杨廷溥、金华祝、陈凤光、余焕东等人动身前往湘潭、醴陵、萍乡。当天乘小轮到达湘潭，受到各界万余人的热烈欢迎，郭人漳亲自为他执鞭扶蹬。他在会上提出，今日最大事件即为教育与实业，望大家负起兴办教育、发展实业的责任。他对湘潭发展商业寄予厚望，提出拆掉城墙，在文昌阁一带修筑马路，建成商场，再接粤汉铁路修一条支路，连接云南、广西。这样，云南、广西的货物必然聚集湘潭，不必经过长沙，即可直运汉口、上海以至外国，湘潭就会自然成为一大商埠。在湘潭国民党的欢迎会上，他以国民党的现状出发，提出必须注意党规、党德和党略，必须谋求一党之扩充，才能实行其救国的种种方策。

17日，黄兴一行由湘潭到达醴陵，受到醴陵上万人的热烈欢迎。在欢迎会上，他提出每个国民皆负有建国的责任，极望大家努力巩固民国，尤望大力发展实业，使国家富强起来，成为雄视东亚的伟大民国。第二天，黄兴一行参观瓷窑和釉底花工厂，并出席醴陵瓷业学堂欢迎会。他在会上说，民国成立，首重民生主义。而民生主义之发展，当借助于各种实业。瓷业是各种实业之一。醴陵瓷业近年经过改良，工艺水平均接近西洋，今后应当在图画和手工两方面多加研究，力求进步。在醴陵国民党支部欢迎会上，黄兴重申了要注意党规、党德和党略，号召党员要纯以国家为前提，统筹全局，搞好国会选举工作，为醴陵、为湖南造福，即是为中华民国造福。

　　18日至21日，黄兴一行在萍乡安源进行考察。安源为了接待这位首创民国的伟人，临时把德国工程师的寓所腾出来作为行辕。安源在此前30年，纯粹是荒山野岭，只住有4户人家。自从煤矿开发，陡增到4万人。晚上电灯通明，一片辉煌，胜过长沙。在安源，黄兴亲自考察了开矿的横洞与直洞，看到矿工的辛勤劳动，赞叹不绝，认为是他难以忘怀的事。当时国内最大的煤矿，北边是开平，南边就是安源。开平主权被外人侵夺，矿苗已将开尽，而安源还只开发15年，每日出煤达2000吨。如能充分发挥机器效力，当可增产至3000吨甚至万吨，必为东南一大富源。黄兴对此寄予厚望，勉励当事诸君及工界同胞共负责任，力求改革，毋为盛宣怀一人谋私利，要为全国谋公益。在萍乡各界的欢迎会上，黄兴从三民主义谈起，认为经过革命，实行民主制度，民族、民权幸达目的，而民生政策才开始着手，需要全国同胞共负责任。民生政策无非是全国人民得享受自由幸福生活。由于煤铁在实行民生政策中有特别重要的作用，安源在实行民生政策中担负着重大的责任。首先要破除省界，牺牲个人，共谋开发，使它成为东南一大富源，并促国防上武器之发达。他说，20世纪为煤铁世界，而萍乡独为煤铁渊薮，希望大家共负责任，开发宝库，须为全体谋公益，不可为个人谋私利。合全国之力，办全国之矿，资本既厚，成绩自佳。

萍乡是革命的策源地。1904 年黄兴策划长沙起义，就与这里的会党有联络。萍浏醴起义也是以这里作为基地之一。黄兴此次来到萍乡，实含有凭吊之意。他在萍乡学界欢迎会上就说，丙午萍浏醴之役与他本人有密切的关系，趁着回湖南之便，特地来凭吊这个首先发难的革命圣地。萍乡革命烈士黄载生（1881—1910），早年加入华兴会，后又参加同盟会，在湘赣间宣传革命，发展同盟会员 100 多人，1910 年春被清朝反动派杀害。1912 年南京临时政府成立，黄兴曾亲笔致信烈士亲属，并汇寄 100 元作为迁葬费。黄兴此次抵达萍乡，烈士家属携带幼弱儿女来谒，黄兴抚慰备至。特别看到他幼弱的儿女，几乎流出了眼泪。特题写"光照吴楚"匾额予以表彰。同时指示萍乡国民党党部，拨专款 400 元建造烈士纪念碑。还为墓碑题写了对联与横额。外联是："一死结成新世界，万山罗拜此英雄。"横额为"黄烈士钟杰之墓"。内联是："为祖国捐躯，倡义先声垂宇内；择名山葬骨，稽勋旷典炳旗常"，横额是"气壮山河"。他对烈士的崇敬之情，感人至深。

11 月 21 日下午，黄兴结束萍乡之行，乘专车由萍乡返乡，当天到达株洲，受到各界热烈欢迎。在株洲发表演说，强调革命须先改革心理，屏除自利心，唤起公德心。傍晚仍返长沙，此行历时一星期。

黄兴返回长沙后，暂息数日，和各界人士无拘无束地广泛交换意见，叙述别情，漫话教育与实业等各种民生国计。此前 11 月 14 日，杨度曾由北京致电黄兴，提出以取消政党内阁，作为他加入国民党的条件。22 日，黄兴阅毕这份电报，即日复电，说明政党内阁乃是民主国家共同采用，绝不是为了防范袁氏而设。杨度来电，于学理、事实皆属误会。是否实施政党内阁？是当时国民党与袁氏争斗的一个焦点。杨度反对政党内阁，反映了袁氏一意要实行专制独裁的意向，与国民党企图通过政党内阁，限制袁氏专权是针锋相对的。黄兴在电文中申述的理由自然有理有据，问题是对袁氏一意专制独裁的意向未能引起警觉，并采取相应的措施，终致造成后来宋教仁被刺的悲剧，以及后来的被动局面，这是极为惨痛的教训。

11 月 28 日，袁世凯任命黄兴督办汉粤川铁路。黄兴看后，见是交通总长朱启钤呈请任命，属于荐任官，与前此谭人凤任督办，系袁氏特任明显不同，有些不快。乃于 12 月 2 日复电辞谢，指出路政极其重要，办理手续尤属繁难，须有专门人才方能妥善筹划，自己才力不胜，敬请收回成命，另简贤能。第二天，袁氏通过国务院复电，劝勉有加，促请就任。袁在致黄密电中且有"毋再高尚"之语。当时黄兴的随从不少，开支很大，汉粤川铁路督办是肥差。谭延闿等均劝黄勿再坚辞。黄兴从维持路政出发，才于 12 月 4 日复电，同意暂时承乏。等到调整明晰，改组机关，疏通意见，确定款项，可以大兴工作时即行辞职。

12 月初，黄兴回到自己的出生地凉塘，看望离别多年的亲友与父老乡亲。亲友们得知黄兴回乡，自发地成群结队，赶到离凉塘足有 15 里的粟塘迎接。当黄兴到达时，锣鼓齐鸣，彩旗招展，男女老少，无不报以满面笑容的热烈欢迎。黄兴也手拿礼帽，不断向两旁的乡亲招手致意，和他们边走边谈，向他们询问乡情，一直步行回到凉塘。当天下午，在凉塘附近的鹿芝岭开了一个群众大会，欢迎黄兴荣归故里。黄兴在欢迎会上号召大家要多为国家建设出力。他说，"我们要把民国建设好，当然不是轻而易举的事。但是，事在人为，只要四万万同胞团结一致，从兴办实业和教育入手，发展实业，自强不息，无论什么困难都可以克服，要不了十年时间，国家就可以强盛起来"。（毛注青：《黄兴回故乡》，田伏隆主编《忆黄兴》，岳麓书社 1996 年版，第 391 页）

黄兴回到童年成长的故土，重赏故园的山水风光，心情特别舒畅。他在自己旧居和家人团聚，热情接待来访的亲友，看望当年朝夕相处的邻居，与他们共话家常，一幕幕往事，不时重现脑际，生活得十分惬意。他在家乡住了几天，因有督办汉粤川铁路的公务在身，不便久留，只得辞别家乡父老，回到长沙城里，准备启程，赴武汉接办汉粤川铁路。

五、支持国会选举　宋教仁被刺

50多天的故乡之行转眼结束。12月16日，黄兴启程前往武汉，准备接任汉粤川铁路督办，以求粤汉、川汉两路早日开通。当时孙中山正在筹划全国铁路建设，得知黄兴接办粤汉，十分高兴，特致电祝贺。黄兴对此兴趣不大，在复电中表示：汉粤川铁路只是暂时承乏，等到银行借款成功，各国意见调和，确定开工，即行退职。

1913年元月1日，黄兴正式就任汉粤川铁路督办。第二天即致信留在家中的次子黄一中，告诉他已接收粤汉铁路公所，打算干两三个月即行告退，出洋游历。他叮嘱一中努力向学，将来带他出洋求学。由此可见，他对督办铁路一直兴趣不大，只是暂时充任。等到有人接替，即行交卸。他当时最关心的，还是调查各国政治状况，为巩固共和政制出力。

按照黄兴本意，他接任督办的目的：一是和四国银行团商定提款手续，保证筑路经费不乏；二是改组机关，做好相关各省的协调工作，待工程建设有了眉目，就准备退职。可是，以袁世凯为首的北洋政府，处处刁难，毫无诚意。本来，黄兴同意出任督办，是在原督办谭人凤无法挽留，黄兴担心路事停工，贻误工程建设，才决定暂时充任。哪知一上任，交通总长朱启钤竟依照袁氏旨意，蓄意困辱。在和交通部划定权限时，朱启钤执意要把督办置于交通部路政司之下。经过反复交涉，毫无效果。黄兴认为不符原议，知道袁世凯实无诚意。恰在这时，银行团又另外提出条件，拨款拖延。在此情况下，无权而又无钱，黄兴感到无从着手，乃于1月8日电告袁世凯，恳辞汉粤川铁路督办。随后派人把案卷送往北京呈缴。自己则乘"岳阳"轮东下，于 1 月 23 日抵达上海。

黄兴此次上任仅 8 天即行辞职，一些人颇不理解。中国铁道协会曾致电劝他打消辞意，认为黄兴一再辞职，"不特川粤两线无观成之日，而全国路界亦将永无改良之期"。谭人凤则责难黄兴"视进退为儿戏"。其实，铁道协会的敦劝也好，谭人凤的责难也罢，都是不明黄兴的苦衷。黄兴何尝不想把路事办好，而境遇却迫使他非辞不可。因为如前提到，谭人凤出任铁路督办，系袁氏特任，而今黄兴出任，无论是黄兴声望，还是职责范围，都在谭氏之上，理应由袁世凯"特任"，却反而由交通部"荐任"，已是不近情理。特别是就职之后，在职权上要隶属于交通部之下的路政司，行政用人以及经费开支，都要受路政司摆布。堂堂开国元勋，居然受制于交通部下面一个小小的司，真是岂有此理。袁氏北洋政府对黄兴的"困辱"，使他无法忍受！舍辞职之外，别无他途。

黄兴抵沪后，寓居上海同孚路 21 号。当时湖南革命同志拟请他回湖南作都督。由于他不肯取代谭延闿的职位，没有同意。他虽以在野之身闲居，却仍在为巩固共和筹谋献策。当时各地选举的结果揭晓，国民党在各省选举中连连获胜。据统计，选举结果如下：

党籍	议院名	人数	议院名	人数	合计
国民党	众议院	269	参议院	123	392
共和党		120		55	175
统一党		18		6	24
民主党		16		8	24
跨党者		147		38	185
无所谓		26		44	70
总　计		596		274	870

参议院和众议院共选出国会议员 870 人，国民党员占了 392 名，其他共和党、统一党及民主党三党合计才占了 223 席，不及国民党议员的

3/5。另有 1/4 为跨党分子与无党派。显然，国民党在全国选举中取得了巨大的胜利。

按照西方民主制的常规，内阁应由议会中的多数党组织。国民党既然取得了议会中的多数，大多数国民党员都认为，内阁将由本党组织，乃是实行本党宗旨，巩固共和国的大好时机。为了贯彻本党宗旨，大家都在考虑未来政治方针以及政府人选。黄兴对此也很关注。他从巩固共和民主出发，提出国会首先应制定一部宪法，树立民国之根本。要制定一部良好宪法，宪法由谁起草？怎样制定？成为最关键的一环。黄兴为了制定出一部有利巩固共和、福国利民的宪法，力主国民党应该尽全力进行研究。他恳切希望国民党议员应该用平日的学问，积极参加宪法的起草拟订工作；国民党中的优秀分子，尤其应用远大的眼光，缜密的心思，全力加以研究，积极提出建议，力求制定出一部巩固国基的良好宪法。

袁世凯为推行独裁统治，早就想把宪法制定权掌握在自己手上。他一再声明反对制定限制总统权力的宪法。按照《临时约法》和《国会组织法》的规定，宪法应该由参议院和众议院分别推选相同数量的委员共同起草拟订。然而，袁世凯却想另外成立起草宪法机构，以便把宪法起草权控制在自己手中。先是祖袁的梁启超撰文，论证国会不适宜起草宪法；接着是由江苏都督程德全发表通电，建议仿照美国各州举代表之例，由各省推举两人为宪法起草委员集体起草宪法，然后提交国会通过。袁世凯据此很快成立了宪法起草委员会。后来因为找不到法律根据，同时遭到《民立报》《民权报》的猛烈抨击，改称宪法讨论委员会，继又改成宪法研究委员会。为了适应袁氏专权愿望，云南、江苏等八省都督还联合提出制定宪法要点：1. 组织内阁无须国会同意；2. 大总统期限须定 7 年以上；3. 大总统有解散国会权；4. 大总统有裁可法律之权。这是明目张胆为宪法定调，明显表露出为袁氏一人制定宪法的倾向。针对上述主张，《民权报》《民立报》

两报连续载文，认为宪法的制定与起草权，均当然属于上下议院，无容另生异议。国民党内法学专家王宠惠撰著了《中华民国宪法刍议》严正指出：宪法非因一人而定，乃因一国而定；非因一时而定，乃因永久而定。黄兴读了之后击节赞赏，立刻致信王宠惠，称赞是"最为不刊之论。弟久欲撮斯议通电全国，使人人皆明公义，不敢自私，所谓宪法研究会之手段及各都督之主张，可一扫而空之"。（刘泱泱编：《黄兴集·二》，第 608 页）

组织政党内阁，也是国民党和袁世凯斗争的焦点。国民党希望通过组织政党内阁，实行政党政治，借以实行本党的政治主张；袁世凯则认为政党内阁制将使总统的权力受到种种限制，因而极不赞成。前已提到，黄兴访问北京期间，曾劝国务员都加入国民党，以图实现政党内阁。结果赵秉钧等虽然挂名加入国民党，却完全遵循袁世凯的意旨行事，被人讥为"内阁政党"。像那样冒牌的政党内阁，袁氏还可容忍；一旦要由在选举中获胜的国民党真正组织名副其实的政党内阁，限制他的独断专行，他是绝对不能容忍的。

国民党在选举中获胜，民主与独裁的斗争进入短兵相接的阶段。尽管国民党也知道军政大权不在自己手中，但通过选举证明，它得到了大多数民众的支持，因而天真地以为，"民众信赖我们，政治的胜利一定属于我们"。（蔡寄鸥：《鄂州血史》，上海龙门联合书店 1958 年版，第 225 页）他们以为凭着议会的多数，一定可以组成政党内阁。而袁世凯嗜权如命，对于国民党倡导的政党内阁早就竭力反对。他曾对杨度说："我现在不怕国民党以暴力夺取政权，就怕他们以合法手段夺取政权，把我摆在无权无勇的位子上。"（陶菊隐：《北洋军阀统治时期史话》第 1 册，三联书店 1978 年版，第 154 页）明显对政党内阁制不满。黄兴等人不为所屈，仍然坚持政党内阁。国会召开前夕，袁世凯采取各种手段，大肆拉拢议员，以期受他指使。为了抵制袁氏的收买拉拢，黄兴、宋教仁等乘议员北上之便，召集同党议员在上海开会讨论，彼此互相劝勉，"勿为武力屈，勿为金钱靡，勿为权位动。"关于政治方针，经过讨论，作出如下决议：1. 总统选举归之地方上级团体，即以各省议会及蒙古、西藏、青海议会为选举机关；2. 组织政府采纳议院政府制，即国务总理由众议院自行选定，由大总统任命。各部总长由国务总理推定，由大总统任命；3. 地方制略沿旧制，即存省制，列举中央与地方之权限；袁世凯如能尊重民意，选举他为总统未始不可，但必须在宪法制定之后，根据宪法进行选举。

从开国会前夕黄兴的言行看，无论制定宪法，组织政党内阁，选举总统，都是为了巩固新生的共和国。其缺点是对斗争的复杂性、尖锐性的估计严重不足，常以自己的正人君子之心去度量政敌，对袁世凯的阴谋诡计，缺乏必要的警惕与应对之策，犯了政治上的幼稚病。

正当国民党人为议员选举大胜欢欣鼓舞之际，民初最大惨剧——宋教仁被刺案发生了。1913年3月20日晚上10时多，宋教仁在黄兴等人的陪同下走向上海车站验票处，突然被黑枪射中腰部，当即由黄兴等送到沪宁铁路医院，经抢救无效，于22日晨4时47分气绝身亡。宋教仁是当时国民党的实际负责人。袁世凯之所以决计用刺杀手段置宋于死地，核心是个"权"字。宋教仁身为国民党代理理事长，满以为依靠国民党在议会中的多数，通过合法的政治民主，即可把政权夺过来，组织政党内阁，由自己出任总理，实现民主政治理想。因此，他南下省亲结束，即从长沙到武汉、黄州、沿江东下，于1913年2月15日抵达上海，寄居黄兴寓所。以后又应邀到杭州、南京访问。所到之处，发表演说，鼓吹政党内阁，抨击北洋政府内政外交失策，阐述自己的政见。还在上海撰写了《国民党之大政见》，系统地提出了国民党的政治主张。还曾密谋策划，拟选举黎元洪为总统取代袁世凯，隐然要把政权从袁氏手中夺过来。

袁世凯对宋教仁的才华很了解，曾送给他一张50万元支票，被他"原票奉璧"。自此以后，袁经常派密探跟踪调查。宋的一言一行，袁早已得到密报。他见宋教仁有可能通过政治手段掌握政权，决心先下毒手。后来从应夔丞家中搜获的函电 53 件可知，半年以前即已开始策划。先是国务院派秘书洪述祖赴上海与应面商。此后，应、洪之间函电往来不断。1912年 12 月 18 日应又乘快车北上，面见了袁世凯、赵秉钧等人，当面接受使命，并"领到大总统颁发洋银五万元"和密码一本。1913 年 3 月 13 日，洪述祖电告应夔丞："毁宋酬勋位，相度机宜，妥筹办理。"第二天，应又致电洪述祖："梁山匪魁（按：指宋教仁），顷又四处扰乱，危险突甚。已发紧急命令，设法剿捕，迄转呈候示。"从这些字里行间可以明显看出，刺宋是经过精心策划的重大案件。3 月 21 日凌晨 2 时 10 分，即宋案发生后 3 小时，应夔丞即急电洪述祖："廿四十分钟，所发急令已达到，请先呈报。"这些白纸黑字，明白告诉人们，刺宋的罪魁祸首就是袁世凯及赵秉钧。

当宋被刺杀时，黄兴还以为是要刺杀自己而误伤及宋。后来真相大白，始知是袁世凯指使赵秉钧策划的一场政治大谋杀。以前，他从维持国家安定，不让人们再受战乱之苦，同时保证实业建设有一个安定的环境出发，对袁世凯领导的北洋政府，一直从各方面予以支持。宋案发生之后，他才真正认识到袁世凯心狠手辣的反革命面目。从此，由护袁转向反袁，开始走上誓倒袁世凯反动政权的反袁道路。

六、采取多种措施　穷究刺宋元凶

袁世凯主使凶犯杀害宋教仁，是他执意专制独裁，誓与革命党人决裂的一个重大步骤，标志着摧残民主共和进入公开化的新阶段。敌人磨刀霍霍，革命党人如何应付，一时未能形成统一意见：有的主张武力讨袁；有的主张通过政治法律解决；有的提倡以暗杀对付暗杀；还有的主张多管齐下，不拘泥于某一种手段。孙中山在日本得悉宋教仁被刺，立刻启程回国。3月25日，他回到上海后，随即去黄兴家，两人相见泪下，表示务须彻底根究。惟吾人对于此案，尤当慎重，一以法律为准绳。次日他会见日本驻上海领事有吉明，声称与党内主要成员商量，决意无论如何按正当之手段诉之于世界之公议。据此可知，孙中山开始也是主张通过政治法律解决的。黄兴则主张"以其治人之道，还治其人之身"，也就是用暗杀进行报复。但他除暗杀外，还作了多种考虑，如寄望于法律解决等。至于武力讨袁，黄兴身为革命党人军事方面的主帅，也作了反复考虑，而且作了多方面努力。但受种种因素牵制，他感到困难重重。特别是估计力量对比，毫无胜利希望，担心一旦失败，则已经取得的革命成果，将可能全部丧失，因此不能不慎重行事。

在争取国际援助上，孙中山曾说过，日助我则我胜，日助袁则袁胜。日本是中国的近邻，又是革命党人从事革命活动的重要基地。在宋案发生后，孙中山曾把联合日本作为争取国际支持的重点。同样，黄兴也做了大量的联日工作。据俞辛焞根据日方档案资料统计，二次革命期间，孙中山会见日人24次，黄兴会见日人14次。他们联日的总目标都是为了打倒袁世凯，侧重点则各有不同。黄兴由于负责军事，侧重点主要和驻华日军人员及日本军部联系。

由于宋案是当时最重大的政治谋杀案，惩办宋案凶手，不仅是为宋教仁申冤报仇，而且是革命党人维护民主法制的一场严重斗争。为此，黄兴对侦查和惩办宋案凶犯极为重视。自从宋案发生，他就采取各种措施，侦缉刺宋凶犯，追查幕后黑手。在悬赏银一万元的重奖下，首先前去国民党交通部报案的，是凶手武士英的邻居陈某，接着是售卖古董、字画的河南人王阿法。英总巡捕房得报，即率领捕探，由陈某引领，于3月23日晚12时半，直扑应夔丞常去的妓女胡翡云家，然后追踪在湖北路迎春坊三弄妓女李桂玉处捕获应夔丞。第二天早晨又在法租界新北门外文元坊应宅捕获武士英，并在应家搜到大量证据。此前，黄兴和陈其美还通过上海电报局处长吴佩璜，找到了应氏和洪述祖之间的往来密电。正是由于黄兴等人的高度重视，案情才得以很快侦破。

经过侦查审讯，案情很快大白：直接策划者为国务院内务部秘书洪述祖。洪是受国务总理赵秉钧的指使。赵又是秉承袁世凯的旨意。因此，刺宋罪魁不是别人，正是袁世凯。可是，刺宋案发生之后，袁世凯还假惺惺地表示，要"迅缉凶犯，穷究主名，务得确情，按法严办"，（朱宗震编：《民初政争与"二次革命"》上编，第234页）还要开追悼会。对于这种猫哭老鼠的伎俩，黄兴极表愤慨，特以挽联形式，揭发说：

前年杀吴禄贞，去年杀张振武，今年又杀宋教仁；

你说是应桂馨，他说是洪述祖，我说确是袁世凯。

这首挽联，明快有力，是刺向袁氏心脏的一把利剑。

义愤只能表达情怀，不能根本解决问题。经过一番筹划之后，黄兴开展了一系列活动。如前提到，最初是想暗杀袁世凯，为宋报仇。因孙中山不赞成，于是改用其他手段。3月25日，江苏都督程德全抵达上海，与孙中山、黄兴等共商处理宋案办法。经查明，江苏都督府委任应夔丞为江苏巡查长，系洪述祖保荐。27日，为了探明北洋政府对宋案态度，黄兴致电总统府秘书长梁士诒。梁置而不答。28日，时任北洋政府工商总长的刘揆一致电黄兴，拟亲往上海吊唁。31日，刘揆一乘沪宁夜车抵上海，当晚即与孙、黄会晤。刘表示决意辞职。黄兴则以二次革命为期不远，急需战费，即命仍回北京，速筹借款，准备用作战费。刘北返后以患病为由，提请辞职。袁给假一月疗养。在疗养期间，他于4月18日与英商薛福签订了《借款合同草约》，总额为英金 500 万镑，用中国钢铁厂炼出之铁作为抵押，期限 30 年，拟到手后即用作反袁经费。不幸被袁的爪牙侦知，一面指示御用的《亚细亚日报》披露，一面唆使亲袁的议员在议院提出弹劾。刘无法在北京立足，避居天津日租界，接着于 7 月 18 日被袁免职。事虽未成，亦足见黄兴的良苦用心。

为了悼念亡灵，声讨暗杀凶犯，伸张正义，黄兴先是领衔发起，于 3 月 29 日在斜桥湖南会馆召开湖南同乡会追悼宋教仁。接着又决定由国民党上海交通部在张园举行追悼会，原定由黄兴主祭。因患足疾不能出席，改由陈其美主祭。接着由汪洋宣读黄兴所撰祭文，指出"自先生之殂，卒卒时日，寰宇不春，薄海群黎，以泪洗面，瞻念国故，涓涓以悲，时复废箸，颓首痛哭入梦者，盖 20 日于兹矣。"（刘泱泱编：《黄兴集·二》，第 624 页）祭奠完毕，居正等十多人相继登坛演说，他们以极端悲愤的心情，表达了对死者的哀悼，对凶犯的愤懑。这天陆续前往追悼的达 2 万多人。追悼会成了声讨袁世凯罪行的誓师会，反袁的动员会。

袁世凯自宋案发生后，千方百计把水搅浑，妄想转移视线。他先是把暗杀罪名强加在革命党人身上，竟然把宋案凶手归罪于黄兴，说什么先一天同孚路黄寓议事，黄与宋争国务总理，两派因此大决裂。这纯属无中生有。为了让群众了解宋案真相，黄兴积极推动程德全运用行政手段，加速办理宋案。4 月 18 日，他陪同程德全至洋务局，接收刺宋案的有关文件。4 月 25 日，在黄兴等的敦促下，程德全和民政长应德闳通电公布了宋案的主要证据 44 件。有了这批铁证，袁氏再也无法抵赖。同日，黄兴即与孙中山联名通电各省议会、各政团、各报馆，指出此案关系重大，诸公有巩固民国、维持人道之责，希望同心协力，严究主名，同伸公愤。黄兴又考虑此案牵涉政府首脑，非同寻常。为了把案情彻底查清，作出公正判决，他又与程德全商议，在上海组织特别法庭，公开审理此案。同时利用报刊，有据有理地公布宋案经过，揭露袁氏的阴险狠毒。袁世凯不敢公开反对，指使心腹梁士诒和司法总长许世英出面，反对成立特别法庭。黄兴立刻致电袁世凯，揭露其阴谋。袁世凯害怕审理赵秉钧，将使阴谋彻底暴露，仍然竭力为赵辩解。黄即日复电，严词驳斥，指出"铁案如山，万目共睹，非一手所能掩饰。赵君为大总统左右侍近之人，是否与宋案有关，终当诉之法官之判断"。

在上海的国民党人，不顾袁氏阻挠，毅然组织特别法庭，决定审理宋案，由上海地方检察厅票传宋案主犯赵秉钧到案受审。赵发表通电为自己辩解，对一些事情，不是推说"未见"，就是说"实未曾见"。针对赵的抵赖，徐血儿立刻发表长文，严加痛斥。认为"犯法者于事后皆可以'不知'二字了之，则法律将穷其用，而证据亦可毁矣"。赵知无法逃避罪责，即于5月1日以"感患牙痛兼头眩"为由，辞去国务总理。5月初，宋案改由上海地方检察厅受理。为了加紧办理，黄兴于5月4日致函检察厅询问法庭地点等。5月6日，上海地方检察厅票传主谋犯赵秉钧归案受审。赵不惟抗传，且借口黄兴与应夔丞亦有关系，反咬一口。并且伪造证据，说黄兴"潜投巨资，煽惑苏、浙、徐、皖军队阴谋内乱"。袁世凯也借口破获"血光团"，诬陷黄兴。北京一些拥袁报纸随声附和，大肆诋毁黄兴。一时乌烟瘴气弥漫，大有黑云压城之势。黄兴不胜感慨："邪说横行，甚于洪水猛兽，今之谓也。但诬蔑我个人不足惜，为害中华民国则大足惜。"至此，革命党人与袁世凯的矛盾，已发展到无可调和的地步。

七、出任江苏讨袁军总司令

宋教仁被刺后，为了进一步用武力消灭革命党人，袁世凯亟须大量费用。他为了获得外国借款，不惜大量出卖利权，争取帝国主义支持。宋教仁被刺一月后签订的"善后大借款"，本是一年前唐绍仪任国务总理时开始商谈的。由于外国财团想利用贷款控制中国的财政与政治，引起以黄兴为代表的革命党人的强烈反对。唐绍仪因不满外国列强的无理要挟，借口"无暇"，很快退出，改由财政总长熊希龄与四国银行团磋商。熊希龄慑于黄兴等一众革命党人的强烈反对，断然拒绝了银行团提出的新条件。借款谈判中断。以后内阁更替，周学熙继任财长，借款谈判时断时续，一直达不成协议。宋教仁被刺后，由于袁氏急需此款用来镇压革命党人，借款谈判大大加快。4月22日，袁世凯命令国务总理赵秉钧、外交总长陆征祥、财政总长周学熙会同在借款合同上签字。24日，草合同签订。26日深夜到27日凌晨，赵秉钧等与五国银行团（美国宣布退出）在北京汇丰银行大楼经过最后谈判，正式签订了《中国政府善后大借款合同》，款额为2500万英镑。

这笔大借款是中外反动势力勾结，联合镇压革命党人的一笔政治交易。西方列强通过借款，既获得了巨额利润，又实现了对中国的进一步控制，转而积极支持袁世凯的独裁统治；袁世凯有了这笔大借款，可以用来购买镇压人民的军火，可以用来收买亲袁势力，分化革命党人，推行独裁专制。由此，革命党人与北洋军阀势力的关系进一步恶化。

革命党人对袁氏加速借款谈判已有觉察，1913年4月19日，《民立报》已载文反对大借款，24日前后，黄兴得到借款即将签订密报，立刻电告国民党总部，促设法反对，以免本党之失败。刚当选参议院议长的张继等得电后即与国民党本部商讨对策。张继以议长资格见袁世凯，准备陈述反对大借款意见。袁托故不见。26日，黄兴为了阻止大借款签字，特发表致政府暨各界通电。强调指出，借款必由参议院通过，载在约法。今国会在开会期间，政府乃视同无物。借款不提交参议院议决，国民决不承认。善后大借款签订后，立刻激起国内各界人士的强烈反对。参议院正副议长张继、王正廷通电各省都督、民政长、省议会，声讨袁氏集团非法借款的罪行。参议院也召开紧急会议，正式否决大借款，并于29日咨告大总统，声明善后大借款，未经临时参议院议决，违法签字，当然无效。众议院也于5月5日特开会议，对善后大借款案多数否决。国民党参众两院议员联合发表通电，声明决不承认。湘、赣、皖、粤都督联名通电，要求立罢前议，毋使民国因借款而亡。

在全国上下一片反对声中，国务院和财政总长周学熙发表通电，为大借款辩解。黄兴复于5月1日发表通电，指出："自上年十二月以来，大借款之议已寝，事逾半载，一切停止进行。今忽重议募集，银团易式，合同易款，折扣迥异，总额大增，此另为一案，政府当重行提出，了无疑义。于时国会初成，民意待白，政府乃悍然不顾，借口于经年之废案，在临时政府告终之期，当局挥金辱人民之际，暮夜之间，骤加人民以二万万五千万之负担，事前不与国会筹商，事后复避国会质问，聚为密谋，出乃规避，玩国民于股掌，视议会如寇仇，国政至此，体统安在？"（刘揆揆编：《黄兴集·二》，第637页）

由于袁世凯一意专制独裁，对民主政治恨之入骨。他深知光凭口舌解决不了问题，最后只能依靠武力。因此，他从1912年起，已在进行军事准备。1912年5月，他一方面逼迫南方裁撤革命军；另一方面却在北方招兵扩军。8月又密令"各军统制，一律招足十成，不可缺少一名"。同时着手大量购置军火，充实军备。据海关统计，1912年由天津输入的军火，价值为白银272万两，1913年增到490万两。宋案发生前，向瑞记借款30万英镑，陆军部捷成借款28.8万余元，全部用来订购军火。军队布防方面，也作了针对南方的军事部署。宋案与大借款使袁氏和革命党人矛盾加速激化。袁氏为了借机消灭革命势力，进一步加强了军事准备。4月初，湖北发生改进团事件，袁世凯乘机把李纯的部队由河南调往湖北，控制京汉路沿线，准备待机而动。与此同时，袁记参谋部借口防匪，密令张勋率队进兵徐州，扼守津浦铁路要地。此外订购了大量军火军米；派遣密探，加紧侦察南方7省的政治军事动态；用巨金在各地收买会党、长江各要塞长官和革命党人。

善后大借款签订后，袁世凯对革命党人态度更加强硬。4月30日，袁氏召开秘密会议，专门研究各省反对借款及宋案最后对付问题。5月1日，袁同意赵秉钧辞职，任命陆军总长段祺瑞代理国务总理，借以加强军事统治。5月3日，袁世凯发布"除暴安良令"，借口外国报道中有"二次革命"传闻，痛诋二次革命，声言如有人潜谋内乱，立予逮捕严究。5月6日，袁氏在总统府召开第二次秘密会议，专门研究了对革命党人用兵的军事计划，商定：京汉线的进攻目标为湖南、江西、安徽三省，以北洋第6师进攻江西，而以河南第1师及河南混成旅作预备队；以倪嗣冲部、雷震春禁卫军备兵之主力、毅军赵倜部进攻安徽，以北洋军2师为补充队；以北洋第6师之一部和黎天才第1师之一部确实占领武汉三镇，以黎天才第1师与雷震春禁卫军备兵之一部占领自荆州以东至汉阳蔡甸之防御线，防御湖南进攻。津浦线则把进攻南京作为主要目标：以北洋第5师及张勋部进攻南京、江苏，北洋第4师为预备队；以山东混成旅切实防守济南，以徐宝山部为扰乱南京、江苏内部之牵制队。第3师及第1师之一部由海道运送南方，登陆地点临时指定。福建军进驻上海如不可恃，则以驻扎西陵、南苑、定州等处的第3师之一部充之。此外，还对北京的保卫作了安排。另外，已在直隶、河南及颍、兖等处招募了新兵二万以上。上述部署表明，早在"二次革命"发动前两个月，袁世凯对革命党人用兵已有全面安排。即使革命党人不发动进攻，战争迟早也会发生。

袁世凯的用兵计划刚刚制定，其下属闻风而动。5月7日，第6师师长李纯即准备把军队开到鄂东南兴国（今阳新）田家镇一带，相机直捣九江、南昌；紧接着，北洋第 2 师自保定南下，进驻湖北孝感、武汉、黄州。到了 5 月下旬，驻扎湖北的北洋军已达 2 万余人。与此同时，袁氏为了与国民党抗衡，拨款 160 万元作为活动经费，促成共和、民主、统一三党联合，于 5 月 29 日正式成立进步党，作为御用党。

此外，袁氏还大造反革命声势，对黄兴等革命党要人进行造谣攻击。5 月 8 日，国务院传达大总统令，斥责湘、赣等都督反对借款是"上无道揆，下无法守"。5 月 11 日，袁系报纸借口破获"血光团"，大肆诋毁黄兴。5 月 13 日，袁氏唆使陕西、山西、直隶等 7 省都督联名通电，责骂黄兴、李烈钧等借口宋案与借款"淆惑视听，演出亡国恶剧，以沦陷我四万万同胞"，如果有人以谣言发难，当勠力同心，愿与国民共弃之。5 月 15 日，袁世凯批示取消黄兴的陆军上将。5 月 19 日，冯国璋、段芝贵等 81 名将领致电全国政军各界，攻击革命党人一借口于宋案，二借口于借款，四出诱惑，声称如果有倾覆政府破坏共和之人，我军人枕戈以待。5 月 21 日，袁世凯又亲自出马，传语国民党人，"现在看透孙黄，除捣乱外无本领。左又是捣乱，右又是捣乱，我受四万万人民付托之重，不能以四万万人之财产生命听人捣乱"。倘敢组织政府，我就敢举兵讨伐之。他厚颜无耻，居然以保护四万万人之生命财产自居。但可看出，他已下定决心，要与国民党人彻底决裂。

面对袁世凯决心以武力讨伐革命党，黄兴内心十分矛盾：一方面作为革命党的核心人物和宋教仁的挚友，对袁世凯恨之入骨，巴不得立致袁氏于死地；另一方面，他作为武装斗争的主帅，深知自身实力不足，短期内无法在军事上战胜袁世凯。一旦决裂开战，如果不能取胜，革命党人已经取得的成果将全部丧失。因此，他不能不持慎重态度。袁世凯的步步紧逼，黄兴意识到战争难于避免。因此从 4 月底起，着手作各种战争准备：首先，绝不推荐袁世凯为大总统，提倡在国会中大力揭露袁氏罪行，对袁进行弹劲，争取社会支持；如果袁对国会进行武力干涉，则把国民党籍议员撤回，在南方采取分庭抗礼措施。为了争取中间力量，确保当选，拟举黎元洪为大总统，借以取代袁氏。为了争取国际支持，黄兴在5月初又极为秘密地向斋藤少校表示，拟亲自东渡，会见日本当局，解决中日之间的一些争议，取得日本对讨袁的支持。在国内也努力做各种社会力量的工作，争取他们的支持与同情。

在着手应战准备的同时，黄兴基于实力不足，还是尽量想避免战争。所以只要有和平了结的可能，他也努力争取。5月9日，黎元洪致电黄兴及湘、皖、赣、粤四都督，一方面就借款、宋案竭力为袁世凯开脱；另一方面敦促黄兴等"各守秩序，静候法庭议院解决"。黄兴在复电中一方面对袁的曲解作了辩驳；另一方面重申对于宋案，纯主法律解决，借债要求国会通过，表达了他对和平解决的愿望。

黎元洪是湖北军政府都督，又一再当选副总统，仍统有湖北4个师计5万多人的军队。因此他无论倒向哪一方，都会使哪一方力量大为增强。袁世凯千方百计要把黎拉到自己一边；黄兴等革命党人也不惜以大总统做诱饵，尽力争取黎反袁。为了争取黎氏反袁，章太炎于5月初最早来到武昌。5月中，章士钊、李经羲、岑春煊在黄兴的支持下，也相继到达武昌。可是，此时的黎元洪，已生怕自己成为宋教仁第二。他在两种力量之间权衡，深知革命党力量不是北洋军对手，万一反袁不成，会招来杀身之祸。因此，无论章太炎等如何劝说，他都不为所动。革命党人争取黎氏反袁，以失败告终。

袁世凯利用周予儆等人编造的"血光团"案，继续加害黄兴。5月29日，袁世凯下令改组的北京检察厅向上海地方检察厅发出传票，票传住居租界的黄兴到京受审，作为对审理宋案的对抗措施。黄兴自认光明磊落，自当赴京追究主谋，求得水落石出。6月11日，他自动前往租界会审公廨，表示愿意赴京对质。由于原告未到堂，证据又不足，经过中西司法官员会审，认为应待原告到庭，并且呈出证据，再行传讯。袁世凯陷害黄兴的阴谋，终为黄兴的正直无畏挫败。

正当革命党人与袁世凯的矛盾进一步激化之际，蔡元培与汪精卫从欧洲回到上海。他们与孙中山、黄兴商议后，决定由汪精卫与赵凤昌联系，请张謇、程德全出面调停。汪精卫提出对袁妥协条件：1. 仍举袁氏为大总统；2. 为四都督解释反抗中央谣传，申明不在临时政府期内撤换；3. 宋案依法律解决，将来罪名至洪述祖打止，宋案既不可传赵，周案亦不可传黄；4. 申诫军人不干预政治。可是，磋商还在进行，袁用武力消灭革命党人的部署已经就绪，准备即刻动手。6月9日，袁世凯下令免去江西都督李烈钧，任命黎元洪兼署江西都督。14日，袁又下令免去广东都督胡汉民；30日，再免去安徽都督柏文蔚。由此，形势急转直下，战火一触即发。

李烈钧被免职，和平愿望严重受挫，革命党人只得作应战准备。6月12日，黄兴从孙中山处支取5万元，着手部署讨袁军事。为了策动广东举兵，孙中山于6月中以探望长女病危名义，南下广东，与胡汉民、陈炯明会于停泊澳门附近的军舰上，商议武力讨袁，遭到陈炯明婉言拒绝。后经反复开导，才同意四省独立，广东同时宣布。湖北方面，鉴于湖北已变成袁氏进攻革命党人基地，黄兴两次派革命党人赴武汉组织机关，准备待机起义。武汉革命党人准备于6月25日分三路同时发动，一举攻占武汉三镇。不幸事机失密，被密探侦知。24日，黎先发制人，派遣军警会同法租界巡捕查封了据传为革命党人机关部的汉口《民国日报》馆。26日，又在德租界日本人开设的富贵馆逮捕了策划起义的宁调元、熊樾山。策动此次起义的詹大悲、蒋翊武、季雨霖、蔡济民、熊秉坤皆受到通缉。十天之内，遭黎杀害的革命党人达55人。湖北革命党人反袁倒黎活动又一次被挫败。

在此前后，调和南北的活动仍在继续。张謇向袁提出六条忠告。袁坚持"行吾心之所安"，即要把革命党人全部消灭才能安心，一意要对革命党人动武。7月2日，被袁收买的江西要塞司令官陈廷训密报袁氏，沿江上下六炮台已"被煽惑"，要求派军前往九江镇压。这时已成袁氏帮凶的黎元洪，立刻背弃不派兵入江西的诺言，电告李纯派兵入赣。李即于7月5日派兵进入江西，于8日到达九江，扼住了由九江入江西的大门。与此同时，袁世凯又派遣驻扎马厂之北洋第4师三个营伪装成海军警卫队，由海军中将郑汝成率领入驻上海制造局，控制了国内最大的军火供应基地。

袁世凯罢免江西、广东、安徽三省都督后，复派大兵压境，逼迫革命党人不得不即刻行动。李烈钧向湘、皖、粤督征求意见，各督回电皆含糊其辞。李本人顾虑若即刻起兵，"世人或且以恋位见疑"，于是决定卸去都督，赴上海向孙、黄请示机宜。6月19日，李烈钧到达上海。此时孙中山已去广东，李只得留在上海等候。袁世凯撤下胡汉民，任命陈炯明为粤督，自然希望陈为己用，陈炯明则感到左右为难，于16日电袁请收回成命。以后又提请中央拨款2000万等三项条件，使袁无法接受。革命党人则希望他尽快接任，以利讨袁早日开展。为此，黄兴三次致电陈炯明，促陈接任。袁世凯则说三天之内不就职，将改派龙济光。陈无法再拖，才于7月4日宣布就职，而对于反袁，则迟迟不动。湖南谭延闿所采取的则是典型两面手法，他迫于反袁势力的压力，不敢公开拥袁，却派员前往武昌，通过黎元洪向袁秘密输诚。7月7日，谭人凤奉黄兴之命到达长沙，策动湖南响应讨袁。恰好这天军械局被袁派人纵火烧毁，大量军械付之一炬。谭延闿表面宣布戒严，暗地里幸灾乐祸，认为即使宣布独立，由于军械被毁，也无所作为，自己则可得到袁世凯的谅解。

大兵压境，革命党内部仍然意见不一。为了讨袁早日发动，孙中山于6月29日回到上海，立刻亲赴李烈钧寓所，商议讨袁。接着召开军事会议，决定兴师。他力促陈其美在上海率先发动，陈以地小力微，不敢先发。继和黄兴分电粤、湘，皆答以准备未周，不能即时发动。于是黄兴和孙中山又动员李烈钧回江西发难。这时恰值林虎派第一团团长李思广前来探听动静，声言士气旺盛，有一触即发之势。李烈钧决心回江西首先发难。行前，他又赴黄兴处商议行动方案，决定李回江西先宣布讨袁，然后黄兴乘机赴南京宣布独立，待南方各省响应，然后渡江北上。

7月8日，李烈钧回到江西湖口，连夜召集方声涛、林虎、耿毅等数十名军界要人开会，密议江西起兵事宜。12日，李烈钧在湖口宣誓就任讨袁军总司令，发布《讨袁军总司令檄文》等文告，谴责袁氏"绝灭人道而暗杀元勋，弁髦约法而擅借巨款，……我国民宜亟起自卫，与天下共击之"。（周元高等编：《李烈钧集》上册，第165页）同日黎明，李纯属下的张继尧部在沙河镇发起进攻，被林虎军击败，林虎军乘胜占领青山瓦子岭一带，夺取金鸡坡炮台。13日，江西省议会推举李烈钧为讨袁军总司令。14日发表《讨袁军宣言》，二次革命正式爆发。

当李烈钧回江西时，孙中山派朱卓文携款2万元赴南京运动军队讨袁。朱到南京后运动了几个营连长，准备杀掉师旅长起兵，并拟请孙中山来南京主持军事。第8师旅长王孝缜、黄恺元得到消息，于7月13日仓皇赶到上海报告黄兴。王孝缜等认为，在当前形势下，只有起兵讨袁，才能避免内部互相残杀，并请求黄兴赴南京主持。黄兴眼见南京军队内部即将发生火并惨剧，决定赴南京组织讨袁。当即嘱咐王孝缜等当夜赶回南京布置起义，本人则亲自去见孙中山，表示自己愿赴南京举兵讨袁，请孙先生暂勿动身，等待创立一个局面再请前去主持。同时请孙先生在上海做好兵力和物力的支援，督促陈其美早日发动，尽快占领上海。

征得孙中山的同意，黄兴来不及告别家人，即带着几个随行人员匆匆于14日前赴南京。当夜在第8师师长陈之骥住宅召开军事会议，商议作战计划。参加者有第1师师长章梓、第7师师长洪承点，第8师师长陈之骥、第9（3）师师长冷遹等。15日清晨，章梓派人截断都督府的电话线，第8师部分士兵开入都督府警戒，黄兴带领高级将领入见程德全，要求宣布独立，誓师讨袁。程支吾其词，部分高级将领"跪泣哀求"，才勉强附和，并委任黄兴为江苏讨袁军总司令，随即以程德全、应德闳、黄兴三人名义宣布江苏独立，并以章士钊早已拟好的《讨袁通电》通告全国。电文在斥责袁世凯绝灭人道、破坏共和的罪行后，最后声明："兴之本志，惟在倒袁。民贼一去，兴即解甲归农。国中政事，悉让贤者，如存权利之思，神明殛之。"再次表达了他一心为国为民，不牟私利的素志。

江西、南京宣布独立后，南方各省纷起响应。17日，安徽都督柏文蔚在黄兴的敦促下宣布独立。18日，广东省都督陈炯明亲至省议会宣布独立，通电讨袁；同日，陈其美也在上海宣布独立。黄兴致电浙江都督朱瑞、广西都督陆荣廷，敦促即日宣布独立，还致电海军李鼎新等与袁脱离关系。20日，复派阎润苍等持自己的亲笔信赴河南，拟联合白朗领导的农民起义军共同讨袁。此外，他还致电各友邦，重申此次讨袁目的在于保障共和，维持人道，请各国告诫各资本团，勿再交付款项给北洋政府。同日，浙江都督朱瑞宣告独立。为了争取更多的人投入讨袁，黄兴鉴于岑春煊在清末是与袁氏齐名的大官僚，广西的陆荣廷与龙济光都曾是他的下属，而且与袁氏一贯交恶，故16日在南京开军事会议时，即与柏文蔚等商议，推荐岑春煊为讨袁军大元帅。22日，各省议会联合会一致公举岑为"中华民国讨袁大元帅"，以资统一事权。自7月12日江西独立到22日举岑为大元帅，十天之内，南方各省几乎多宣布独立，表面上颇具声势，实际相当脆弱。

自南京宣布独立后，驻守徐州前线，由冷遹师长率领的第3师就在徐州一线抗击南下北洋军，刘建藩也奉命率领以第8师为主的混合梯队北上，支援第3师。从16日到18日，双方激战三昼夜，全线获得大胜。但由于力量对比上，北军明显占据优势，加上讨袁军内部存在种种矛盾，讨袁战争很快发生逆转。江苏方面，正当双方在徐州以北激战之际，第3师的张宗昌部马队在北洋军策动下率先后退。受其影响，其他部队也闻风退却，导致全线不战自溃，自动放弃徐州。紧接着，南京城内部分驻军被袁收买，发生内变，又听说附袁的徐宝珍部图占六合。这样，讨袁军的后路就有被截断危险。为了稳定南京局面，不得不命令混合梯队迅速回防，负责维持南京城内的秩序。冷遹率领的第3师先是退到蚌埠、临淮一线，得悉混合梯队撤回南京，又续退到浦口。旅长伍崇仁乘冷遹赴南京之机，竟然向北军接洽投降。

江苏讨袁军失利，江西等地讨袁军同样受挫。继7月24日北洋军占领徐州之后，25日，江西湖口经过整天的争夺战后也被北洋军占领。上海讨袁军自23日起向江南制造局发动进攻，经过5日攻击皆无效果，不得不于28日撤离战线。安徽方面，内部也很紊乱。都督几经更替。柏文蔚先是奉黄兴之命，赴蚌埠成立安徽讨袁军司令部，后为稳定上游政局，又敦促柏文蔚速返安庆。柏文蔚乃于7月27日率部回到安庆，自任都督兼民政长，安徽内部局势才暂时稳定下来。武力讨袁形势发生逆转，程德全先是于7月25日发表通电，声明南京独立不是他的本意。26日，又致电黄兴，敦劝取消讨袁，引咎释甲。27日，又密电南京卫队营营长张鹏翥，令其"捉拿黄兴"。（李云汉：《黄克强先生年谱》第357页）程德全的言行，对南京讨袁是个极重大的打击。

黄兴见北面徐州失守，西边湖口陷敌，东面进攻上海制造局受挫，加上沪宁铁路当局接受北京交通部电令，拒绝通车。弄得南京"声援已绝，饷械不支"。冯国璋、张勋又率大部队南下。且宁垣宪兵营与第3师之一团，均有欲为变乱之谣。（刘揆一：《黄兴传记》）面对当时的严峻局势，黄兴本想与北洋军一拼到底。但第8师之前旅长、号称小诸葛的陈裕时，考虑到南京兵力太单薄，而且不尽可靠，力劝黄兴即刻离开南京。他认为"明知不可而为之，不过以一死塞责，究于国事无补"，（刘揆一：《黄兴传记》）不如暂时离去以图将来。李书城也劝他听从陈的劝诫。讨袁军参谋长黄恺元，日夜守护黄兴，也力劝黄兴离南京去上海。黄兴眼见南京已陷入极度混乱，大势已去，最后接受大家的恳求，于7月29日凌晨1时在南京下关登上日本的"龙田"舰。那时，黄兴身无半文，而且正患疟疾，其皮包内只有空勃朗宁手枪一支，金鸡纳霜药一瓶，可以说囊空如洗。送他上船的8师师长陈之骥看到此情此景，乃在派去守卫的一连人中共凑了70元，作为黄的旅费，并派黄恺元伴送。临时，他嘱咐陈之骥要维持好南京的社会秩序，不要让士兵扰害商民。还电告柏文蔚："大势已去，无能为力，弟已他往，望兄相机引退，留此身以待后用。"（柏文蔚：《五十年经历》）

一、辗转流亡　暂居东京

　　黄兴登上日舰"龙田"丸以后，当晚在黄恺元陪同下转乘"嵯峨"舰于7月30日午后4点到达上海。本来打算在上海登岸，以便与各方商议下一步行动。可是，早在7月23日，在袁世凯等人策动下，上海租界工部局已经议决，将黄兴、孙文、陈其美等8人"逐出租界"。因此，黄兴已无法上岸。另外，还在7月27日，第8师旅长王孝缜已与日方打通关系，必要时请允许黄兴登上日本军舰或商船，赴广东意图再举。当日本驻南京的船津领事将此事报告外务大臣牧野后，牧野顾虑华中"动乱"外人疑与日方有关，嘱令船津婉言拒绝。后来，牧野得知黄兴已登上"龙田"舰，又通知船津，嘱令使黄兴去香港或其他地方。30日牧野又电告驻日上海领事有吉，希望黄兴尽快去香港，万不得已可使去冲绳。有吉决定让黄兴于31日上去香港的"静冈"丸。7月30日深夜，黄兴乘小艇登上"静冈"丸，31日上午8时30分离开上海。8月3日早上6时到达香港。先期到达的张继与马君武，就黄兴抵港问题已与驻日港总领事今井有所接洽。今井向张继等说明日本希望黄兴去新加坡。黄兴则说不想去新加坡，希望去欧洲。黄兴离沪后，孙中山也于8月1日深夜乘"约克"号离沪赴港，准备在港与黄兴晤商。但8月3日到达福州马尾时，得知广东形势剧变，香港当局不许孙、黄上岸。行动计划只得改变。在日本人士的关心下，孙决定换乘"抚顺"丸往台湾基隆。黄兴得知孙中山不能来港，特电询孙中山今后去向。而黄兴抵港的消息很快为香港报纸报导。为了防止黄兴登陆，香港警方加强了警戒。今井总领事对此感到吃惊。他与黄会见后，黄知无法久留，表示愿去美国。但因已通知上海二三同志去神户与自己会合，所以须先去日本，待到会合后再一起赴美。而且已与孙中山约定，要在日本会商今后

194

行动计划，也得先到日本。为了隐瞒日方帮助黄兴逃亡，也为了黄兴安全，今井当机立断，毅然决定于8月4日下午把黄兴转移到运煤船"第四云海"丸，立即开往日本。

今井不但对黄兴赴日起了关键作用，而且孙中山经台湾地区转日本，也是他帮的忙。今井的这种果断而勇敢的举措，的确值得钦敬。8月9日，黄兴乘"云海"丸到达六连岛，经过检疫后在下关市门司登岸，原来打算即日赴神户，同在该地登岸的孙中山会晤后再赴东京。后经黄兴与三井分公司慎重考虑，决定稍候时日，而以黄兴名义，由三井门司分公司致电上海分公司，告诉上海唐月池，请陈叔良（据说是参谋）火速来下关。本人决定，待他们来下关后一起赴美。黄兴在观澜阁小憩后，决定租借下关市外滨町天野龟次郎之别墅暂住。8月12日下午，三井物产门司支店员河原林又陪送黄兴转居山口县丰浦郡长府町小泽富熊宅。

经过7天小住，黄兴决定赴东京，待办好赴美手续即准备离日。8月20日凌晨4时，黄兴悄悄登上"静冈"丸。他化名冈本久太郎，穿礼服，戴巴拿马帽，穿拖鞋，提鳄鱼皮手提包，化装成日本农村绅士模样，经过神户、四日市，于26日晨8时30分到达横滨港。为了保证万无一失，日本方面商定了一个周密的方案：白天把黄兴藏在船上一间房中，直到27日凌晨1时才偷偷换乘舢板，又在防坡堤外换乘小汽艇，向长滨检疫所开去，凌晨2时靠岸。登岸后徒步穿过通往金泽街的山路，黄兴、三井物产公司职员石田秀二和本县一名警部，共3人乘坐等候在该所的汽车，于凌晨2时40分出发，4时40分到达住地东京市芝区琴平町13号信浓屋。自7月29日凌晨离开南京，途经上海、香港、下关、直到8月27日凌晨抵达东京，前后共计30天。28日晚上，迁到芝区高轮南町53号。黄兴的家属得知黄兴已到日本，也从上海乘船赴日。8月22日早晨，黄兴的妻妾及3名子女，4名随从抵达门司，在三井物产门司支店长小林的陪伴下，于下午7时10

分在下关乘火车去东京。8月23日晚上8时20分抵达东京新桥车站，11时30分到达驻地精养轩，比黄兴提前3天到达。

二、创办浩然庐与政法学校

黄兴避居日本，仍以维护民主共和制度为念，一直关注国内局势的变化，筹谋善后办法。他凭着正义必伸、革命必胜的信念，对革命成败进行了反复的思量。他认为要挽回革命失败，从根本上着手，应该"本吾党素来所抱之主义发挥而光大之"，要开诚布公，把过去做得正确的认真继承发扬，对过去的错误努力改进。在国民面前公开承认已往的过错，用实际行动纠正，恢复革命党人在群众中的威信。至于未来革命事业，要从长远着想，不要急功近利，搞那些无益于根本解决的小暴动，说一些群众无法接受的大话空话。为了团结更多的人共同反袁，应当宽大为怀，使他党有爱国心的人有所归向，在广泛团结各种反袁力量的基础上，要团结国民党中坚忍不拔之士，学识优秀之才，订出长远周密的计划，分头进行。如此，倒袁必能成功。

紧接孙中山、黄兴之后，许多革命党人在国内无法立足，纷纷流亡日本。东京再次成为革命者的聚集中心。其中尤以中下级军官居多。黄兴认为，当前革命处于低潮，再举革命的时机还不成熟，懵然发动只会带来无谓的牺牲。为了未来再举革命成功，目前必先培养干部。恰好李烈钧来日时，带来谭延闿资助的十多万元。黄兴乃与李烈钧商量，用这笔钱创办两所学校：一所研学军事；一所学习政治法制。李烈钧表示赞同，将携带之十余万元交给李根源、殷汝骊经营，作为办学经费，并安置逃亡日本的革命党人。

军事学校定名浩然庐，又称浩然学舍，校址设在东京府荏原郡入新井村新井宿1266号。1913年12月1日开学。黄兴亲自为学校题写匾额："汉贼不两立"、"大盗窃国，吾辈之责"，以此激励学员，学习军事是为了倒袁护国。学校的管理工作由殷汝骊和日本预备役骑兵大尉青柳胜敏负责。殷汝骊担任学校监督（校长），课程有法制、军事学、武术等。1914年4月24日，日本调查时，有学生79人，其中三分之一为革命流亡者。教员有预备役骑兵大尉一濑斧太郎、预备役步兵大尉中村又雄等。学生每月缴费10元，集中住在宿舍里。1914年6月28日，学校接到千叶县通报，称浩然庐在千叶县千叶町旅舍松叶馆投宿的佐贺县人野口忠雄和中国人名叫"赵坚"的，在制造炸弹时负伤。可能与此事有关，受到日本警方起诉调查。6月30日上午，青柳胜敏召开职员会议，下午召集全体学生开会，宣布浩然庐即日解散。所有学校学生53名，均授予初级军事学结业证书。但43名比较认真的学生，照旧住在浩然庐宿舍，休假一周后，再作为青柳胜敏的私塾，暂不附加任何名义，继续开始上课。课程方面，学科有战术学、应用战术、野外要务令、兵器学、筑城学、地形学、交通学等；术科有体操、柔道、剑术。

政治学校名为东京政法学校。地址在神田区锦町三丁目10号（锦辉馆前）东京工科学校内，主管人为日本法学博士寺尾亨。日本一流名家小野壕喜平次、野村谆治、小林丑三郎等任教。1914年2月9日开学，修业年限3年。学生主要是中国流亡者子弟，讲授政治、经济、法律等方面课程。日本警方1914年4月17日调查时有学生180人。内分政治经济和法律两个专业。政治经济专修科开设政治学、比较宪法、行政泛论、经济原论、财政原论、法学通论、民法总论、国际公法、政治史、西洋史、行政名论、经济名论、应用经济、财政各论、民法、刑法、社会学等；法律专业专修科开设：法学通论、比较宪法、刑法、民法总论、国际公法、经济学、行政法、民法、商法、国际私法、民事诉讼法、刑事诉讼法、裁判所构成法等。校长寺尾亨在开学的演说中，强调"教育一途为当务之急。盖欲始终贯彻支那革命之事业与其所革命之目的，非有建设此事业之能力不可。欲有建设此事业之能力，非有建设此事业之学问不可，此固如影随形，不可易也"。在学习方法上，他强调专与精。他说："学以专而精。贪多务得，或至一无所成。"（俞辛焞：《黄兴在日活动秘录》，天津人民出版社1998年版，第162—163页）

此外，黄兴为了加强反袁宣传，收服人心，还积极支持国民党创办的《民国》杂志，以及章士钊创办的《甲寅》杂志。这两个杂志，后来在反袁宣传中都发挥了积极作用。

三、拒绝加入中华革命党

孙中山和黄兴流亡日本后，由于日本友人的努力，日本政府由拒绝入境改为容许居留。两人因此能够在日本警方的严密监视下，秘密住在东京。1913年8月31日，黄兴在宫崎寅藏的表弟前田九二四郎陪伴下，前往孙中山住所赤坂区灵南坂町27号海妻猪勇彦家拜访。这是两人逃到日本后第一次会晤。在历时105分钟的晤谈中，彼此谈了些什么？没有留下具体记载。只有石陶钧在《六十年的我》中说："黄兴约我进见中山先生，大被痛骂。其后孙、黄裂痕显然。我在感情与事实上不能舍后者从前者。我的新觉悟也就从此开始。"石陶钧乃黄兴最亲近的同志之一。他谈的情况，可能就是指这次会晤的情景。因为以后再没有黄兴访问孙寓的记载。细查日本警方的翔实记录，从1913年9月到1914年6月30日黄兴离日赴美，在整整10个月里，孙黄晤面只有3次：

第一次：1913年10月10日上午11时50分，孙中山在宋霭龄的陪同下赴高轮南町黄寓访问，双方在内室会谈，下午1时5分离去。内容不详。

第二次：1914年5月5日下午3时5分，孙中山在萱野长知的陪同下再次访问黄寓，与先期到达的曹亚伯、章勤士一起和黄交谈。4 时 55 分，章士钊来访，参与交谈。5 时 5 分，陈方度来访，参加交谈。下午 6 时 15 分孙中山和萱野告辞。长谈达 3 个多小时。此次晤谈，双方在政见上争论相当激烈。据萱野长知在《中华民国革命秘笈》中追述，孙中山提议组织绝对服从领袖的党，黄兴则反对领袖专政。他们之间发生了冲突。萱野为调和双方矛盾，陪孙中山一起去见黄兴，那时黄兴一步也不相让。两人感情激动，"有时高声惊动四壁。晚餐后再度争论，直至夜深。争论最后几乎变成争吵而破裂"。（〔日〕萱野长知：《中华民国革命秘笈》，第 203—205 页）

第三次：孙黄叙别。1914 年 6 月，黄兴决定离日赴美。26 日，特致函孙中山，备小酌请孙 27 日到寓所叙别。届时作陪的有宫崎寅藏、萱野长知、田桐、邓家彦、杨庶堪等。黄兴在邀请函中已声明"不谈国事"，会晤中只叙别情，未发生争论。孙中山特集古句，书联相赠：

安危他日终须仗，甘苦来时要共尝。

明眼人一看便知，这是寓意很深的一首赠别联语。表明孙、黄在政见上尽管一时无法弥合，而孙对黄仍然寄予厚望，希望将来安危相济，甘苦共尝。

革命再次遭到挫败，孙、黄作为主要领导人，理应心平气和总结失败教训，冷静分析形势，确定今后再起方针。可是，在他们之间却因政见不同，产生严重分歧，不能不是一个很大的不幸。政见分歧是由二次革命失败引发的，而种子在南京临时政府时期已经播下。当时由于历史形成的原因，凡属军国大事，人们习惯于请示黄兴，"诸事由克强作主"，（张继：《回忆录》一），孙中山很少过问，内心中已有不快情绪。所以，孙后来曾说："南京政府之际，弟忝为总统，乃同木偶，一切皆不由弟主张。"

（《孙中山全集》第3卷，第82页）宋案发生以后，很快查明主凶是袁世凯。面对这一严峻局面，革命党人如何应对，内部意见分歧很大。当孙中山提出武力解决的主张时，各地掌握军权的都督，由于实力不足以与袁对抗，因而都不主张对袁用兵。黄兴主张暗杀袁世凯等，孙中山认为不正大光明，未曾付诸实行。在武力讨袁上，黄兴一方面作了多种努力与准备，另一方面由于带兵的人多不赞成，他也觉得毫无胜利把握，故持慎重态度。无论如何，他都主张诉诸法律，借此揭露袁氏罪恶，争取群众支持，为武力讨袁作好舆论准备。

平心而论，孙、黄主张各有千秋。孙中山主张武力解决，不失为一种政治眼光，缺点是远离客观实际。考察革命党人当时掌握的军力与财力，以及当时人心，即使立刻用兵，也很难取胜。黄兴的法律解决主张，在正规的民主国家，未始不是一种正确手段，即使是当时中国，通过法律手段，至少可以分清是非，揭露袁世凯的罪行，争取群众的支持。当时军政大权都归袁氏掌握，民主制度刚刚建立，纯依法律，自然无法解决根本问题。孙中山在后来《致黄兴信》中提出，如按他的意见，立即动兵，就有"百胜之道"。实际上并非没有试探。如孙、黄曾在4月分电粤、湘两督，两督复电皆言困难很多，黄兴还曾派石陶钧去南京策动第8师，第8师也不同意。因此，立即动兵显然是不可能的。既然不可能，孙中山以此责备黄兴，又何能令黄兴心服？至于说立即动兵，即有"百胜之道"，未免失于武断。衡诸当时军力、财力和人心，说有"百胜之道"，纯属夸大之词。

孙中山致黄兴信中还说，黄兴不该阻止他去南京主持讨袁。按当时黄兴请孙中山缓去南京，原是为了顾全大局。因为当时孙中山只运动了几个营连长，而且已被师旅长觉察。如果那时孙中山亲去南京，军队内部将会立刻发生内讧，哪还顾得上兴师讨袁？再是孙本人从未亲身指挥过打仗，由孙去主持南京讨袁，岂能指挥如意；还有，孙中山是革命党人的一面旗帜，万一亲身陷阵，在前线出了意外，岂非因小失大？故此，黄兴在复信中说，"愿以身代先生赴南京，实重爱先生，愿留先生以任大事"，应是当时实情，正体现他处处顾全大局的品德。

对失败后形势的估计，孙黄之间也存在严重分歧。孙中山对形势十分乐观，把国内潜在的革命力量估计过高，对于以袁世凯为首的反革命势力则看得很低，认为推翻袁氏政权比推翻清朝更加容易。陈其美、戴季陶等人支持孙的观点。黄兴则认为，革命党人随着军事失败，原有地盘丧失殆尽，在国内很难立足；广大群众尚未觉悟到非去袁不可；而袁氏在政治、军事方面实已控制了全国绝大部分地区；此外还得进步党人与外国列强的支持。革命显然处于低潮时期。革命党人在这种形势下，只宜养晦待时，积蓄力量，徐图进取。李根源、李烈钧、陈炯明等赞同黄兴的看法。在孙、黄分歧中，争持最为激烈的还是组党问题。孙中山认为，国民党已经涣散无力，决心重组中华革命党。他认为此前党员皆独断专行，各行其是，"二次革命"失败，非袁氏兵力之强，实同党人心之涣散。为了克服此前散漫不统一的毛病，建立新党"特主服从党魁命令，并须各具誓约，誓愿牺牲生命、自由权利，服从命令，尽忠职守，誓共生死"。并规定入党宣誓时，在誓词里必须写上"愿牺牲一己之身命自由权利，附从孙先生再举革命，……永守誓约，至死不渝，如有二心，甘受极刑。"（《革命文献》第5辑，第100—101页）同时要按右手中指的指印，以表决心。无论新旧党员，皆不能例外。

黄兴对此持不同看法。他认为"二次革命"的失败，乃正义为金钱、权力一时所摧毁，非真正之失败，相信革命最后会取得胜利。因此主张维持国民党，"加以整理，力求扩充"。他认为当时亡命日本的国民党员，都是参加讨袁而且遭到通缉的，不应该对他们严加整肃，主张在原有基础上发展其他的反袁革命分子，以便团结更多的力量共同奋斗。特别对加入中华革命党，要宣誓附从孙中山一人革命，并要盖手印，很不赞同。对于入党的人，按照入党先后分成首义党员、协助党员、普通党员，革命成功之后，分别享受的权利也大不一样，更不赞同。黄兴认为，"无论维持国民党的名义或者另组新党，领袖非孙中山莫属。但是硬要在誓约上写明，这无疑是服从一个人、帮助一个人搞革命；硬要在誓约上打指印，这等于犯罪的人写供词一样，两者都违反平等自由精神。至于党人入党之后，都是同患难、共生死的革命同志，应该一律看待，而不应有'首义党员'、'协助党员'、'普通党员'之分，更不应以所谓'元勋公民'、'有功公民'、'先进公民'享有权利不同相号召"。（毛注青：《黄兴年谱长编》，第428—429页）黄兴反复规劝孙中山，希望他回心转意，但未被孙中山接受。

孙、黄在建党组党问题上的分歧，仍如侯宜杰在《论黄兴不入中华革命党》一文中指出的，是建党治党原则的分歧，以及建立一个什么样党的分歧。这不止关系到党的前途，而且关系到国家和民族的命运。建党必须坚持民主原则，领袖必须由民主选举产生，而且应该接受党组织的批评和监督，尊重多数人的意见。这是西方资产阶级政党普遍遵行的原则。孙中山的建党主张，显然有悖上述原则。他把个人驾临于组织之上，以人治代替法治，不管孙中山的主观愿望如何美好，不能不引起许多主张民主、平等的革命党人的反对。黄兴认为这是以人为治，是在"反对自己提倡之平等自由主义"，是完全正确的。一直在孙、黄之间充作调解人的宫崎寅藏也认为："孙黄之争为主义之争。从根本上说，感情亦夹杂其间。对此事，我们认为是孙不好。"（《宫崎滔天氏之谈》）

是建立一个团结广大革命党人的党，还是建立一个脱离群众的党，也是孙黄建党问题上的重大分歧。孙中山片面地总结两次革命失败的教训，在组织形式上搞秘密结党；在组织原则上坚持绝对服从他一个人；在组织路线上只依靠那些唯孙命是从的少数党员，加上借用旧式会党结党的落后手段，使中华革命党变成一个具有浓厚宗派主义色彩的团体。后来的事实证明，其建党路线是不成功的。黄兴主张"仍用旧党，加以整理，力求扩充"，不但主张团结本党坚忍不拔志士，而且要团结"异党之有爱国心者"，共同反对袁世凯的专制独裁，维护共和民国。不用说，为了战胜强大的敌人，革命队伍自然越大越好，革命力量越强越好。革命党如果失去群众的支持，单靠少数人冲锋陷阵，革命是无法成功的。后来中华革命党发动的反袁斗争屡次遭到失败，即使是在反袁护国时期，也只能充当配角，就是最好的证明。最后孙中山也觉悟了，护国胜利不久，即把中华革命党改名为中国国民党。而且在遗嘱中还叮嘱革命党人，欲求达到革命目标，"必须唤起民众及联合世界上以平等待我之民族共同奋斗"。可见，在如何建党问题上，错误不在黄兴。

有一种意见认为，黄兴拒绝加入中华革命党，是"随着他革命意志的衰退，在组织上也走了分裂的道路"。如前所述，黄兴拒绝加入中华革命党，根本不是闹分裂，而是坚持建党的根本原则，决不拿原则做交易，是一种非常可贵的革命品质。诚如有些论者指出，所谓分裂，无非两种情况：一种是拉拢党内一部分人，党外组党；另一种是在党内拉帮结派，另立山头。事实上，黄兴既没有拉拢一部分人另组政党，也没有在党内拉帮结派。即使在建党路线上和孙中山产生严重分歧，而且自己又站在正确一面，仍然维护孙中山的领袖地位，公开表示："党只有国民党，领袖惟中山。"（《黄克强手札》，《近代史资料》1962 年第 1 期，第 13 页）把分裂的帽子强加到黄兴头上，岂不是太冤枉了吗?

四、离日赴美　坚持反袁

由于政见和党建上的严重分歧，黄兴感到长期争吵不休，同志之间将意见日深，给敌人以挑拨离间的机会，加上孙中山在复信中又一再提出让

1914 年 7 月，黄兴抵达美国时与旧金山欢迎的华侨合影。

他独干两年，因此决定离开日本，赴欧美考察政治，寻求中国的改革之路。1914 年 6 月 30 日，黄兴乘日本"登岳"轮自横滨起航。陪同赴美的有李书城、石陶钧、翻译徐申伯以及赴美留学的邓家彦。7 月 9 日上午，黄兴一行到达檀香山，登岸后逗留半日，曾游览华人市埠，并在自由戏院对欢迎之侨胞及同志发表演说，谈论讨伐袁世凯的意义。他指出与袁氏不是私人之间的敌对关系，袁实是民主政治的敌人。当地华侨为他的来临举行了欢迎宴会。当时报刊报道，这是檀香山有史以来华侨最热烈的集会。此外，还接受了美国《太平洋商务报》记者的采访，表示"我们将奋斗到底，使中国成为一个实至名归的共和国，让人民享有和美国公民同样的自由"。

7 月 15 日，黄兴一行到达旧金山。袁世凯得知黄兴赴美，曾电请美政府阻拦。不过，美国政府和人民均同情中国革命，不仅对袁的要求置之不理，而且美国总统还用电报及公文通知海关官员，命令优待黄兴，并且妥善保护。因此，黄兴一行登岸未受到任何阻拦，仅仅各交一张照片即行上岸。登岸时，千余人齐集岸边欢迎。从港口到客栈，有30多台自动车护送。有百余名国民党员暗带武器，沿途保护。黄兴的女儿振华也从纽约专程前来迎接。当时的欢迎盛况，《旧金山纪事报》曾作了翔实报道。称赞黄兴将军是"中国革命的首领"，"黄兴将军的到来，激起了本埠华侨社会中的一股欢迎的热潮，与强烈反对袁世凯的情绪"。在旧金山居留期间，连日由国民党同志、致公堂及黄江夏堂、黄云山公所等黄氏宗亲设宴招待，每次宴会均有数百人。黄兴应邀发表了多场演说，每次长达两三个小时，主要揭露袁世凯的帝皇野心，以及各种欺诈伎俩，说明此行目的在于研究美国政治与政治制度，以备未来为中国的改革提供借鉴。他抵达美国的消息一经传开，北美各地华侨、南美等处均来电欢迎，邀请他赴各地演说的达30多处。黄兴见此情景，十分高兴。

7月23日，黄兴一行移居太平洋沿岸的避暑胜地太平洋森林公园（Pacific Grove）。这里离旧金山百多英里，乘坐火车4小时可到。当地人民得知中国革命军大元帅光临，感到十分高兴和荣幸，特举行一次极为热烈的欢迎会，表示崇仰和钦敬。这里地处海边，气候适宜，林木茂盛，花草翠绿，乃天然的避暑胜地。黄兴在这里租住一矮屋，自炊自读，怡然舒适。曾聘请一位名师讲授美国政治和地方自治状况。准备稍有心得，即往美国东部游历。附近各地国民党人闻讯，纷纷设宴欢迎，黄兴亦欣然赴会。其女振华及李书城等人一直朝夕相随，其乐融融。他们在这里居住近两个月。7月26日曾应屋仑华侨邀请，在欢迎会上发表演说，强调反袁革命，势在必行。8月15日，应旧金山共和俱乐部邀请，到会发表《共和政体下的中国》的长篇演讲，对袁世凯的独裁统治进行了猛烈的抨击。9月19日，他到达洛杉矶，在那里停留3天，除了出席华侨及国民党人的欢迎会外，还访问了荷马·李夫人，向支持中国革命的荷马·李将军墓献了花。

9 月 29 日，黄兴一行抵达芝加哥。这时适逢袁世凯派遣的代表陈锦涛等与美国银行接洽借款。孙中山曾电告黄兴，请设法阻止。黄兴曾就阻袁借款和梅培商谈。在谈话中，梅培对中华革命党章程也有不同意见。黄兴嘱他致函孙中山，请再作考虑。同时向梅培吐露了自己的心怀。他说："吾非反对孙先生，吾实要求孙先生耳。吾重之爱之，然后有今日之要求。吾知党人亦莫不仰重孙先生，尊之为吾党首领；但为此不妥之章程，未免有些意见不合处。"（梅培：《上孙中山书》）在芝加哥停留期间，美国友人林百克来访，表示将为黄兴撰写传记，希望提供关于黄兴的生平资料。林百克后来对此有一段很有意思的回忆，他说不久就收到黄兴寄给他的一个大包裹。当他将要打开的时候非常激动，以为里面装的是一位英勇将军的生活历史资料，但小心翼翼打开包裹，像朝圣的圣徒展读圣书一样，可是里面装的却是吁请美国朝野人士支持中国民主政体的一份用打字机打成的很长的文件，无一字涉及黄兴个人的勋业与生活。这不免使林百克大失所望，却充分体现了黄兴为维护共和而奔走呼号的满腔爱国之情。

10 月 2 日，黄兴到达纽约。美东侨胞欢迎之盛，不减美西。在纽约居留的一个多月中，他除了出席当地华侨和国民党支部的欢迎会外，在一欧、振华兄妹的陪同下，还参观了华人聚居的唐人街、黑人与犹太人杂居的贫民窟、哥伦比亚大学和纽约大学，以及中央公园、历史博物馆、动物园、纽约时报馆等。此外，中国留美学生张奚若、黎照寰、任鸿隽、蒋梦麟、严庄、陈文俊、刘天铎、谌湛溪、陈嘉勋等皆慕名前去拜访。黄兴在旅馆一一接见，和他们畅谈心怀。中国国民党纽约交通部书记余铁汉上书孙中山说，黄兴抵达纽约后，"国民党、致公堂及华侨团体，欢迎甚踊跃，华人有史以来未有如此之盛也，大抵崇拜英雄之故耳！"（李云汉：《黄克强先生年谱》，第 378—379 页）

黄兴原来打算在美国居留一段时间，即赴欧洲观看世界大战形势，后来因故不能成行，又觉纽约繁华嘈杂，于是转移到华盛顿住了一个星期，又觉得看病就诊不便，最后选定费城与华盛顿之间的米地亚（Media）作为疗养地。这里是费城的近郊，地位适中，环境幽静；前往费城，乘汽车或电车只要20分钟；东去纽约，西赴华盛顿，交通也很方便。费城是1776年美东13州宣布独立的名城，一度是美国首都，著名的独立厅、自由钟均在这里。既适于疗养治病，又便于考察美国政治。黄兴到达这里不久，一天早晨突然吐血数升，经诊断患了胃溃疡，必须妥善治疗，并长期休养。大概由于这个缘故，徐宗汉带着幼子一美，在黄一欧陪同下赶来照应，黄兴以这里为居留地，一边疗养，一边研究美国政治和从事反袁宣传，差不多有一年半时间。其生活费用，靠携带去的旧字画卖得美金数万元维持。"始终与华侨无一文交涉"。

黄兴寓居美国将近两年，名义是疗养治病，实际上无时无刻不在为维护民主共和制出力。袁世凯是破坏民主共和最凶恶的敌人。他用虚伪的承诺，骗得革命党人的信任，当上大总统后，还野心勃勃，梦想复辟帝制。黄兴对袁世凯的凶恶面目，认识有个过程。"二次革命"之前，他和许多革命党人一样，曾轻信袁氏诺言，对袁采取维护态度。宋教仁被刺后，查明了事实真相，他才猛醒过来，认识到"袁氏作恶已极"，才决心要打倒袁世凯。这种认识的转变，成了他晚年行动的指南。正是基于这种认识，在美期间，他始终把倒袁作为首要任务。

黄兴一登上美国领土，就高举起讨袁的旗帜。他在抵美后致函萱野长知，表示"此行务将袁氏罪状节节宣布，使世界各国皆知袁氏当国一日，即乱国一日，欲保东亚之和平，非先去袁氏不可"。（刘泆泆编：《黄兴集·二》第730页）7月15日，是黄兴登上美国大陆的第一天，也是"二次革命"一周年纪念日。在美洲中国国民党支部召开的纪念会上，黄兴细述了"二次革命"的由来及失败的原因，对袁世凯破坏民国的罪行进行了严厉的谴责。他说：袁氏破坏民国之罪，罄竹难书，若将其颠末一一说出，虽尽一日之长，犹不能说尽。他的罪行很多，最严重的可分作五类：一、弃灭人道。残杀革命党人，无所不用其极。二、违背《临时约法》。假共和之名，行专制之实。三、破坏军纪。把保卫国家的军队，变成残杀人民、推行专制独裁的工具。四、混乱财政。滥发纸币，大借外债，使国家财政濒临崩溃。五、扰害地方。袁氏名为大总统，实为大贼头。不但不保护人民，反而苛派勒索，残杀无辜，使人民无法生存。因此，若不想亡国，非大家团结一致，打倒袁世凯不可。

袁世凯既是一个残忍的独裁者，又是一个惯耍愚弄手段的高手。他用所有的方法来标明重视共和，却把自己形成绝对独裁的地位。为了揭破谎言，彻底暴露袁氏真面目，黄兴用真实具体的事例，从各个角度淋漓尽致地揭露了袁世凯的狡诈奸险伎俩。在旧金山国民公会的欢迎会上，他历数了袁氏一生不孝父母，不友兄弟，不讲信义，出卖朋友，制造假象，排除异己，毒死光绪帝等种种罪行；揭露袁世凯如何欺骗国民，如何欺骗革命党，如何欺骗世界各国人民，以实现其专制独裁统治；最后指出："今袁之权势、袁之专横、袁之举动，较于君主有过之而无不及"，号召大家"同心合力，拥护共和，将袁氏驱除"，保卫"我先烈出死力以制造之民国"。（刘泱泱编：《黄兴集·二》，第717—725页）后来在屋仑华侨欢迎会上，他又申述了革命党人在推翻君主专制统治之后，目标是建设一个完全共和国家，以实行平民政治。今天中国政治之不良，为袁世凯一手所造成。今后欲巩固共和国基，回复人民自治之权，势不能不排除专制之袁世凯。革命党人反对袁世凯的独裁统治，是为大多数人谋幸福，应乎时，顺乎人的正义斗争。

黄兴的这些演说，以确凿的事实，全面系统地声讨了袁世凯的滔天罪行，鼓舞了革命党人的斗志，也在美国各界人士中引起了强烈的反响。这些言论皆发表于护国战争发动之前一年多，实为讨袁之先声，为后来护国讨袁运动的开展，作了很好的舆论准备。

美国是当时世界上有名的民主国家，黄兴希望通过考察美国民主政治，为改良中国政治提供张本，所以才选择美国作为访问欧美的第一站。前已提到，他在太平洋森林公园休养期间，曾聘请一位名师讲授美国政治。后来到了美国东部，当美国《纽约时报》询问此次访美任务时，黄又明确地说："我的目的是研究这个伟大的共和国的政治制度，这是我国的爱国志士希望本国政府加以取法的。"（薛君度：《黄兴与中国革命》中译本，第171页）到达米地亚住下以后，不时带翻译唐月池、徐申伯赴费城、华盛顿考察，还通过邓家彦请哥伦比亚大学名教授比尔德讲政治学。本拟访问一些地方，从事美国国情研究，后因患了胃溃疡，需要长期休养，访问计划未能实现。从此他只能依靠阅读书报，了解美国的历史和现状。由于本人不能亲赴各地考察，乃改由李书城、石陶钧旅行美国各地弥补。石陶钧从1915年秋天起，曾漫游美国南部各州，在三藩市参观世界博览会，后遵黄兴之嘱，与张继一同回国，策划倒袁。李书城先是从费城到旧金山，又从旧金山经美国南部绕道华盛顿回到费城。经过一个多月的考察旅行，增进了对美国的了解，特别是对美国的种族歧视政策和资本主义制度下种种不合理的社会现象感触很深。当他向黄兴汇报这些观感后，黄兴由此意识到美国的民主制度并非尽善尽美，特别是种族问题严重，与《独立宣言》所宣布的理想相距很远，表示将来新中国的建设要汲取美国教训，把民主自由规划得更加完善，无论老幼病残，鳏寡孤独，都能享受民主自由的幸福生活。

黄兴赴美途中，中华革命党于1914年7月8日在东京正式成立。孙中山任总理。协理一席，虚悬以待黄兴。20天后，第一次世界大战就正式爆发了。德、俄、英、法都忙于在欧洲战场上厮杀。日本宣布与德、奥绝交，竟然不顾中国已宣布中立，强行在中国山东龙口登陆，攻占胶州及德国所租之青岛。而且自从欧战发生以来，世界金融停滞。袁世凯向外借款，屡次碰壁。黄兴估量在这种形势下，袁贼将陷于窘迫之境，此为倒袁的最良时机。不过，由于实力不足，目前只能做讨袁之预备。当时有人主张乘欧战发生，立起倒袁。黄兴认为是轻举妄动。所谓预备，他认为首先要消除革命党人之间的内争，并联合各种反袁力量，共同讨袁。为了促进革命党人的团结，他在美期间，很注意协调彼此之间的关系。对孙中山，他仍然很尊重，不但毫无怨言，而且绝无违背本党之行动。孙中山对黄兴赴美也很关心，曾亲笔致书美洲华侨同志，声言克强先生为吾党健者，革命元勋，理当竭诚欢迎。

由于欧战爆发，聚集在日本的一部分未加入中华革命党的同盟会会员李根源、彭允彝、殷汝骊、冷遹、林虎、程潜等，相与组织欧事研究会，讨论时局，研究对策。商定协议条件 4 项：1. 力图人才集中，不分党界；2. 对于中山先生取尊敬主义；3. 对于国内主张浸润渐进主义，用种种方法，总期取其同情为究竟；4. 关于军事进行，由军事人员秘密商决之。成立之后，他们联名函告黄兴，请列名入会。黄兴复函表示同意。认为他们本爱国之精神，抒救时之良策，主旨宏大，规划周详。其着手方法，尤能祛除党见，取人才集中主义，毋任钦仰。他指出，当时东亚局势是"群狼臻远，猛虎当门，是更可惧"。嘱咐李根源等人要考虑长远，不要只顾目前；要从全局出发，不要只激于某一部，都是有为而发。他认为今后能否成功，尤在吾人能否一致进行。足见他对革命党内部的团结非常重视。

为了调和革命党人之间的矛盾，留在东京，既没有加入中华革命党，也没有像参加欧事研究会活动的谭人凤、白逾桓、刘文锦、柏文蔚、刘承烈、周震鳞等，常奔走于革命同志之间，希望能重新联合起来，共同讨袁。8 月 18 日，谭人凤致信黄兴，陈述了在东京活动情况，提出了他的主张。

9月12日，黄兴复信谭人凤，对他的苦心热忱，无比感激与钦佩。认为从维持固有的党势入手，最为稳健正大。现在革命党最大的弊病在于不能统一，谭人凤决定，从团结入手，将来救国的目的必能达到。希望坚持不懈，必会成功。他也表示，本人不是坐观其成，而是竭力调和各个方面，以求革命党早日实现再次大联合。

黄兴寓居美国，袁世凯曾怂恿美国亲袁人士攻击黄兴及革命党人。纽约大学远东部主任甄克斯即曾对黄兴作不实又不友好的评论。为此，黄兴曾托美国哥伦比亚大学比尔德教授在《纽约时报》发表声明，驳斥甄克斯的不实之词。声明说："我读了我的朋友甄克斯博士对我个人所作的不正当的抨击的文字，深感遗憾和失望。仅在两周之前，他报道了一项传闻，大意说，孙博士和我将被袁世凯邀请回国，协助中国革新工作。我当时就予以否认。而今，甄克斯博士对我的否认又作了还击，说我是无论敌友都不予信赖并加以唾弃的叛贼。博士这种显然前后矛盾之词，一定会使明智的人士感到难堪。"甄克斯还在筹款上造谣惑众，黄兴也作了严正驳辩。他说："甄克斯博士说我在美国从事筹款，真是遗憾！他承认，我已经明明白白告诉过他，我没有这样做。至于我要华侨每人每月捐款一元作为重新发动革命的经费一节，我诚恳地请求他提供证据。"

还有袁世凯正在向美国借款一事，甄克斯否认袁世凯所派代表正在接洽借款，但又承认袁世凯需款至急。并说，提供贷款的人将从优报酬。甄克斯承认这一点，已足以使聪慧的美国公众洞悉一切了。关于阻止袁世凯获得借款，黄兴曾通过各种渠道劝阻美国银行团。并且严正指出：阻止这项借款，不但可以保持中国对美国人民的尊敬，而且可以迫使袁世凯放弃他的专制独裁政策，改行民主。在美国侨胞及国民党人的努力抵制下，终于阻止了这笔借款。陈锦涛无计可施，只得空手回国。

第十章

回国讨袁
病逝上海

一、策划倒袁护国

　　"二次革命"后，袁世凯逼迫国会选举他为正式大总统。接着就追缴国会中国民党议员证书，然后借口国会不足法定人数，把国会及地方议会解散。议会被解散之后，他又把矛头指向《临时约法》。1914年5月1日，袁氏正式公布了由约法会议炮制的《中华民国约法》，同时废除了《中华民国临时约法》。新约法把原来的内阁制改为总统制，由大总统总揽一切军政大权，"假总统政治之名，而行独裁政治之实"。同年12月28日，约法会议又炮制了《修正大总统选举法》，规定大总统任期十年，连任无限制。如此一来，袁氏实际成了终身总统，而且有权传之子孙，世代继承，和君主制仅有名义之别。

　　袁氏梦想复辟帝制，日本以为有机可乘，决心扩大对华侵略。1914年11月7日，日军趁世界大战爆发占领青岛，德国在华权益全部为日本夺占。1915年1月18日，日本驻华公使日置益打破外交惯例，赴怀仁堂秘密面见袁世凯，直接递交了目的在于全面控制中国的《对支那政策文件》，即俗称"二十一条"要求草案。表示袁世凯如果承认，"日本政府从此对袁总统亦能遇事相助"。日本"二十一条"一经传出，立刻引起全国震惊。国内各阶层人民以及海外华侨纷纷展开各种形式的拒日爱国活动，坚决要求政府拒绝日本的无理要求。黄兴是一位忠诚的爱国者。他抵达美国之初，本来一意宣传讨袁。待到日占青岛，就敏锐地觉察到日本的侵华野心。即日致函萱野长知，询问日本政府当前方针，指责大隈内阁推行亲袁政策。随后又致函宫崎寅藏，严斥日本的侵华和亲袁政策。待听到日本提出灭亡中国的"二十一条"，深感民族危机空前严重，必须把"救亡"摆在首位。在"舆论责望党人一致对外"的形势下，"立即向国人表示，为了举国一致反对日本无理侵略要求起见，即时停止反袁活动，以便袁世凯专心对外，维护国权"。（李书城：《辛亥前后黄克强先生的革命活动》）国内外革命党人多赞同黄兴主张，相继发表通电或声明，表示了相同的意向。

1915年2月25日，复由黄兴领衔，与陈炯明、柏文蔚、钮永建、李烈钧等联名致电国内外各报馆，对袁探在国内外散播的谣言作了更详细有力的辩驳。电文除驳斥了袁党指责革命党想借外力倒袁纯属无稽荒诞之谈外，更痛斥袁氏当政以来，"内政荒芜，纲纪坠地，国情愈恶，民困愈滋。一言蔽之，只知有私，不知有国"。"至今空尸共和之名，有过专制之实"。正是由于政治不良，才导致外侮。最后警告袁世凯，"只知媚外，亦有穷时；专务欺民，何异自杀！"不要再执迷不悟了。此电发表后，黄兴等人又在海外风闻，胡说革命党"将乘外交急迫之机，与第三国勾连，起而革命。"他们感到这种流言蜚语，不但有伤革命党人的爱国心，而且有损革命党与第三国关系。于是又由黄兴、陈炯明、钮永建、李烈钧、柏文蔚、林虎等联名致书《字林西报》，声明"吾人神圣之目的，在使吾最爱之国家庄严而灿烂，最爱之同胞鼓舞而欢欣。至何人掌握政权有以致此，吾人不问。且革命者，全然属于一民族之事。……吾国政府纵为万恶，亦惟吾人有权改革其非"，决不致仰赖以致勾结外人从事改革。"二十一条"充分暴露了日本的侵略野心，严重侵害了中国主权。国难当头，黄兴与欧事研究会成员，以及其他革命党人，一再表白素志，强调一致对外，反对侵略，维护国权，把反对日本侵略放在首位，充分体现了他们竭诚爱国、誓死反抗侵略的崇高精神，是值得肯定的。不足的是，他们只看到日本侵略的严重祸害，却对袁世凯媚外卖国缺乏警惕。

日本提出"二十一条"不久，袁世凯即派外交总长陆征祥、次长曹汝霖与日置益进行谈判。从2月2日起，在此后两个多月里，共计谈了25次。5月7日午后3时，日本发出最后通牒，除了第五条允许以后再议，其余限 9 日午后 6 时答复，否则将采取必要之手段。5 月 8 日，袁世凯为争取日本的支持，不惜出卖国家利益，在国务会议上表示接受日本通牒。9 日，陆征祥等奉命前往日本驻华使馆，递交了接受最后通牒复文。25 日，陆征祥与日置益又分别在条约及互换文件上签名、盖印与互换。

袁世凯接受日本最后通牒，全国人民无不目为奇耻大辱，各地爱国人民纷纷集会，表示要抗拒到底。教育界还将每年 5 月 9 日定为"国耻纪念日"。黄兴得悉袁世凯接受"二十一条"，极为愤慨，立刻对袁氏的卖国独裁进行严厉斥责。5 月 21 日，他与陈炯明、李烈钧等 17 人再次致电各大报馆，对袁氏辜负 4 亿同胞的重托，表示了极大愤慨，认为是清代未闻的奇耻大辱。电文指出，袁氏自当政以来，倒行逆施，独断专行，"改窜民宪，放逐议员，一国之权由己独断。两年以来，一人政治，叹观止矣"。"一国政权集诸一人之身，与吾接者只见一人，不见国民。人以一国而敌一人，吾则反之"，焉有不败之理？要救国，惟有靠人民自己奋起，只有大家团结起来奋起自救，才能使国家免于危亡。

"二十一条"的交涉刚刚结束，帝制复辟活动即刻开始。袁世凯认为，接受日本的侵略要求，必能得到日方的支持，从而大大加快了称帝的步伐。1915 年 6 月，"共和政体不适于中国"的流言已在各地传播。8 月 3 日，北洋政府的传声筒《亚细亚日报》发表了袁氏宪法顾问古德诺写的《共和与君主论》，无耻鼓吹君主制优于民主制，竟说中国民智卑下，共和制不适合于中国。8 月 14 日，杨度串联孙毓筠等人发起成立"筹安会"，借口筹一国之治安，筹备推行帝制。杨度还抛出《君宪救国论》，把辛亥革命后由于袁世凯专制独裁带来的动乱，胡说是由于共和所造成。声称中国要富强、要稳定，必须实行君主立宪。筹安会成立后，为了伪造民意，立刻通电全国，而且派出专人到全国各地活动，煽动不明真相的群众，拥护君主立宪。随后又成立"全国请愿委员会"，请参政院组织"国民代表大会"，投票解决国体问题。一时帝制逆流，犹如一股污臭恶浪，漫卷全国各地。

帝制运动在全国展开，远居美国的黄兴一直关注着事态的发展。1915年9月底，黄兴接到蔡锷派专人送来长达17页的一封长信，详告了当时国内形势以及袁氏称帝的种种阴谋活动，以及秘密出京赴西南发动倒袁的打算，征求黄兴意见。黄兴接阅之后，仔细分析了国内形势，认为袁氏作恶多端，已引起群众广泛不满。特别是承认"二十一条"，其卖国面目已暴露得十分清楚，一旦公然称帝，不但会引起爱国人士的坚决反对，即使袁氏许多同党也不会支持。因此，讨袁时机已经成熟，决心即刻发动讨袁护国。他接到蔡锷的信后，一面在美筹款，对讨袁作经济上的支持；一面嘱令儿子一欧动身赴日本，以便与各方面保持联系。一欧临行前，黄兴交给他两封信：一封致孙中山，谈到袁世凯必将称帝，三次革命时机已到，如有所命，极愿效力；另一封送给住在东京的张孝准，略告蔡锷来信情况，以及需要解决的问题，嘱他尽快与蔡锷取得联系，相助行动。

那时石陶钧正在美国西部旧金山参观世界博览会。张继由法国来美，在米地亚与黄兴商讨国事后，也经芝加哥到达旧金山。黄兴即令石陶钧和张继一同回国参加讨袁工作。并把电汇给黄英伯的钱转交张孝准作为活动费用。经过深思熟虑，他对讨袁提出六点策略性建议：

一、发难须急。缓则狡袁用他种手段去其反对之势力后，更难着手。

二、发难不必择地，即印兄（李根源）所主张之滇、粤均可。因割据一二省，响应必起，袁贼财政即生缺陷。此可制袁之死命。

三、广设暗杀机关，造成种种恐慌。此节兄等已实行。惟须连发，不论大小强弱（小弱者更易为力）。昨郑汝城一击，最快人心者也。北方更须注意，其赞成帝制各机关，破灭之，亦有效。

四、冯某（指冯国璋）未尽可靠，当有先防之之心。若能得彼部下之同情，即急起拥戴之，彼亦无所逃。然须知彼非如程德全之易与，更须防如程德全之反复。

五、陆氏（指陆荣廷）一武夫，以部下激发之自易。以大势观之，此间或可先发（滇能先发亦好，此处可以一电脱离中央，自成独立民国）。

六、外交绝不必先有所顾虑，以起与不起，利害均相等，惟须尽力图之。（刘泱泱编：《黄兴集·二》，第777—778页）

他的这些建议，切合时宜，颇有指导意义。后来的事实证明，由于袁氏正式即帝位前，护国战争已在云南发动，立刻揭穿了"全民拥护帝制"的谎言，使帝制派陷入狼狈不堪的困境，有力地鼓舞了全国人民坚决反对帝制的勇气。黄兴上述策略的成功，为护国战争的胜利立下了首功。

张继、石陶钧于1915年11月初到达日本，即与张孝准在日本马关设立机关，为北京、昆明和美国三处转递信息，筹商讨袁事宜。遵照黄兴的指示，张孝准很快与蔡锷取得联系，并送给蔡锷密码一本，供秘密联系之用。蔡经过筹划，特派殷承瓛先赴日本面告张孝准等，不久将经日本去云南，请设法避去日本新闻记者及袁探。为了保证蔡能安全出走，张孝准随后又亲赴天津，与蔡面商出走的周密计划。经过这样的精心策划，蔡锷终于顺利逃出虎口，于12月3日清晨登上日本的运煤船"山东"丸，途经门司、神户、上海、香港，于19日出其不意地顺利到达昆明。护国战争中的另一重要人物李烈钧，在黄兴的策划下，也由新加坡到香港，带着李根源、张荣廷筹借到的现洋100箱，偕同熊克武、龚振鹏等于12月17日到达昆明。由于带去这笔巨款，曾为财政焦虑的唐继尧也更加坚定了。当李烈钧把黄兴筹划的讨袁方案面告唐继尧后，唐继尧"至为钦佩"。（唐继尧：《致黄兴书》）

二、争取各种力量　联合倒袁

当时国内反袁称帝的人很多，但是互不统属，力量分散。其中反袁的主要力量，除了以唐继尧为代表的西南地方实力派外，尚有孙中山领导的中华革命党，奉黄兴为领袖的欧事研究会，以及从拥袁转向反袁的、以梁启超为代表的进步党。此外，尚有社会名流、各地驻军中的反袁势力，北洋军系统中的反帝制势力等。这些力量如能联合共同倒袁，就可形成一股强大的反袁势力；如不能实现联合，势必对反袁带来巨大影响。有鉴于此，黄兴以倒袁为重，以宽大为怀，提出摒弃前嫌，联合一切倒袁力量，建立广泛的反袁联合战线，一致讨袁的主张。他不失时机地加紧与国内外同志联系，鼓励各人就力之所及，分别活动，不论各党派政见如何，只要他们现在反对帝制，肯出力打倒袁世凯的都要与他们合作。

和黄兴联系密切的欧事研究会成员，拥护这一方针，并作出相应的决定。李根源、程潜等经过协商，认为除以云南为发难基地和发难主力外，必须在全国广大地区及早发动讨袁，发挥互相策应作用，形成浩大的反袁声势，把袁世凯最大限度地孤立起来。因此重新规定了行动方针：1. 全国各界人士，凡秉爱国热忱和救国愿望，挺身而出反对袁世凯卖国称帝者，我们都愿与之合作，采取一致行动；2. 国内平日与我们不同宗旨的党派，只要真心反对袁世凯卖国称帝，我们也愿与之合作，采取一致行动；3. 反袁斗争主要是武装对抗，但也不排斥其他方法。根据上述方针，他们决定以港、沪作为策源地分途进行，并做了具体分工：耿毅负责北方各省的联络工作；熊克武回四川组织地方讨袁军，为云南主力军作向导；柏文蔚、钮永建、冷遹策划苏、皖、浙地方军队的发动；林虎担任广西的联络；李烈钧筹划粤、赣军事；程潜和张孝准布置两湖军事及湘省义军之发动。此外，还由谷钟秀在上海创办《中华新报》，开展反袁宣传，成为国内第一家公开反袁报纸，在倒袁护国中起了喉舌作用。

由于联合讨袁的需要，黄兴与孙中山的中华革命党的关系，也有了转机。自从黄兴赴美，孙中山深感失援，曾嘱陈其美两次致函黄兴，请他早日回归。黄兴未复，孙中山又于1915年3月亲自致信，促黄早日东归。鉴于时机未到，黄兴复信孙中山，表示两人为革命奔走20多年，"金兰之契，非比他人。先生苟有所图，兴无不竭力相随"。但当前一无根据地，二无雄厚财力，贸然发动讨袁，不敢苟同。帝制事起，全国震动，黄兴认为时机成熟，故立即向孙中山表示，极愿为讨袁效力。在各地从事讨袁的欧事研究会成员，也注意与中华革命党协调行动。如在湖南，程潜就主动和加入中华革命党的杨王鹏等谋划湘事。在华北，刘揆一在天津创办了《公民日报》，宣传讨袁。欧事研究会成员耿毅等人也潜入华北倒袁。中华革命党党务部长居正也在山东主持讨袁军事。黄兴即命刘揆一联合居正、耿毅等联合行动，图谋直鲁革命，响应南方讨袁。张继、李根源欲向富商借款200万元，供西南起义之用。富商敬仰黄兴，声明必须黄兴签字。黄兴与孙中山电商后，即委托张孝准代为签名。这表明：孙中山与黄兴，欧事研究会与中华革命党，已由分手走向联合。两位民国伟人和两个革命派别的联合，自会大大增强讨袁的团结与协作。

进步党在政治态度上原是与革命党对立的大政党。由于先是梁启超发表反袁称帝的长文，接着又有孙洪伊等于11月7日发表了《进步党反对帝制之通电》，实现了由拥袁到反袁的转变。对此，黄兴等人不计旧怨，对进步党的通电表示欢迎。《中华新报》在刊载进步党反袁通电后，11月9日又发表《对进步党通电感言》，赞扬进步党的正义行动。一个多月后，梁启超为讨袁南下到达上海，便与欧事研究会在上海成员联系，"思与提携进行"。欧事研究会"推诚接纳"，共商讨袁对策。在护国战争进入高潮之后，欧事研究会（原国民党）与进步党同舟共济，关系更加密切。两派的密切配合，有力地保证了护国运动的成功。诚如梁启超后来说的，"两派合作，是当时成功主因"。（梁启超：《松坡军中遗墨跋语》）

袁世凯执意称帝，几乎把各种社会力量都推向对立面。全国上下无不反对帝制。怎样把各种反袁力量都汇合到护国讨袁中来，便成为事关讨袁成败的重大问题。黄兴与欧事研究会因而在加强和各党派联合的同时，就很注意争取各种反袁力量，扩大反袁队伍。

广西的陆荣廷，拥有5万军队，是北洋派之外一支重要军事力量。当方声涛去云南活动讨袁时，云南的罗佩金即表示，独立不成问题，但要求云南的独立须得到广西的同意；云南独立后一个月最好广西能以独立响应。陆荣廷本人与袁也有较深矛盾。一是对袁洪宪封赏不满，陆只封一等侯，受陆派遣打入广东的龙济光，反封一等公；二是陆子裕勋从北京回广西途中，病死梧州，死得不明不白；三是袁还派遣亲信王祖同任广西民政长，借以监视陆荣廷。因此，欧事研究会认为，陆是可以争取的对象，于是密派广西人林虎和钮永建分道进入广西，策动陆荣廷响应云南起义。陆表示赞成，愿以人格担保，绝对做到。接着，黄兴又致函陆荣廷，望他"节丧明（指陆爱子冤死）之痛，兴讨贼之师"。不久云贵独立，护国军在川南与北洋军展开生死搏斗，急盼广西响应。代理陆在广西执政的陈炳昆，担心力量不足，还有点犹豫。陆荣廷则用十分坚定的口气，敦促响应，终于促成广西及时宣布独立，在护国讨袁中起了十分重要的支持作用。

除了策动陆荣廷外，凡是有可能争取加入反袁阵线的，无论团体或个人，黄兴与欧事研究会无不竭力争取。据李书城回忆，袁世凯宣布称帝后，黄兴曾写书信十余封，对于老成挚友，则情词恳切；对袁氏宿将，则多以利害动之。他深信张謇、庄蕴宽是海内人望，必不附逆，在写给他们的信中，十分恳切。其他致国内友人书则明白揭示讨袁的正义性，深信倒袁必可成功，望助一臂之力。

黄兴在努力争取各种社会力量的同时，还注意争取国际力量的支持。1915 年 12 月 14 日，他得知袁氏已于 12 日正式接受帝位，立刻致电美国及各国驻华公使和北京、上海两家英文报纸，严正声明："袁世凯废共和'行帝制'中国必立起革命，声讨其罪。此时吾定返中国，再执干戈，随革命军同事疆场，竭尽吾最后之气力，驱逐国贼，另举贤能，保全国民，使吾国人民得共享自由共和政体之益。"（黄兴：《致美国驻华公使电》）

由上可知，黄兴利用他的地位和影响，为讨袁护国做了大量的工作，起到了别人所不能起的巨大作用，对护国战争的及时发动做出了不朽的贡献。特别是在促进各种力量的反袁大联合中，他起到了别人无法替代的作用。如果没有黄兴的极力串联，反袁各派要实现大联合，是不可能如此顺利的。李根源、钮永键、张继等人后来在回忆中，对黄兴在讨袁护国中的巨大作用，都作了充分的肯定。

三、暂留日本　决志讨袁到底

蔡锷、李烈钧等顺利到达昆明，唐继尧于 12 月 21 日、22 日召开秘密军事会议，商量讨袁。蔡锷在会上发表长篇演说，声言"与其屈膝而生，毋宁头断而死"。今天与袁世凯"所争者不是个人的权利地位，而是四万万同胞的人格"。得到与会者的热烈赞同。22 日晚上，与会者歃血为盟，宣誓拥护共和，誓灭国贼，有逾此盟，神明共殛。会上决定对袁先礼后兵。23 日，以云南开武将军唐继尧、巡按使任可澄的名义致电袁世凯，要求取消帝制，惩办祸首，限 25 日午前 10 时答复。24 日，唐继尧、蔡锷等又致电袁氏，要求立将杨度、段芝贵诸人明正典刑，以谢天下。限 24 小时答复。直到 25 日，未见袁世凯一字之复。唐继尧、蔡锷与李烈钧等乃召集社会各界，正式宣布独立，取消开武将军、巡按使署，改组军都督府，推举唐继尧为军都督，任可澄改任参议。同时编制三军：以蔡锷为第一军总司令，李烈钧为第二军总司令，唐继尧兼任第三军总司令，分别向四川、粤赣和湖南进军，然后会师武汉、直捣北京。昆明各界全市游行，热烈拥护。当日又通电全国，宣布云南已经独立，表示要"与民国共生死"，共灭国贼袁世凯。

紧接云南独立，唐继尧即日致书黄兴，对于黄兴的宏伟规划深表敬意，并盼继续筹谋划策。函云：

克老道鉴：

侠公（即李烈钧）到滇，藉详伟画，至为钦佩。滇南军民，慨国基之阽危，义愤填胸，已于本月25日由尧率领全省健儿宣布讨贼，勉为前驱。……国人景仰高山，已非一日，尚祈大展伟抱，宣扬正义。共和前途，实利赖之。（云南省历史所等编：《护国文献》上，第422页）

信中称黄兴为克老，表示唐继尧对黄兴十分敬重。所言"伟画"，即指以云南为护国基地，联合一切反袁力量，同心讨袁。在黄兴联合反袁的战略指导下，经过李根源等人的多方活动，不仅贵州、广西已赞同讨袁，而且四川、浙江、湖南、广东、福建等省的反袁力量也已发动起来。即使江苏的冯国璋、四川的陈宧等过去为袁氏所倚重的要人，也反对袁氏称帝。从前唐继尧讨袁态度犹豫不决，除了财政困难外，最担心的是力量不足与袁抗衡。李烈钧抵达昆明后，把黄兴的讨袁谋略以及全国反袁形势向唐继尧作了翔实介绍，唐继尧才下定决心，首举护国旗帜，兴师讨袁。也正因为如此，唐继尧对黄兴才"至为钦佩"。

1916年1月1日，袁世凯把中华民国五年改为洪宪元年，悍然登上帝位。同日，云南正式成立护国军政府都督府，唐继尧、蔡锷、李烈钧联名发表讨袁檄文，历数袁氏20条大罪状，提出5条要求。14日，蔡锷率护国军第一军主力部队由昆明出发，向四川泸州挺进。27日，贵州宣布独立。先期出发的护国军左翼纵队在刘云峰率领下，于1月21日占领叙州，护国战争正式开始。2月2日，四川第二师师长刘存厚在纳溪宣布独立，改称护国川军总司令。5日，护国第一军董鸿勋支队与刘存厚部陈礼门支队会攻泸州，战争进入高潮。从1月到3月，护国军与北洋军在叙州和泸州展开激烈争夺战，给予北洋军极其沉重打击。袁军主力死伤大半，歼敌1700多人，10个营长死伤9人，旅团长皆负伤。

正当护国军在川南激战之时，湘西战场也有重大进展。2月3日，护国黔军王文华部攻占湖南晃州。此后连克黔阳、洪江、沅州。2月20日，护国第二军总司令李烈钧离开昆明，经过蒙自向广南进军，东击犯滇粤军龙觐光部。25日，中华革命党发布讨袁通启，指出云南、贵州起义以来，各省纷起响应，号召海内外同胞各尽才力，共筹饷款，尽匹夫之责，竟救亡之功。3月12日，护国军第二军和桂军联合在广西百色逼令龙觐光部缴械投降。3月15日，广西宣布独立，陆荣廷任都督。

在全国反袁的浩大声势下，护国第一军经过10天休整，复于3月17日发动反攻，19日全线突破敌人防线，自后捷报频传。21日，先头部队挺进到离泸州仅十多里的南寿山附近。守泸州北洋军死伤大半。江苏将军冯国璋、江西将军李纯、长江巡阅使张勋、山东将军靳云鹏、浙江将军朱瑞也于19日发表"五将军通电"，要求取消帝制。日本内阁见袁氏称帝不得人心，亦于3月7日通过迫袁退位决议。袁世凯知大势已去，才于3月22日下令取消帝制，任命徐世昌为国务卿，次日又任命段祺瑞为参谋长，并且以黎元洪、徐世昌、段祺瑞的名义致电蔡锷、唐继尧等，要求取消独立，还密电四川陈宧、张敬尧等与蔡锷接洽停战。双方从3月31日起先行停战一周。期满，又协定停战一月。至5月6日，再延长一月。直到6月6

日袁世凯暴死，双方再无战事。

护国讨袁战争如期爆发，黄兴自然特别高兴。从道义上讲，他应当即日回国，亲身主持讨袁战争。可是，他却没有即时动身。原因何在？他在1916年1月4日《复彭丕昕书》中有精深的说明，概括起来，有五方面的原因：一是为了争取美国朝野上下的支持，为护国战争与抵制日本侵略提供有利的国际环境。二是筹款协济，从财政方面资助护国战争。三是护国战争已有智勇双全、深孚众望的蔡锷等人指挥，用不着他在战场上效力。四是当时争名夺利，相习成风。黄兴认为，这种歪风如不改革，国必大乱。为了开创新风，以实际行动表明自己淡泊名利，他觉得暂留美国，正可以避位让贤。五是经济特别困难。为了策动讨袁，他不但把手中所有的钱（包括准备回国的旅费）都拿出来了，还临时挪借了一些钱，不偿还就不能动身。可见，他当时没有尽早回国，是多种因素决定的。

黄兴暂留美国期间，袁世凯为了争取美国的支持，并且谋求借款，特命他的政治顾问、美国人古德诺返美游说，并收买报刊为他吹捧。一时美国政界受蒙骗的不少。向美借款也将达成协议。中国国民党美洲支部长林森，为此特请律师向美国政府建言，力图阻止，但没有效果。黄兴闻讯，竭力运动美国议员帮忙，设法抵制。他还以读者投书方式，在《费城新闻》发表长达5000字的《辩奸论》，系统批驳了袁氏为了欺骗世界舆论而编造的种种谎言。指出袁世凯绝不是"现时中国最大的伟人"，而是"叛贼、权奸、私心幸运儿"。所谓"四万万华人一致拥戴"，"全属一派伪词"。针对古德诺散播"华人无自治之预备，因断为君主之必要"的谬论，黄兴以美国民主制度形成与完善的历史，说明"民主政治最好和唯一的养成所，就是民主政治"。而且"华人之为人，若风俗、习惯、组织等项，皆含有极富之民主性质。且质地佳良，守法易驯，具建设自治共和国之稳固基础"。吾人决不会把"破家流血所得之幸福完全毁弃，而率一己以及子孙，复奴隶于专制皇帝的贪欲之下"。美国如果听任袁世凯复辟帝制，将会对美国、对世界推行民主共和制度造成极大影响，美国将因此失去一个共和友国作为屏障。世界将因中国民主主义失败，而专制侵凌之祸起矣。因此，我代表四万万同胞，敬求伟大共和国之代表，在道义上给予我们支持。这篇《辩奸论》，是一篇驳斥专制政治、宣传民主主义的战斗檄文。它向美国和世界人民表明，中国人民决不会屈服于专制统治，必将为维护民主共和制度奋斗到底。

自从护国战争爆发，国内局势发展很快。黄兴虽然远在美国，却一直注视着国内局势的发展，除了募款支援外，还不时指示方略，敦促社会名流投身讨袁斗争。如岑春煊曾任两广总督，官声不错，黄兴曾敦促他早日由南洋回国，主持讨袁。袁世凯撤销帝制后，还妄想继续当总统。徐世昌也电恳康有为、伍廷芳、唐绍仪等出任调解人。一些人的讨袁决心因此受到影响。黄兴及时觉察到这个问题，感到如不趁机彻底推翻袁氏统治，还让袁氏继续做总统，将对国家发展极为不利。于是立刻致电唐绍仪、伍廷芳、张謇、梁启超、谭延闿等社会名流，坚决反对妥协议和，力主反袁到底。电文指出："不去袁逆，国难无已，望力阻调停，免贻后累。"黄兴这时的态度，与"二次革命"时大不相同。"二次革命"时因为实力不足，又想保存一点实力以待后用，对武力讨袁长期犹豫不定。这次不但用尽心思，动员各方力量投入讨袁，而且态度异常坚决。其所以如此，当时的形势与本人的认识均有关系。

护国战争经过护国军和各种反袁力量几个月的艰苦奋斗，尽管取得了巨大的胜利，但局势仍然变幻莫测。蔡锷重病缠身，深感任务艰巨，屡次嘱咐何成浚电促黄兴回国。其他护国军将领和孙中山也非常盼望黄兴早日回归。黄兴乃于1916年4月上旬迁居纽约，中旬由纽约到达旧金山。4月22日自旧金山登轮横渡太平洋。路过檀香山时，有日本驻当地记者来访，问及护国讨袁的前景。黄兴明白告诉他，除非袁世凯下台，讨袁行动决不中止，并否认他和孙中山有任何分歧。孙中山得知黄兴已启程西航，曾于4月24日致电时在檀香山的吴铁城，嘱他转告黄兴，直乘原船到上海会晤。黄兴觉得回国的时机尚不成熟，仍按原计划先去日本。此次黄兴寓居美国将近两年，对于美国的民主制度，无论是理论还是实际，较以前皆丰富了很多，而今东归，虽然没有带什么重要财物，却带回一笔宝贵的精神财富。

5月9日，黄兴一行经过18天的漫长海上生活，终于到达日本。为了预防袁世凯的爪牙暗杀，日籍友人头山满、宫崎寅藏等即把黄兴迎上一小轮航至横须贺登陆。所以，当船到达横滨，孙中山和岑春煊的代表上船迎接，船舱里只剩徐宗汉和他的幼子一美。

四、围绕恢复《临时约法》与国会的斗争

黄兴抵达日本，国内局势又有进一步发展。自从袁氏宣布取消帝制，川南战事虽停，南方各省独立仍在进行。4月6日，广东将军龙济光在各方压力下宣布独立，改称为都督；12日，浙江宣布独立。岑春煊从日商竹内维彦处借得日金100万元作为护国军行政费用，于4月9日到达肇庆。经过各方协商，为了两广合力北伐，于5月1日成立两广都司令部，推举岑春煊为两广护国军都司令，梁启超为都参谋，李根源为副都参谋。经过独立各省协商，又于5月8日在肇庆成立护国军军务院。推举唐继尧为抚军长，岑春煊为副抚军长，梁启超为政务委员长，刘显世、陆荣廷、龙济光、吕公望、蔡锷、李烈钧、陈炳焜、戴戡、罗佩金均为抚军。由于唐继尧未能来粤，以岑春煊代理抚军长。军务院成立后即发表宣言五通，宣布袁氏称帝，已丧失大总统资格，依照1913年10月公布的大总统选举法第5条，大总统由副总统黎元洪继任。军务院隶属于大总统，指挥全国军事，筹备

善后庶政。从此护国军有了一个统一的指挥机构，与袁氏北洋政府形成南北对峙局面。

袁世凯撤销帝制，目的是与护国军谋求妥协。他把徐世昌、黎元洪、段祺瑞拉出来斡旋，实际上黎、段均不任事。南方独立各省对黎、徐、段的取消独立通电则严词拒绝。袁世凯眼见单凭取消帝制还收拾不了局面，又于4月21日企图借用内阁制，诱段祺瑞出任国务卿兼陆军总长，并愚弄护国军。不过袁氏口是心非，他不把军政大权交给内阁，仍然于事无补。江苏将军冯国璋等曾于4月17日通电各省，提出调停时局八条办法，提到重开国会，仍用民元《约法》，却主张袁氏仍留任大总统。5月1日，又在此基础上，重新拟定总统、国会、宪法、经济、军队、官吏、祸首、党人等八项主张，其核心仍在于让袁留任总统。此电发表，反袁各派皆坚决抵制。唐绍仪、谭延闿、汤化龙、谷钟秀等以22省旅沪公民名义发表宣言驳斥。岑春煊、梁启超等致电黎元洪及南方独立各省，反对冯国璋等提出的八项主张。

留袁还是倒袁，一时成为争论的焦点。在这种新形势下，黄兴坚决站在倒袁一边，主张反袁到底，决不半途而废。5月9日，他一登上日本国土，就致电袁氏，敦促尽快悔罪引退。电文直斥袁氏"生平以权谋奸诈，愚弄一世，以此骗取总统，以此攘窃帝位。然卒以此败，岂非天哉！……不得为皇帝，犹冀为总统，公之厚颜无耻，毋乃太甚！……公如负固不即行引退，人民必将诉最后之武力，正公一人叛国之罪"。这篇电文文笔犀利，是一柄刺向袁氏心脏的利剑。为了把讨袁斗争进行到底，黄兴在日本展开了一系列活动。5月12日，他发表《致全国各界讨袁通电》，恳劝各界人士无分党派，不别南北，齐心协力把袁世凯赶下台。15日又致电上海国会议员，主张根据约法解决一切，早定国基。17日，又致电唐绍仪、伍廷芳、张謇等社会名流，望他们合力主持，逼袁早日退位。

黄兴发表促袁退位声明同一天，孙中山也发表了第二次讨袁宣言。本来，孙中山发动讨袁最早，因系孤军作战，既不依靠群众，也少和各党派联合，始终未能形成气候。在几经失败之后，孙中山在这次宣言中提出了联合倒袁的主张。他的讨袁策略的转变，为孙、黄再度合作打下了良好的政治基础。

　　5月18日，陈其美在上海被袁世凯派人刺死。黄兴得悉，即于20日致电孙中山表示哀悼。同日，孙中山也致函黄兴，详告近日国情，强调能否战胜袁贼，全视反袁各派内部团结如何，并托黄兴在日本借款购械。为了贯彻联合主张，孙中山随即通告中华革命党各地讨袁军的负责人田桐、居正、朱执信等，一切事宜务求与讨袁各派协同进行，以收群策群力之效。至于旗帜，云、贵、桂、浙均已一致用五色旗，吾党亦宜一律沿用。孙中山此时的态度，和两年前可说已有天壤之别。对此，黄兴与各派反袁力量自然欢迎。

　　当时讨袁战争面临的问题，最紧迫的为饷械。黄兴抵日后，孙中山去电去函，请他在日本协助借款购械。黄兴对此十分热心。5月下旬，双方函电往来，主要就是商议此事。经过黄兴多方奔走，到5月31日终有眉目。黄兴电告孙中山："款20万，武器若干，嘱汉民请青本再电归，尤可望成功。"日本方面还答应借给黄兴500万日元，作为招集旧部之用。黄兴准备以此款练兵一军，后因袁氏暴死，才终止借款。在讨袁战争中，海军具有举足轻重作用。黄兴对于策动海军讨袁很重视。5月18日，他曾致书黄郛，希望补充实力，以全力收复海军。他认为海军若来，袁势可去其一半，于外人视线更可改观。果然不出所料，袁氏死后，为约法问题争论不休，正是海军发挥了举足轻重的作用，才得以按革命党人意志顺利解决。

　　黄兴积极策划倒袁，袁世凯仍负隅顽抗。他利用段祺瑞未达目的，又想要冯国璋帮忙。冯提出的八项主张遭到挫败后，又邀未独立各省商议解决办法，但始终未能形成统一意见。正当会议期间，5月22日，四川陈宧宣布独立。5月29日，湖南汤芗铭又被迫宣布独立。袁世凯一直把陈宧和汤芗铭视为可靠亲信，而今居然倒向护国军，绝望到极点。早已羞愤成疾的袁世凯，得悉陈、汤独立，卒至一病不起，于6月6日结束了罪恶的一生。

袁世凯一命呜呼，政局为之一变。一方面，持续两个多月的袁氏退位问题最终解决；另一方面新的问题又产生了。其核心仍然是政权落在谁的手中。按照南方军务院的方针，黎元洪继任总统之外，还要恢复民国元年的《临时约法》和国会，以及组织责任内阁。而以段祺瑞为代表的北洋势力，让黎元洪继任总统尚可接受，而实权却想死死抓住。因此对恢复旧约法与国会，则千方百计抵制。黎元洪在段祺瑞的眼里，只不过是用来钳制南方护国势力的工具。

在新形势下，黄兴意识到袁氏虽死，其残余势力仍然在顽抗。为了巩固共和制度，他主张革命党人应该团结一心，乘势驱除袁氏余孽，作根本之解决。他的这种思想，早在6月7日致东京中华革命党本部负责人谢持的信中就表达得十分明白。他说，袁逆恶贯满盈，自遭诛灭，人心为之大快，"然大憝虽去，余孽犹存，吾人不于此时并智竭力，为根本上之扫除，遗患将无已时"。他从民国元年对袁妥协，导致后来酿成严重后果的惨痛教训中，认识到不但非去袁不可，而且还须把袁氏余孽一并扫除，也就是和旧的残余势力彻底决裂。只是心有余而力不足，由于革命势力远没有达到足以铲除袁氏余孽的地步，在现实执行中只能回到时势所许可的范围。

经过一番内部斗争，6月7日，黎元洪就任大总统。可是，国务院在头天发布的通电中，居然声称黎就任总统，是袁氏"遗令依约法第二十九条，宣告以副总统代行中华民国大总统之职务"。这样一来，黎任大总统，既是袁氏"遗令"，又是依据袁记《约法》，而且只是"代行"。这就不能不引起护国讨袁各派的反对。首先是梁启超于6月8日复电黎元洪，请以明令规复旧约法效力，克期召集国会。9日，孙中山发表《规复约法宣言》，强调规复《临时约法》，是惟一无二之方。同日，黄兴也发表《为规复〈临时约法〉通电》，对国务院发布的通电作了针锋相对的驳斥。他认为，依照大总统选举法，应由黎元洪继任大总统，才合乎定宪。早已经军务院遵法宣布，实为铁案。北京通电说黎任总统是遵袁氏遗令，又是依伪造之《约法》二十九条，乃是以伪法乱国法。应请黎大总统明令规复旧约法，除去袁氏伪造之法律，从速召集国会，组织内阁，严惩祸首。黄兴这份电稿，立论十分正确，措辞相当严厉，是对段祺瑞怙权弄法的有力回击，得到全国各界的广泛支持。6月10日，唐继尧致电黎元洪，提出与黄兴意见基本相同的四项主张，即恢复民国元年约法，召集民国二年被袁解散之国会，惩办帝制祸首13人，召集军事会议，筹商善后问题。国会议员也发表宣言，宣布袁世凯民国三年五月一日颁布之所谓《中华民国约法》全由袁氏一人私意妄自篡改而成，与《临时约法》根本抵触，不发生国法上之效力，决不承认什么袁氏遗命及段祺瑞通告。6月13日，孙中山致电黄兴，征求解决时局意见，认为"黎能复约法，召国会，当息纷争、事建设"。第二天，黄兴复电孙中山，赞同孙中山的主张。并切望孙中山出面主持。

孙中山、黄兴和南方各省护国势力为了维护民主共和制度，主张恢复旧约法，召开旧国会，北洋系统的余孽却竭力进行抵制。就在孙中山发表宣言、黄兴发布通电的同一天，张勋邀集奉天、吉林、黑龙江、直隶、河南等省代表在徐州开会，策划联合抵制孙、黄和南方独立各省的正义要求。他们通过十条纲领，竭力维护旧的统治秩序，催促滇、黔等省取消独立。声称如仍固执己见，当以武力解决。

迫于全国压力，段祺瑞同意恢复旧约法及国会，却在恢复的手续上故意拖延。身为总统的黎元洪，因为实权掌握在段祺瑞手里，一筹难展。6

月 14 日与 17 日，两次致电黄兴，希望左提右挈，酌派代表到北京面商。20 日，黄兴复电，强调恢复旧约法与召集旧国会，两事最为急切，务望迅速解决。至于嘱派代表，已电请李书城由沪赴京，面商一切。黄兴知道，解决约法之争，关键还在段祺瑞，故又于 6 月 21 日乘李书城北上的机会，亲笔致信段祺瑞，郑重提出，根本问题不解决，新政府之进行即缺乏依据，希望速颁明令，恢复约法与召集国会。

段祺瑞不听劝告，仍然于 6 月 22 日发表通电，坚持不能以命令变更法律，妄想继续拖延下去。此电一发表，孙中山首起反对，认为目前规复约法，尊重国会，是共和的根本大计。唐绍仪、梁启超也联名通电，对段氏谬论逐条作了驳斥。特别是早就酝酿起义的海军，眼见约法之争久议不决，李鼎新便以海军总司令的名义与第一舰队林葆怿等集合巨舰于吴淞口外，发表独立宣言，宣布加入护国军，以维护今大总统、保护共和为目的，非待约法、国会恢复，正式内阁成立，北京海军部之命令概不承认。冯国璋担心海军对自己不利，电促段祺瑞尽快根本解决。至此，段氏才感到局势严重，再也拖不下去了，才于 6 月 29 日，以大总统黎元洪的名义，宣布恢复旧约法，定于 8 月 1 日召集旧国会。至此，争持 20 多天的约法问题，终于得到解决。

五、回到上海　继续为国事操劳

袁世凯去世前，国人都团结在讨袁护国的旗帜下。袁氏死去，这个统一的斗争目标不复存在，国内各种矛盾随即显露。由于矛盾错综复杂，解决颇不容易。黄兴是开国元勋，具有崇高威信，而且各方人缘俱佳，大家都对他寄予厚望。"海内之士，望先生如岁，函电促归者日众。"（叶楚伧:《谨书黄克强先生》）还在 6 月 8 日，殷汝骊、黄郛等即联名致电黄兴，希望他回国"鼎力主持"。6月15日，张謇又致函黄兴，敦促回国。到了6月下旬，唐绍仪、范源濂、谭延闿、孙洪伊、钮永建、张继等复联合致电黄兴，再次促驾。在国内友人和同志的一再敦促下，黄兴决定由日本返国。

7月4日，黄兴一行由日本门司启程，6日到达上海。同志故旧，皆来欢迎。初寓圣母院路100号，继迁福开森路393号。最初几天，前来访谈者相望于道。上海各重要人物及国会议员均陆续前来请教或看望。"霞飞路一带，车水马龙，络绎不绝"。他与孙中山"互相过从，商谈国事，一如往昔，并无丝毫芥蒂"。7月9日，驻沪湘省议员集会欢迎。10日，驻沪国会议员分省公推代表80余人，在大马路汇中饭店欢迎黄兴，并邀唐绍仪、王宠惠、柏文蔚、于右任、胡汉民作陪。孙洪伊代表全体议员致欢迎词，称赞黄兴为民党之实行家，手造民国之先觉。今日欢迎就是为了巩固民国。黄兴盛赞议员在袁氏高压下坚持公道、不屈不挠的气节，希望国会恢复后，继续为维护民主奋斗。

别来三年，重返祖国，黄兴一方面感到庆幸，另一方面也有许多忧虑。庆幸的自然是共和再造，国土重光，国家前途又有了新的希望；忧虑的是袁氏虽然自取灭亡，而祸首尚逍遥法外。约法与国会，本是很简单的问题，尚且经历艰难斗争，最后依靠海军仗义宣言，才得到正当的解决。可想而知，今后的改革与建设，一定会有重重困难。黄兴抵达上海之时，正值议员即将北上，参加将于8月1日复会的国会。国会是国家的权力机构，也是民主建国的重要基地。因此，黄兴对议员寄予厚望，期望他们以国会为阵地，使民主政治走上正轨。他认为此前的胜利，是全国人民和参加护国战争的海陆军奋斗牺牲的结果；而今以后，要巩固胜利成果，责任在参、众两院，希望两院议员能勇敢地负起巩固共和的责任。为了更好地发挥两院议员在巩固共和制度中的作用，黄兴向他们提出几点建议与希望：

第一，精诚团结，促进政治步入正轨。他认为当时官僚恶势力仍是阻止政治步入正轨的最大障碍，凡属正义派之人，宜结合为一，才足以与腐败之旧官僚对抗。不如此，"则国基万无巩固之一日"。

第二，制定宪法，使国家各项工作均有所遵循。宪法是巩固共和制的根本大法，足为国家奠长久之基。黄兴对议员们说，北上第一重要问题就是制定宪法。他记取袁世凯破坏民国的惨痛教训，提出破坏国体的叛国大罪，必须严惩，建议载入宪法。他还认为，袁氏帝制自为，倡议者还不过数人，附和者多是受人引诱或胁迫所致。如果宪法确定反对国体之刑章，则一二好乱之徒不敢擅冒不韪，一般的人也不敢附和。为了断除祸根和巩固国基，将之载入宪法，既是万不获已，也是万不可少。

第三，国会要据法相争，尽其职守。1913 年国会召开之时，国会行使职权，官僚派动不动扣上"捣乱"的帽子，国民不考察实情，往往随声附和。黄兴指出，此乃是非颠倒的谬论。事实上是先有袁氏之违法，而后有国会之抵抗，再有国会之非法解散。希望议员们今后尊重责任观念，不要轻易背离神圣职责。即使不幸与行政部门发生争执，亦应看作是尽忠职守。

第四，对于借款要特别注意，谨防官僚派借金钱为恶。国库空虚，民穷财尽，为了维持国家机器正常运转，向外国借款，并不是绝对不可。他叮嘱议员们吸取袁世凯借款镇压"二次革命"的教训，防止今后再出现类似情况。"勿令非正义之人更得借金钱之能力，行政治之罪恶"。

第五，改良政治，要特别注意民权。7 月 17 日。孙中山邀请驻沪议员、各界名流和新闻记者，在张园举行茶话会，就地方自治问题发表长篇演说。黄兴很赞成孙中山的意见，并认为中国自治组织最为完备，只是未有其名。他指出，此次倒袁不只是倒袁一人，而是谋求改良政治。欲求政治改良，对于民权不可不特别注意。特别选举权为巩固共和之要点，以后两院立法，对于民选要力为主持，断不可听任官僚操纵。

黄兴的以上建议，可以说是"二次革命"以来对新的革命经验的总结。

对于当时的国会工作，对于巩固共和民主制度，都具有重要指导意义。

黄兴回国后处理的另一重大事件，乃湘督任命问题。在他由日本回国途中，护国军湖南总司令程潜率领的队伍逼近长沙。湘督汤芗铭见势不妙，又自知在湖南作恶多端，必然不为湘人所容，乃在 7 月 5 日凌晨 3 时仓皇潜逃。龙璋、刘人熙等当日致电黄兴，告知汤芗铭潜逃，已公推黄兴为湘督，希望即日回湘就任。7 月 13 日，湖南省议会又约集军、政、绅、商、学各界会议，一致公举黄兴为湖南省督军，欢迎黄兴回湘任职。第二天，又由程潜领衔，电请大总统黎元洪及国务总理段祺瑞任命。但是，黄兴愤于民国以来官场恶习，决心要以自己的进退为他人作一表率。对于家乡父老的盛情，他婉言谢绝。在这前后，黎元洪两次聘请他做总统府高等顾问，并派王芝祥亲赴上海劝驾。黄兴感激黎的盛情，却坚辞不受。考察黄兴此时的思想，是要立志做大事，而不愿做大官。他通过对世界各国的考察，认识到各国国力发展之基础，皆立根于实业和教育。为此，他决心避政界而投身于实业与教育。从这里不难看出，黄兴已经绝意从政，准备从事实业，为国家奠立富强基础。可惜他离世太早，未能如愿。

湘督事关全湘人民福祉，黄兴本人虽然不愿就任，对于湘督的人选却十分关心。自从汤芗铭潜逃后，湖南这块地盘，各种力量都想拼命占领。由段祺瑞控制的北洋政府，不愿放弃这块地盘，先是任命陈宧为湘督，后来又想派吴光新；以梁启超为首的进步党则拟派戴戡为湘督；桂系陆荣廷也觊觎这一要缺，借此把桂系势力扩展到湖南。黄兴为了物色能为家乡造福的人担任湘督，可说是煞费苦心。

先是北洋政府为使北洋势力控制湖南，抢先于 7 月 6 日任命陈宧为湘督，未到任前，由已驻湘南的桂军首领陆荣廷暂署。段氏的意图是想借此挑起湘、桂两军冲突，为北军寻找反扑的机会。湖南各界坚决反对陈宧督湘，自行召开各界联合会议，推举刘人熙为临时都督，龙璋任民政长。黄兴得知陈宧将带领两个旅督湘，而且北兵在常德、岳州一带尚多，汤芗铭尚未离开湖南，料想必有勾串。而湘军的力量单薄，难以独力抗拒北军，乃采取联合桂军抗击北军的战略，与谭延闿联名致电曾继梧、程潜，建议"暂戴陆督，留桂军，绝对拒陈"。同时通过各种关系，向北京方面疏通，设法阻止陈宧任督湘，推荐谭延闿复任。万一通不过，则推荐蔡锷。

湖南各界公举黄兴督湘后，又派左宗澍、朱剑帆等赶到上海会见黄兴，请黄回湘接任湘督。黄兴极力推荐谭延闿、蔡锷。可是，北洋政府不接受黄兴等人的建议，密令第7师及20师之一部赴湘，拟改派第20师师长吴光新督湘。同时听说进步党也在运动戴戡出任湘督。黄兴十分担心湖南内部出现动乱，北军会趁机进攻，因此致电曾继梧和程潜，希望"劝慰同人，暂持镇静，力保秩序，勿令中央有所借口，加祸吾湘"。同时致电北京的彭允彝、范源濂、章士钊等，速令北洋政府明令谭延闿督湘，以安众心。对于进步党人运动戴戡督湘，黄兴则通过蔡锷诚挚规劝。经过多方疏通，北洋政府终于8月3日任命谭延闿为湖南省长，兼署督军。这场湘督之争终告结束。黄兴得到任命消息后曾电告曾继梧、程潜："此次合各方之力，争得如此结果，已属万幸，望两兄竭力维持。"

黄兴为了抵抗旧势力，早就主张联合一切进步力量，组成一个大政党。而事实上，国会恢复后，以梁启超、汤化龙为首的进步党，很快投靠段祺瑞。北京的政局再次形成旧国民党与进步党对峙的局面。内务总长孙洪伊，原是进步党人，此时加入了国民党，并表现出高度的政治积极性，常在内阁与总理段祺瑞、秘书长徐树铮对抗。并有意团结旧日国民党人，组成一个大政党。此举已得到孙中山的赞同，特派胡汉民、廖仲恺北上与孙洪伊协商。可是，旧国民党人数虽多，而内部复杂，真正要实现大联合并不容易。孙洪伊深知黄兴在党内影响巨大，要实现组织大政党的愿望，必须由黄兴出面主持。曾敦请黄兴去北京，以期解决组党和政争问题。

黄兴掂量了当时的政治形势，权衡了他去北京的得失利弊，认为联合组党，张继、何成浚可以发挥有力作用，胡汉民在中华革命党内也可起促进作用。至于北京的当政者，对他的北上心怀疑忌。他觉得与其接近引起政潮，不如远离，尚可有一二挽救之法。另外一个因素是他正在筹划经营实业，如果北上，易于引起波动。经过反复思考，感到他去北京，"不但无益，且多滞碍"。因此婉言谢绝了。即便如此，他对解决当时政局难题还是提出了自己的建议。他认为孙洪伊与段祺瑞等人的政见分歧一时难以融洽。欲求解决，应当稳步推进，不宜操之过急。黄兴的意见与当时实际比较接近，实行起来，阻力较小。可是，孙洪伊听不进去，决心大刀阔斧地施行改革，结果受到段祺瑞、徐树铮等人的激烈反对。黄兴通过何成浚向孙洪伊等人建议，多方联络，争取多数，先解决最急需解决的问题。否则，如把关系弄糟，什么问题也解决不了。如果政治上闹成僵局，由于实权在北洋派手中，弄得不好，又会被一脚踢开，到那时想组织一个大政党，更加没有希望。果然不出黄兴所料，孙洪伊的组党计划终未成功，孙洪伊本人也在 11 月 22 日被段氏免职。国会也在第二年被段祺瑞迫令解散，最后导致张勋复辟，连南方护国军拥戴出山的黎元洪也被驱走。此是后话，黄兴已未能亲见了。

六、病逝上海　魂归岳麓山

当黄兴正在上海筹划善后国务之际，为再造共和立下不朽功勋的蔡锷，身体健康已因操劳过度严重恶化。当护国运动初起之时，蔡锷因患喉头结核病，已令人十分忧心。朱德见他瘦得像鬼，面颊下陷，整个面部只有两只眼还在闪闪发光，曾劝他不要亲赴前线指挥。他却坚定地说："别无办法，反正我的日子不多了，我要把全部生命献给民国。"（〔美〕史沫特菜著，梅念译：《伟大的道路：朱德的生平和时代》，新华出版社1985年版，第132—133页）行军途中，由于受到风寒袭击，他的喉病时常发作，痛苦异常，吃东西已经很难下咽。可是，他却坚持和士兵同甘共苦。护国战争结束，他准备大局略定，即宣告引退，"终身为一太平百姓"。可是，许多善后问题纠缠，使他无法脱身。直到8月7日，大总统黎元洪才批准他请假治病。至此，他才得完全解脱。

8月9日，蔡锷离开成都东下，途经泸州、重庆、宜昌，于28日乘"江裕"轮到达上海。黄兴派长子一欧前往码头迎接。一欧登上轮船时，"只见他躺在床上，病情已经到了严重的阶段，瘦骨清肌，面容憔悴，声音也喑哑了"。一欧回家后把见到的情况面告黄兴，黄兴叹息不已。蔡锷在上海作短暂停留，黄兴抱着疲惫的身躯，数次去医院探望。9月9日，蔡锷东渡日本治疗，黄兴亲往码头送行，忍泪告别。蔡入日本九州福冈医科大学病院治疗，随行的石陶钧不时致信黄兴，通报治疗情况。10月初，石陶钧来信，说松坡先生病见好转，想吃点水果。黄兴即嘱一欧买了两篓沙田蜜柚，由虹口日本邮局挂号寄去。这些小事表明，两位时代伟人不仅政治上志同道合，生活上也有深厚友谊。

蔡锷病在垂危，黄兴同样面临死亡威胁。前曾谈到，黄兴早患有胃出血重症。南京临时政府任上和旅美期间，均曾大出血。幸亏治疗及时，健康得到恢复。此次回到上海，国家许多大事都要操心。由于操劳过度，老毛病不时发作。其声嘶哑，不能为长言。10月10日，是共和恢复之后第一个国庆日，也是民国建立后第五个国庆节，乃是举国同庆的大喜吉日。黄兴却因胃中血管破裂，导致大量出血，病情突然加重，晕迷一个多小时。对此，他复电告诉刚由沪返京的王芝祥："弟今早9时旧疾复发，呕血升余，晕去时许。忧患余生，加以重病，燕云北望，聚首难期，伏枕电闻，无任怀感。"王芝祥奉黎元洪命，专程赴沪请他出任总统府高等顾问。他以时机不成熟，再次婉言谢绝，但答应宪法公布以后，不负所望。而今重病到此步田地，北上已无希望，聚首北京已无可能，自然只有"无任怀感"了。

黄兴旧病复发之后，请宝隆医院德国医生克礼诊治。据克礼氏说，血由胃出，当无大碍，然必须静养才可以治好。为了排除干扰，争取早日康复，黄兴特在 10 月 12 日《民国日报》刊载《启事》，说明重病情形，遵照医嘱，必须静养，方可医治。凡是赐函电，未能答复，更谢绝前来看望，请求见谅。大概他已意识到病将不起，有些后事需要交代。即于发病第三天分别致电北京何成浚、李书城与日本的唐月池，嘱他们即日来沪，相商要事。他还电告尚居东京的夫人廖淡如及次子一中，如健康状况尚好，可由横滨乘坐大船回国。李根源对黄兴是终生不渝的信从者。护国运动前后，他遵照黄兴旨意，积极策划讨袁。军务院的各项活动，多半由他具体策划。军务院结束后，黎元洪于 1916 年 7 月 29 日任命他为陕西省省长。10 月初，李根源北上路过上海，前往看望黄兴。恰逢黄兴咯血甚多，李根源每天前往探视。黄兴扶病和李畅谈美国情形，欧洲战局。认为由于战祸，将来列强无一非愁惨之国，皆是文明进步之恶果。谈到国内形势，黄兴担心："黎宋卿太软弱，段祺瑞、徐树铮专为北洋派谋，不像拿得起来者。拿不起全国，则统一无望，内政无从言，对外更无从言。余病亟，恐不起，奈何？"李根源只有温言劝慰。由于黎元洪一再电促，李根源只得依依告别黄兴北上。黄兴也以国事为重，促他启程。临行，黄兴曾托他数事：希望顾念旧交，维持胡瑛生活；宋教仁墓地尚未完工，应有人负责；李烈钧统率的部队听说已到饿饭地步，要请黎元洪妥筹善后。此外，还谈到"国会应注重立法，法立而政治有依据"。由此可知，黄兴在生命的最后时刻，朝思暮想的仍是国家的前途，民族的振兴，与曾经一起战斗过的友朋的善后。

黄兴不但惦念故友，也未忘记故友的后裔。宋振吕是宋教仁的独子。黄兴回国后，得知他在上海沾染恶习，曾嘱他和黄一欧住在一起，以便规劝。直到临死的头天晚上，还把宋振吕叫到床前，握着宋振吕的手轻轻地说："你父亲是我的好朋友，是为国家死的，只有你这一个儿子！我现在不能照应你了！你务必好好地为你父亲争气，我就死也放心了。"这番话，可谓语重心长，令人奋发，令人叹息。

国内外友好和各界人士得知黄兴旧病复发，十分关注，纷纷致电慰问或前往探望。大总统黎元洪闻讯，先是派总统府上校咨议何成浚专程往沪慰问，接着又送去药饵。国务总理段祺瑞也致电慰问。黄兴皆复电致谢。在国庆5周年之际，黎元洪对再造共和有功人员颁布授勋令，授予孙中山大勋位，黄兴、蔡锷、唐继尧、陆荣廷、梁启超、岑春煊勋一位。黄兴在复黎元洪电中，一面表示感谢，而对授予勋一位则固辞不受，认为"无功受赏，益增惭惶"，敬请收回成命。10月中旬，经过克礼氏治疗，病情略有好转。后来病情加剧，黄一欧拟多请几位医生诊断，黄兴坚决反对。到了10月下旬，肝部已见肿大，病情急剧恶化。30日，孙中山得知病情恶化，特前来慰问。正在病中的日本挚友宫崎寅藏，早在10月11日得知黄兴旧病复发，即请松木藏次代为探望。29日听说病剧，又亲来看望。李书城、何成浚则日侍左右，照料一切。30日下午3时起，黄兴进入昏迷状态。一欧急告宫崎。宫崎得报，即同医师佐佐木金次郎前来诊治。31日晨2时，突再出血，医再注射。不久脉停气绝。一欧、振华兄妹连日守候在侧，哀恸不已。弥留之际，还半睁眼睛说："吾死汝勿泣，须留此一副眼泪为他苍生哭，则吾有子矣！"一代伟人黄兴，就这样抱着要"为苍生哭"的心愿与世长辞了，享年42岁。

黄兴为了救国救民，英勇奋斗了一生，多次身陷绝境，均能死里得生。此次却未能战胜病魔，以致英年早逝，举国为之痛惜。噩耗传出，国人同声哀悼。"许多平素仰慕先生的人，尤其是青年，失声痛哭。住宅门口很宽的马路上，如潮水般涌满了哀悼的人"。多年以来与他同生死、共患难的战友和部属，无不悲恸万分。孙中山对这位与他并肩战斗十多年，为缔造共和民国献出了全部心血的战友早逝，"为国为友，悼伤百端"。既亲自为他发丧，又领衔主持丧葬事宜。谭延闿把黄兴的去世，视为国家的最大损失，感叹"当世失斯人，几疑天欲亡中国"。北京的国会闻耗，休会一天，并下半旗志哀。噩耗传到故乡湖南，"云暗三湘"，"震动四方"。

在革命同志中，最为忧伤的莫若蔡锷。他万万没有想到，体态魁伟、意志坚强的黄兴，竟然先他而逝！开初，侍候在蔡锷身边的人，怕他得知黄兴死耗，加重病情，故意隐瞒不报。可是，几天之后，蔡锷却无意中在报纸上看到了黄兴逝世消息，顿时悲痛欲绝，病情突然加剧。在忧病交加的逆境中，他苦撑身子，亲自撰写了《祭黄兴文》，又亲拟了为黄兴请恤的《致谭延闿电》，还亲撰了两副挽联：

> 方期公挽我，不期我悼公，国事回思惟一哭；
> 未以病为忧，竟以忧成病，此心谁与寄同情。

> 以勇健开国，更宁静持身，贯彻实行，始能造作一生者；
> 曾送我沪上，忽哭公天涯，惊起挥泪，难为卧病九州人。

这两副挽联如悲如泣，情真意切，是蔡锷当时心境的真实反映，与一般歌功颂德的挽联不可同日而语。最令人伤心的是，黄兴去世仅8天，即11月8日，蔡锷也在异国他乡与世长辞。他俩一个是首创共和的开国元勋，一个是再造共和的民族英雄。两位时代伟人同时仙逝，中外同悼，天地含悲。

黄兴英年早逝，对国家、对民族，都是一大损失。他为民国建立作出的巨大贡献，诚如章太炎的挽联所说：

无公则无民国；有史必有斯人。

为了悼念黄兴去世，11月2日，黎元洪发布大总统令：

　　勋一位陆军上将黄兴，缔造共和，首兴义旅，数冒艰险，卒底于成。功在国家，薄海同钦。乃以积劳构疾，浸至不起。本大总统患难与共，夙资匡辅，骤闻溘逝，震悼尤深。着派王芝祥前往致祭，特给治丧费二万元。所有丧殡事宜，由江苏省长刘耀琳就近妥为照料，并交国务院从优议恤，以示笃念殊勋之至意。

　　11月11日，总统代表及各界人士在黄兴灵前举行公祭。午前10时，大总统代表王芝祥乘坐轿式马车莅临黄宅。出席公祭的还有参议院议长王家襄、沪海道道尹徐鹤仙等各级官员；外国人则有日本的青木中将、松井中佐等多人；孙中山、唐绍仪、谭人凤、胡汉民、蔡元培、柏文蔚、黄郛、刘建藩、张孝准、何成浚、耿觐文等生前友好也参加了致祭。

　　日本是黄兴居留多年的地方，黄兴生前和日本各界人士有着广泛的交往。黄兴去世，东京各界人士，下至妇孺，皆谓日本今日失去一国家的良友。吾人不可不赤心表哀悼之意。11月17日午后一时，日本东京名士在芝区青松寺举行追悼会。到会者数千人，不能入而立于山门外者数万人。日本政界名人犬养毅、后藤新平等均到会悼念。"此日哀声震全国，对于外国人之追悼如此盛大，为开国来所未有"。（长沙《大公报》，1916年11月27日）

　　为了做好治丧工作，以孙中山为首的治丧办事处在11月6—7日连续召开了会议，确定了有关治丧事宜。12月8日，北京国会通过了国葬法，同时决议国葬黄兴与蔡锷。随即由黎元洪发布大总统令，着内务部查照国葬法为黄兴与蔡锷举行国葬。12月21—22日，在上海福开森路393号黄宅设立灵堂，公开祭悼。门前建立翠柏牌楼，以黄花缀嵌黎元洪亲题的"气壮山河"于牌楼上面，两边悬挂黎元洪赠送的挽联：

> 成功却只身萧散；大勇哪知世险夷。

朝野名流和各政党社团相继前来吊唁致祭。孙中山除代表同盟会致祭外，还与唐绍仪、岑春煊、章炳麟、李烈钧、柏文蔚、谭人凤、陈炯明、胡汉民联衔致祭，同时送了感人肺腑的挽联：

> 常恨随陆无武，绛灌无文，纵九等论交到古人，此才不易；
> 试问夷惠谁贤，彭殇谁寿，只十载同盟有今日，后死何堪！

各界致送挽联甚多，不一一赘述。

关于黄兴安葬的地点，原来家属与友人均主张安葬于杭州西湖。后因湖南迭电要求归葬故土，才最后确定安葬长沙岳麓山。12月23日上午10时，黄兴的灵车自福开森路寓所发引，各机关团体学校代表，法、美、俄、日等国驻沪领事，以及舰队将领等一齐由黄宅护送到金利源码头，将灵柩移登鸿安公司之"长安"商轮。是日，在护国运动中发挥喉舌作用的《中华新报》发表了一篇动人心弦的《送黄先生归葬湖南哀词》，赞扬黄兴"起匹夫而提倡革命二十余年，……既覆清，复灭袁，诚格金石，义贯日月，功被生民，名垂青史"。1917年1月5日，黄兴的灵柩运到长沙，船泊大西门外中华汽船公司码头。军界营长以上，政界科长以上，各学校团体代表皆前往码头迎祭。灵柩暂厝于学院街营葬事务所。

有关丧葬事宜，由刘建藩主持。出殡日期定于4月15日。前两天为

黄兴去世后，设于上海福开森路 393 号的灵堂。

瞻仰黄兴遗容日。连日前来瞻仰的人群川流不息。4 月 13 日，天下着毛毛细雨，从早上 7 时到晚上 10 时，14 日从早上到午夜 12 时，前往瞻仰者络绎不绝，没有一分钟空隙。15 日雨过天晴，长沙上空万里无云，气候冷热适宜，是出殡的最好天气。上午 9 时，灵枢起运，送葬的人群包括社会各界，分立于街道两旁，整队参加送葬的超过万人。黄兴的生前好友张继、李书城、何成浚、谭人凤、石陶钧、季雨霖、胡瑛等分别由北京、上海、武汉等地专程赶来参加国葬典礼，作最后告别。关于送葬盛况：日本友人宫崎寅藏作了如实的记述：

上午 9 时，灵枢如时起运，按军乐队、军队、警察、学生、各机关团体代表顺序出发，接着是生前友好执绋，灵枢后面是遗族，在灵枢旁边护

湖南长沙岳麓山黄兴墓

送的是军队的高级将领以及远道而来的亲朋旧友、旧日随从等。大家在狭窄的街道中缓缓行走，拥挤不堪，迟迟不能前进。距河岸不足两华里的行程，费时达两个钟之久。到达河岸后，由接待员引导到指定的码头乘船渡河。灵柩到达时，河中船上的汽笛哀鸣。渡河以及未能渡河的群众，这时什么人都忍不住掉泪。十艘小火轮，有六七艘都挂着各自的军旗，乘载着官兵，慢慢地引导。最后的小火轮悬挂着白布，载运灵柩，乐队在后面奏着哀曲，实在是悲壮极了。灵柩到达河西岸时，礼炮声大作，和以鞭炮声，更显得悲壮。由此往岳麓山黄公的墓地，不到七华里，先行者已到了半山，午后3时灵柩才到达基地，安放在5公尺45公分，上面堆积约1公尺21公分的水泥土的岩石的穴中。

灵柩安放完毕，随即举行国葬典礼。首由黎元洪特派湖南督军兼省长谭延闿致祭，随后副总统特派陈调元、总理段祺瑞特派陆军中将温寿泉代表致祭。北洋政府各部及各省督军、省长，皆派有代表前来长沙会葬。孙中山致祭的祭文再次表达了他对黄兴的深深悼念。祭文中说："惟公之死，疑者信之，亲者哭之，无老无幼，无新无旧，皆知今日中国不可无此人。"各界代表行礼之后，祭葬的人群陆续散去，与黄兴共事多年的张继、李书城、谭人凤、何成浚、章士钊、刘绍襄、蒋百里、耿觐文、徐少秋、徐申伯、陈风光等仍低回墓前，久久不忍离去。在参加葬礼者中，最为虔诚的要数日本宫崎寅藏、宫崎民藏兄弟。他们为了和黄兴作最后的告别，早在2月14日即到达长沙，直到5月13日才离开，整整逗留了3个月。

4月18日，黄一欧夫妇及其弟妹在宫崎寅藏等人陪伴下再登岳麓山，将久原房之助送的一把古刀，武昌起义后黄兴任战时总司令佩的指挥刀，生前用过的几支毛笔和黄一欧攻打南京天堡城卸下的一个炮筒（刻字留念品）一起送入黄兴墓内，然后将石门封锁，作最后的告别。青山埋忠骨。从此岳麓山头永远屹立着一个庄严的墓地——黄公克强之墓，供人们永远瞻仰。

黄兴年谱简编

1874 年

10月25日，出生于湖南长沙府善化县凉塘，派名仁牧，一名轸，字岳生，号觐五，一号谨吾，或写作廑午、竞武、堇坞、庆午、近午、董午。1903年后改名为黄兴，号克强。辛亥革命前，为了革命需要，曾化名为李有庆、李寿芝、张守正、张中正、张愚诚、张愚臣、李经田。1913年"二次革命"失败，逃亡日本，曾化名为今村长藏、冈本义一等。与友人通信，曾署"生涯一卷书斋主人"。

祖父黄月楼（1815—1876），名维德，字懋昭。祖母方氏（1814—1844）。继祖母解氏（1810—1887）。

父亲黄炳昆（1840—1897），名式矞，字翰翔，号筱村。长沙府学优贡生，在凉塘乡间设馆授徒，担任过地方都总，后到长沙城里教馆。母亲罗氏（1841—1886），生子女6人。继母陈氏（1851—1888）。再继母易自如（1858—1929）。

兄黄仁蔚（1863—1882），字霞叔。大姐黄杏生（1860—1932），嫁同县贺家璧。二姐××，嫁同邑县学廪生李振湘。三姐××（1867—1949），嫁同邑监生刘仙舫。细姐黄细贞（1871—1959），嫁同邑监生胡雨田。

1879 年　5 岁

开始随父亲读书。读《论语》，习书法。

1880 年　6 岁

继续随父读书。

1881 年　7 岁

继续随父读书，习对句。

1882 年　8 岁

入冯塘团屋萧举人荣爵（1852—1936）私塾读书。初习诗经。团屋系团总办公场所，离凉塘约 2 里。

1883 年　9 岁

继续从萧举人读书。

1884 年　10 岁

继续从萧举人读书。童年时代，听乡间老辈谈洪、杨革命故事，非常向往。稍长，喜读太平天国杂史。对太平军攻打长沙很感兴趣。

1885 年　11 岁

寄读新冲子新喜山庄周笠樵翰林私塾。曾向周师询问中法战争清军失败经过，从此萌发了探求新知与救亡图存的志趣。

1886 年　12 岁

母亲罗氏去世。继续从周笠樵读书。居家期间，参加一些插秧、除草、扮禾、挖花生等农事活动。

1887 年　13 岁

继续从周笠樵读书。父炳昆续娶陈氏为妻。

1888 年　14 岁

7 月，继母陈氏去世。为了照顾家庭，炳昆续娶易自如为妻。本年开始在家自学。课余喜欢爬山、游水、钓鱼。从浏阳李永球学习乌家拳术，只手可举百斤。经常邀集乡村儿童到屋后面的纹银坪练习拳术，相互比武。

1889 年　15 岁

继续在家自学。自定规例：一、行动必须严守时刻；二、说话必须说到做到；三、读书须分主次，纵使事忙，主要者不得一日荒旷；四、处重要事物及文书，必须亲自动手，不得请托他人；五、对人必须真诚坦白，不得怨怒；六、游戏可以助长思虑，不应饮酒吸烟。

1890 年　16 岁

继续在家自学。农忙参加农业劳动。

1891 年　17 岁

秋，与东乡枫树河廖星舫之女廖淡如（1973—1939）结婚。

1892 年　18 岁

应善化县考，落第。

10 月 22 日长子一欧生于凉塘。

1893 年　19 岁

入城南书院读书，为文敏捷，每月所得课程奖金，足供本人伙食日用。

1894 年　20 岁

继续在城南书院读书。

1895 年　21 岁

继续在城南书院读书。

1896 年　22 岁

春，再次参加善化县考，获中秀才。善化县应试者超过千人，学额 34 名。

冬，迁居于石家河新屋。石家河位于凉塘西南约 2 里多。

11 月 4 日，长女振华出生。

1897 年　23 岁

继续在城南书院读书。

秋，父亲炳昆去世，终年 57 岁。

1898 年　24 岁

以名诸生调湘水校经堂新生（秀才未经岁考者谓新生），每月给膏火银 8 两。不久，又赴武昌，考取两湖书院，和周震鳞同住一个斋舍。在书院阅读新书新报，和同学切磋，眼界大开，认识到世界大势，绝不是专制政体所能图强，亦不是郁郁此间所能求学。

1899年 25岁

继续在两湖书院读书。课程余暇，悉购西洋革命史及卢梭《民约论》等阅读，革命思想开始萌芽。带头参加军操。

1900年 26岁

5月，受湖广总督派遣，赴日本考察学务，兼习军事。同时派遣的还有湖北陈问咸、李熙、卢弼；湖南左全孝、尹集馨，共计6人。同时派往日本游历的，还有总兵吴元恺，游击张彪、纪堪荣、刘水金，都司王恩平等。5月4日晚，乘太古公司鄱阳轮东下，5月7日中午抵达上海。5月12日上午，乘日本三棱公司博爱丸商轮东渡，5月14日半夜，抵达日本长崎。5月18日中午抵横滨，一小时后抵东京，住麹町区。

6月19日，因八国联军于6月17日攻陷大沽炮台，乘总兵吴元泽等急于6月20日奉调回国之便，黄兴上书两湖书院监督黄绍箕，为应对八国联军侵略建言献策，同时汇报抵日后的考察、学习情况。

8月，由日本回到武汉。适值唐才常等策划自立军起事。黄兴认为北方虽乱，南方的清朝统治势力尚坚，而且军队未及联络，不可冒昧起义。因彼此意见不合，回湖南。8月21日，自立军汉口的指挥机关被张之洞破获，唐才常、林圭等20余人被捕。次日，唐、林等惨遭杀害。由此黄兴益知专制统治恶毒，决非革命不可。

1901年 27岁

6月27日，次子一中出生。

7月底，迁居长沙城北紫东园。

秋，往两湖书院复学。初识章士钊。

按两湖书院章程，每学期期末要举行大考。黄兴在两湖书院共参加期末大考 12 次，6 次名列第一。

1902 年　28 岁

6 月 6 日，张之洞札委署武昌府同知双寿带领两湖、经心、江汉三书院选派的学生 30 名赴日本学习师范。黄兴（当时名黄轸）入选。同时入选、后来成为革命同志的有万声扬、李步青、金华祝、程明超、周维桢、李书城、汪步扬、陈英才等。抵东京后，入嘉纳治五郎专为中国留日学生开办的弘文学院速成师范科学习。地址设在东京小石川区西江户川町。黄兴原志愿学一年半，后来所学的为八个月的短期班。

10 月 8 日，由弘文学院学生团体推选，任中国留日学生会馆评议员。

12 月 14 日，与蔡锷、杨笃生、樊锥、梁焕彝、熊野荸等创办《游学译编》杂志创刊号出版。

年底，与蔡锷、杨笃生等发起组织湖南编译社。

湖北留日学生李书城、刘成禺等在东京创办《湖北学生界》，黄兴力赞其成，多方支持。

1903 年　29 岁

春，在弘文学院领导湘籍留学生组织"土曜会"，利用周末，畅谈时势，鼓励爱国救亡。黄兴提出：救国不独心力，尤以身力为必要。只有挺身杀敌，或杀身成仁，才真有力。

4 月 29 日午前，参加留学生会馆干事及评议员会议，商讨拒俄对策；午后，与留学生 500 人集会，声讨沙俄侵华罪行，组成拒俄义勇队。

5 月 2 日，义勇队改称学生军。全队分甲、乙、丙三区队，公推蓝天蔚为学生军队长，黄兴被编在乙区队三分队。分队长：钮永建。

5 月 11 日，学生军改组为军国民教育会，黄兴自认为运动员。

5 月 31 日，黄兴自东京启程回国，负责策动江苏南京及两湖的反清革命。

6 月抵上海。偕章士钊赴泰兴、南京。上海圣彼得堂会会长吴国光将他介绍给长沙吉祥巷圣公会会长黄吉亭，始易名为黄兴。

7 月在上海遇到长沙明德学堂创办人胡元倓，应邀回长沙后赴明德学堂任教。

8 月抵武昌，在两湖书院发表演说，散发《革命军》《猛回头》等革命宣传书刊 4000 多部鼓吹反清革命，被当道"悬牌斥革"。结识宋教仁。

秋，抵长沙，主持明德学堂速成师范班。共计 118 人，分为两班，1904 年 5 月卒业。

11 月 4 日，与刘揆一、章士钊等发起组织革命团体华兴会，被举为会长。在会上发表重要讲话，指出今天中国的革命既不同于古代的农民革命，也有别于西方以城市为中心的市民革命，而是动员全国人民参加的国民革命，起义的方略是"雄踞一省与各省纷起"。

1904 年　30 岁

春，偕刘揆一赴湘潭会晤马福益，商讨起义计划。确定以十月十日清西太后那拉氏 70 生辰，全省官吏在皇殿行礼时，预埋炸药于拜垫下炸毙，乘机起义。

派宋教仁、胡瑛、陈天华、周维桢、曹亚伯等分赴鄂、赣、川等省联络，策动响应起义。

创设爱国协会于上海，推举杨笃生任会长。

4 月，仇鳌等在东京组织新华会，为响应长沙起义作准备。两湖留学生参加的甚多。

7 月 3 日，刘静庵、曹亚伯、宋教仁、胡瑛等在武昌发起组织科学补习所。

7—8 月，赴上海与章士钊等密谋起义。回程经过武汉，筹划策应长沙起义。

9 月，在华兴会外另设同仇会，自任会长兼大将，刘揆一为中将，马福益任少将，专为联络会党机关。八月中秋节，浏阳普迹市例开牛马交易大会，黄兴命刘揆一、陈天华等赴该处密会马福益，授予马福益为少将，送给长枪和手枪各若干，马40匹，并商议各路军队之布置与安排，一俟大批军械运到，如期起义。

10月上旬，长沙起义计划被劣绅王先谦向湖南当局告密。湖南军警大肆搜捕革命党人。黄兴机智地躲过军警，先是潜藏于龙湛霖宅，后转移到吉祥巷圣公会，最后化装离开长沙，乘日本轮船沅江丸号经武汉转上海。

11月7日，在上海余庆里重新集会，商讨继续反清革命方略。

11月20日，因万福华刺王之春案牵连，被捕入狱。蔡锷自上海赴泰兴，向龙璋求援。因化名为李有庆，是郭人漳随员得释。

11月下旬，抵东京，募款4000余元，派彭渊恂回上海，营救被捕同志，均次第获释。

12月，初访宫崎寅藏。与留日学生组织革命同志会。

1905年　31岁

1月，力阻陈天华为向清政府请愿实行立宪北上。

4月20日，马福益被湖南巡抚端方杀害于长沙。黄兴后以马氏遗像题赠日本友人。

5月7日，由湖南同乡会公举为总理。固辞未就。

7月下旬，由宫琦寅藏介绍，与孙中山首次会晤于东京凤乐园，商组革命大同盟。

7月29日，约集华兴会骨干商议合组革命团体问题。因意见不一，最后以"个人自由"一言了结。

7月30日，出席中国同盟会筹备会议，被举为会章起草人。

8月13日，发起组织并主持留日学生欢迎孙中山大会。

8月20日出席中国同盟会成立大会，推举孙中山为总理，由孙中山指定为执行部庶务，居协理地位。黄兴在会上宣读并主持通过了《中国同盟会章程》。

8月27日，被推举代表同盟会接收《二十世纪之支那》杂志，后改为《民报》，作为同盟会机关报。

12月，密函禹之谟，在湖南建立同盟会湖南分会，推销《民报》。离日本赴香港，旋化名为张守正，号愚臣，潜入广西桂林郭人漳营，策划起义。

1906年　32岁

春，与胡毅生在桂林商革命计划。建立同盟会桂林分会，主盟吸收蔡锷、赵声、郭人漳、林虎等9人加入同盟会。

5月12日，致函钮永建、秦毓鎏，告抵达越南河内，并寄《民报》。

6月，桂林策划起义未成，由越南返香港，旋往新加坡，协助孙中山建立南洋各埠同盟会分会。

9月上旬，自南洋北返，经香港抵上海。

9月11日，自上海抵日本东京。

秋冬间，派刘道一与蔡绍南、彭邦栋、覃振、成邦杰等回国，运动军队与会党，策划起义。

12月2日，主持《民报》创刊周年纪念大会，并在会上讲话，号召大家负起革命的责任。介绍谭人凤加入同盟会。

12月4日，策划的萍（乡）浏（阳）醴（陵）起义爆发，不久遭清军镇压。刘道一等死难。

命14岁的儿子一欧加入同盟会。

李根源介绍陆军留学生李烈钧等30余人见黄兴后，加入同盟会。

持孙中山函，派蔡元培为同盟会上海支部部长。

1907年　33岁

1月5日，离东京去香港。

2月15日，自香港抵东京。

2月，与孙中山、章炳麟等研究，审定同盟会《革命方略》。在国旗图案设计上，与孙中山发生争执，欲退出同盟会。后来为顾全大局，勉从孙意。

拒绝徐佛苏出面调停《民报》与《新民丛报》之间的论战。

3月6日，与宋教仁商定，宋教仁与日人古河同赴辽东，运动马侠。

因孙中山被迫离日，同盟会总理一职由黄兴代理。以同盟会会员中的陆军学生为骨干，组织"丈夫团"。

4月，离日赴香港，拟再入粤，运动郭人漳反正，因郭部调钦州，不果行。旋回日，策划皖浙起义。

6月13日，再度离日赴香港，入钦州，策动郭人漳起义。旋赴河内，与孙中山会商。

7月，就章炳麟等攻击孙中山事，严正表示反对。

9月，王和顺起义于钦州王光山。在郭人漳营中策划内应。因钦州道尹王瑚加强戒备，未成功，出走河内。

12月3日，镇南关起义爆发后，与孙中山等奔赴前线，登上镇南关参战。

12月5日，过凉山，搭火车返抵河内。

1908年　34岁

3月27日，组成中华国民军南军，从越南入境。29日，率部200多人大败清军两营于小峰。30日，再败清军于大桥。

4月2日，列阵马笃山，击败清军三营。自后转战于钦州、廉州和上思一带，大小数十战屡战皆捷，黄兴声名大振。因弹尽援绝，安全撤离。余部转入十万大山，黄兴退回河内。

5月5日，受任云南国民军总司令。6日，亲赴河口前线督师。8日，亲率一军拟袭取蒙自，而将士多不听号令，乃知本身非有基本队伍，不能指挥他军。决计回河内招集钦州旧部组成基本队伍，然后再赴前线。11日在老街被法兵疑为日本人被捕，旋被解送出境。河口起义不久失败。

夏，由新加坡经香港抵东京。在东京成立大森体育会，训练军事人才。在东京郊外试制炸药。

10月19日，日本借口《民报》第24号刊载《革命心理》一文，违反新闻纸条例，下令封禁。黄兴与宋教仁、章炳麟等商议，欲将《民报》迁往美国出版。

1909年　35岁

1月1日，应程家柽电邀，由东京到京都。与程家柽密商，和袁世凯结盟反清。因袁氏很快被斥革，策划落空。23日，在宫崎陪同下游鹿儿岛、为西乡隆盛扫墓后回到东京。

9月，陶成章以川、广、湘、鄂、江、浙、闽七省同志名义，起草了一份《孙文罪状》，指责孙中山犯有"残贼同志"等罪状14条，要求罢免孙中山，举黄兴为总理。受到黄兴坚决抵制，致函美洲各埠中文报社，为孙中山辩诬。复函孙中山，揭露陶成章、章炳麟等在东京的破坏活动。

筹备恢复《民报》，邀请汪精卫担任编辑，托名以巴黎《新世纪》杂志社为发行所，秘密在东京出版了第25、第26两期。

1910年　36岁

1月23日，应同盟会南方支部之邀，动身赴香港主持广州新军起义。29日抵达香港。

2月9日，与倪映典、赵声商定新军提前起义。新军起义失败后，偕胡汉民、赵声赴新加坡筹款善后，并谋再举。

4月下旬，自新加坡返香港。

5月初，与宫崎寅藏、儿玉右二会晤，就中国的革命形势，和他们进行了一周的长谈。

5月13日，复函孙中山，详陈今后革命计划，认为发难地点必可由广东省城着手，必能由军队下手。组织总机关时还要广纳各地人才。

6 月 7 日，由香港密抵东京。

6 月 10 日，化名赴横滨，与孙中山秘密晤商。11—24 日，在东京与孙中山、赵声秘密会商革命计划。

7 月 17 日，离东京去香港。

秋，偕赵声赴仰光，图在云南发动起义。

11 月 13 日，赴槟榔屿（庇能）参加孙中山召开的秘密会议，决定组织广州起义。

11 月下旬，赴仰光部署滇事，委托吕志伊独立筹划，约与广州同时并举。

是年，二女文华生于日本。

1911 年　37 岁

1 月 1—9 日，奔走于芙蓉、吉隆坡、霹雳、文明阁、金宝、吉隆、新加坡等地，为新的起义筹集经费。舌敝唇焦，终于筹得起义军费近 5 万元。

1 月 18 日，自新加坡抵香港，主持广州起义的筹备工作。成立统筹部，担任统筹部部长，赵声为副部长。

2 月 4 日，谭人凤应邀抵香港，共商联络中部各省策应广州起义。谭人凤随即携款 2000 元赴两湖联络。

2—3 月，派郑赞臣、方君瑛等往江苏、浙江、安徽、广西等地区进行活动。付给郑赞臣活动费 3000 元。

3 月 6 日，与赵声、胡汉民联名致函孙中山，报告广州起义计划。

4 月 8 日，主持统筹部会议，决定分十路进攻广州。

4 月 23 日，致绝笔书与孙中山及南洋同志，当晚即赴广州部署起义军事。

4 月 27 日，广州起义爆发，亲率敢死队向两广总督署进攻。经过浴血战斗，以实力悬殊失败。革命志士英勇牺牲的 80 多人。后合葬于黄花岗者 72 人，史称"黄花岗七十二烈士"。黄兴也有两指被打断。29 日，由徐宗汉护送赴香港养伤。

5月下旬，与胡汉民联名致书南洋各埠华侨同志，报告广州起义经过及筹款开支情况。

夏，在香港组织东方暗杀团，策划暗杀活动，作为武装起义的辅助行动。

7月31日，宋教仁、谭人凤、陈其美等33人在上海发起成立同盟会中部总会。

10月3日，复函同盟会中部总会，赞成在武汉起义的计划。

10月12日，湖北军政府电促黄兴、宋教仁来鄂赞画戎机。

28日，黄兴抵达武昌，与黎元洪会商后即赴汉口督师抗敌。从28日至11月26日，黄兴主持汉口、汉阳保卫战达1月之久，促使全国大部分省区起义反正，使清朝统治土崩瓦解。

12月1日，由武汉乘轮抵达上海，准备速定北伐计划，谋政治上之统一。2日，江、浙、沪联军攻克南京，即与章炳麟、宋教仁、程德全、陈其美等联名致电，祝贺南京光复，并电告黎元洪，告以"南京光复，联军克日来援"。与各省留沪代表商议，力主临时政府设于南京。

12月17日，致电各省代表会，力辞大元帅，荐黎元洪自代。被各省代表改举为副元帅，代行大元帅职权。

12月18日，南北议和开始。

12月29日，开各省代表选举会，到会代表17省，每省一票。孙中山以16票当选。并经议会议决，改用阳历，即以1912年1月1日为民国元年元旦。

1912年　38岁

1月1日，筹备并出席临时大总统孙中山的就职典礼。

1月3日，由孙中山大总统任命为临时政府陆军部总长。

1月9日，陆军部正式成立，筹划北伐。由孙中山大总统任命兼临时政府参谋总长。

1月14日，与孙中山联名致电伍廷芳，规定议和以14日为期。

2月3日，由孙中山大总统任命兼大本营兵站总监。

3月3日，中国同盟会本部于南京召开会员大会，宣布"巩固中华民国，实行民生主义"之宗旨及新政纲9条，举孙中山为总理，黄兴、黎元洪为协理。

4月1日，由袁世凯任命为南京留守，仍统辖南方各军。

4月29日，发布通电，倡议劝募国民捐，减少对外借债。

6月14日，交卸留守职务，发布《解职通电》《告将士书》和《解职布告》。

8月25日，国民党正式成立于北京，被举为理事。

9月7日，袁世凯授黄兴为陆军上将。黄兴坚辞不受。

9月5日，应袁世凯邀请赴北京商议要政，本日启程，11日到达。10月5日离京。在北京停留25天。在各种欢迎会上发表政见，阐述建国主张。

10月11日，袁世凯电告授予勋一位。复电坚拒不受。

10月23日，自上海乘楚同舰启程返湘。10月26日抵武昌。10月31日抵长沙。12月16日离湘赴汉。回湘期间，还到湘潭、株洲、醴陵、萍乡等地考察矿务。

1913年 39岁

1月1日，在汉口就任汉粤川铁路督办。因统属关系与原议不符，就任8日后即电辞。1月23日自汉口抵上海。

2月23日，幼女德华生于长沙文星桥。

3月20日，宋教仁在沪宁车站被刺，经抢救无效，22日晨4时40分去世。与陈其美联名致函上海闸北警察局，请协缉刺宋凶手。25日与孙中山等会商处理宋案办法。

4月25日，敦促江苏都督程德全、民政长应德闳通电公布宋案主要证据 44 件。证明杀宋主谋就是袁世凯、赵秉钧。

4 月 26 日，通电反对袁世凯向五国银行团进行"善后大借款"。

5 月 4 日，徐宗汉生黄一美。

6 月 12 日，收到孙中山交款 5 万元，部署讨袁军事。

7 月 15 日，被举为江苏讨袁军总司令，通电誓师讨袁。

7 月 29 日，讨袁战事失利，偕同黄恺元乘日舰离南京。

8 月 9 日，乘三井物产公司装煤船第四海云丸号经香港抵日本门司前六连岛，在下关上岸。8 月 27 日抵达东京。在检讨"二次革命"失败原因时，与孙中山发生意见分歧。

1914 年　40 岁

2 月，在东京创办浩然庐与政法学校，着重研究军事、政治，培养干部。

5 月 29 日，致函孙中山，对陈其美之挑拨离间有所申辩。

6 月 2 日，复函孙中山，陈述整顿党务意见。3 日，孙中山复函，希望黄兴静养两年。

6 月 27 日，在寓所宴请孙中山叙别（不谈国事）。孙中山集古句书联相赠："安危他日终须仗；甘苦来时要共尝。"

6 月 30 日，由横滨乘轮赴美国，随行者秘书李书城、石陶钧。

7 月 9 日，抵檀香山，在当地侨胞宴会上发表演说，宣传讨袁。

7 月 15 日，抵旧金山，对《旧金山年报》记者揭露，袁氏有帝制自为的野心。出席美洲国民党"二次革命"纪念大会，发表长篇演说，揭露袁氏罪恶。

7 月 27 日，致函萱野长知，表示此行务将袁氏罪恶节节宣布，使世界各国皆知袁氏当国一日，即乱国一日，欲保东亚和平，必先去袁氏。

9 月 3 日，复函李根源等，承认为欧事研究会会员。

9 月 12 日，复函谭人凤等，赞成促进党内团结，一致讨袁。

9月29日，抵芝加哥，力阻袁世凯借款。次日林百克来访，希望撰写传记，请提供材料。

10月2日，抵纽约。次日接见《纽约时报》记者，表明此次来美目的是研究这个伟大共和国的制度，供立国取法。

11月下旬，移居费城近郊米地亚，继续从事讨袁宣传。

1915年 41岁

1月18日，日本驻华公使日置益代表日本政府向袁世凯提出无理要求"二十一条"。

2月25日，与陈炯明、柏文蔚、钮永建、李烈钧等联名发表通电，斥责袁世凯专制独裁，表明对内对外态度。

5月9日，袁世凯接受丧权辱国的"二十一条"修正案。

5月21日，与陈炯明、李烈钧、柏文蔚等联名通电，斥责袁世凯丧心病狂接受"二十一条"。

8月23日，筹安会宣告成立。

秋，接蔡锷将赴西南发动讨袁的长信，即派黄一欧去日本参加讨袁运动。

11月26日，致函张孝准，指示讨袁策略。

12月12日，袁世凯称帝。

12月14日，致电美国驻华公使，表示反对帝制到底。

12月21日，致电张謇、唐绍仪等，揭示袁氏称帝必败，重申讨袁决心，望予支持。

12月22日，致函陆荣廷，敦促兴师讨袁。

12月25日，唐继尧致电黄兴，告以云南宣布独立，誓师讨袁。

12月26日，在《费城新闻》发表长函，驳斥外人为袁氏辩护之论据，表达中国人讨袁到底的决心。

12月31日，袁下令改明年为"洪宪元年"。

1916 年　42 岁

4 月 15 日，致电唐绍仪等，重申讨袁到底。

4 月 22 日，自旧金山起航赴日本。

5 月 9 日，抵日本。12 日通电全国各界，呼吁一致讨袁。

5 月 20 日，致电孙中山，对陈其美遇刺殒命表示吊唁。

6 月 6 日，袁世凯暴毙。

6 月 7 日，致函中华革命党东京本部负责人谢持，主张从根本上扫除袁氏余孽。

6 月 14 日，复电孙中山，赞同所提主张，并望主持一切。

6 月 20 日，复电黎元洪，重申恢复旧约法、召开旧国会之必要。

6 月下旬，唐绍仪等联名致电，敦促回国。

7 月 6 日，抵上海。

7 月 13 日，设宴欢送驻沪国会议员北上复会，建议把制定宪法作为第一要务。

7 月 18 日，复电程潜及湖南各界，辞湘督。

10 月 10 日，胃出血病复发。26 日，徐宗汉生黄一球。

10 月 31 日，凌晨 4 时逝世。

1917 年

1 月 18 日，廖淡如生黄一寰（黄乃）。

4 月 15 日，灵柩安葬于长沙岳麓山。